राष्ट्रवाद बनाम देशभक्ति

रवींद्रनाथ ठाकुर और इयत्ता की राजनीति

राष्ट्रवाद बनाम देशभक्ति

रवींद्रनाथ ठाकुर और इयत्ता की राजनीति

सामयिक विमर्श

आशिस नंदी

अनुवाद

अभय कुमार दुबे

वाणी प्रकाशन

प्रकाशन के उत्कृष्टतम 60 वर्ष

CSDS

भारतीय भाषा कार्यक्रम

विकासशील समाज अध्ययन पीठ

vaniprakashan.com

सजिल्द पहला संस्करण : 2005
सजिल्द दूसरा संस्करण : 2015
सजिल्द तीसरा संस्करण : 2023

वाणी प्रकाशन

4695, 21-ए, दरियागंज, नयी दिल्ली-110 002

फ़ोन : +91 11 23273167, 23275710

शाखाएँ

अशोक राजपथ, पटना-800 004, बिहार
कॉफ़ी हाउस कैम्पस, महात्मा गांधी मार्ग, इलाहाबाद-211 001, उत्तर प्रदेश
महात्मा गांधी अन्तरराष्ट्रीय हिन्दी विश्वविद्यालय, वर्धा-442 001, महाराष्ट्र
36/ए, शेक्सपियर सरणी, रानी बिरला गर्ल्स कॉलेज के पास, कोलकाता-700 017, प. बंगाल

sales@vaniprakashan.in
vaniprakashan@gmail.com

Rashtravad Banam Deshbhakti
by Ashis Nandi
Translated by Abhay Kumar Dubey

ISBN : 978-81-8143-372-5

Social Science

मूल्य : ₹ 650

आर. टेक ऑफ़सेट प्रिंटर्स, दिल्ली-110 032 में मुद्रित

वाणी प्रकाशन का लोगो मक़बूल फ़िदा हुसेन की कूची से

अनुक्रम

अनुवाद और नंदी की पेचीदगियों के बारे में ९

भूमिका १७

एक **विचारधारा**

राष्ट्रवाद बनाम देशभक्ति २३

रवींद्रनाथ का राष्ट्रवाद २७

दो **उपन्यास**

घर और बाहर ३५

राष्ट्रवाद से निकली हिंसा के नए रूपों की राजनीति ४९

इयत्ता का क्षरण और पुनः उपलब्धि ६७

तीन **जीवनकथाएँ**

ब्रह्मबांधव उपाध्याय : रवींद्रनाथ का राजनीतिक प्रतिरूप ९५

प्राधिकार और चुनौती : आत्मकथा लेखक के रूप में कलाकार ११४

चार **निष्कर्ष**

एक बृहत्तर संकट १३३

अनुक्रमणिका १४७

परिचय १५२

तनु के लिए

अनुवाद और नंदी की पेचीदगियों के बारे में

आशिस नंदी ने कहा था कि 'इल्लिजिटिमेसी ऑव नेशनलिज्म' उनकी एक सरल किताब है। शायद उस समय वे शरारत के मूड में रहे होंगे। जो भी हो, उनकी बातों से मुझे जरूर गलतफहमी हो गई। वह गलतफहमी, जो अकसर उन अनुवादकों को अपना शिकार बनाती है जो रचना को परखने की पाठकीय निगाह से परे नहीं जा पाते। रचनात्मक साहित्य के सामाजिक-राजनीतिक पहलुओं में दिलचस्पी रखने वाले एक पाठक के तौर पर करीब सात-आठ साल पहले यह पतली सी किताब पढ़ते समय मेरा भी खयाल कुछ ऐसा ही था। नंदी की भाषा और तर्कों में एक भ्रामक किस्म की सहजता और प्रवाह था। साथ में एक भड़काऊ प्रवृत्ति भी थी, जो अकसर विवादात्मक संरचना वाली कृतियों में पाई जाती है। इन्हीं सब कारणों से यह पुस्तक तीर की तरह मेरी बौद्धिक चेतना में धँस गई। मेरे लिए यह पहली किताब थी जो राष्ट्रवाद और देशभक्ति में फर्क कर रही थी। यह पहली किताब थी जो सावरकर और राष्ट्रीय स्वंयसेवक संघ के अविर्भाव से पहले ही भारतीय सार्वजनिक जीवन में हिंदू राष्ट्रवाद के बीजों की तरफ इशारा करती थी। साथ ही यह पहली किताब थी जो हिंदू राष्ट्रवाद के लिए परंपरा के बजाय आधुनिकता और राष्ट्रवाद को कठघरे में खड़ा कर रही थी। इससे पहले कि मैं किसी और निगाह से इस कृति को देखता, मैं अपनी पूर्वस्थापित मान्यताओं को मिलने वाली चुनौती का मुकाबला करने में फँस चुका था। उसके बाद समझ के स्तर पर अपने साथ और नंदी के साथ मुझे कई तरह के हिसाब चुकाने पड़े। यह सिलसिला आज तक जारी है, और अभी जारी रहेगा। यही इस किताब की कामयाबी का सबूत भी है। इसे एक बार जो पढ़ लेगा, वह अपने साथ तो बहस करेगा ही, साथ ही कल्पना में लेखक पर अपने अनुत्तरित प्रश्न भी फेंकता रहेगा।

जाहिर है कि अनुवादक के तौर पर यह एक बेहद कठिन किताब साबित हुई। हालाँकि रवींद्रनाथ ठाकुर इस पुस्तक के केंद्र में हैं, पर एक

समाजमनोविद् के रूप में नंदी इस पुस्तक में रवींद्रनाथ के अतिरिक्त शरतचंद्र चट्टोपाध्याय, ब्रह्मबांधव उपाध्याय, जार्ज लुकास और रुडयार्ड किपलिंग के व्यक्तित्व और कृतित्व को भी सामग्री के तौर पर इस्तेमाल करते हैं। बीच में गाँधी का भी यदाकदा आगमन होता रहता है।

लेकिन, उनका पाठ उस समय और जटिल हो जाता है जब उसमें बीसवीं सदी के शुरुआती दौर में रचे गए पाँच उपन्यासों (रवींद्रनाथ कृत **गोरा, चार अध्याय** और **घरे-बायरे**; शरतचंद्र कृत **पाथेर दाबी** और किपलिंग कृत **किम**) के चरित्रों की आत्मपरकता का संधान होता है। पूरी किताब में एक बिल्कुल नया और नफीस खयाल शुरू से आखिर तक चलता रहता है जिससे हमें जानकारी मिलती है कि भारतीय जमीन पर औपनिवेशिक प्रभाव के खिलाफ संघर्ष करने के सीधे और सरल लगने वाले तौर-तरीके भीतर से कितने पेचीदा थे। नंदी की रचना रवींद्रनाथ के जरिये बताती है कि भारतीय समाज में परंपराप्रदत्त जड़ता और औपनिवेशिक जकड़बंदी से संघर्ष करना ज्यादा आसान था, लेकिन इस संघर्ष के दौरान खुफिया तौर पर चल रही उस प्रक्रिया का मुकाबला करना बहुत कठिन था जिसके तहत हम उपनिवेशवादी मूल्यों को ही आत्मसात करते जा रहे थे, यानी उपनिवेशवाद का ही एक 'डबल' या प्रतिरूप हमारे भीतर बनता जा रहा था। इस परिघटना में आधुनिकता, राष्ट्रवाद और राज्यवाद का निर्णायक योगदान था। नंदी बताते हैं कि अकसर शिनाख्त से बच निकलने वाली इस प्रक्रिया को जिन कुछ लोगों ने पहचान लिया था उनमें रवींद्रनाथ ठाकुर प्रमुख थे। रवींद्रनाथ ने न केवल इस प्रक्रिया को पहचाना, बल्कि उपनिवेशवादी संघर्ष के प्रचलित मुहावरे के बावजूद इसकी समग्र आलोचना स्थापित करने में कामयाबी हासिल की। यह आलोचना बहुत दिनों तक नहीं टिक सकी, और हमारे भीतर का वह औपनिवेशिक 'डबल' यानी राष्ट्रवाद उस वास्तविक भारतीय इयत्ता यानी देशभक्ति के रूपों पर हावी होता चला गया।

'डबल' यानी 'प्रतिरूप' से अंदाजा लगाया जा सकता है कि नंदी ने अपने इस बौद्धिक उद्यम में कुछ ऐसी पदावली का प्रयोग किया है जिससे हिंदी के पाठक आम तौर पर नावाकिफ होंगे। वैसे भी हिंदी में मनोवैज्ञानिक शब्दावली के समाजशास्त्रीय या साहित्यशास्त्रीय आयामों का चलन आम नहीं है।

मसलन, इन पृष्ठों पर 'इयत्ता' शब्द का खूब इस्तेमाल मिलेगा। अंग्रेजी में इस शब्द को 'सेल्फ' कहते हैं। हिंदी में इसे 'आत्म' के पर्याय के तौर पर जाना जाता है और उर्दू में यह 'खुदी' बन जाता है। पाठक देखेंगे कि नंदी ने

हर व्यक्ति के भीतर एक नहीं, बल्कि कई-कई इयत्ताएँ खोज निकाली हैं जो उनके पात्रों के मानस में एक-दूसरे से टकरा रही हैं। उनकी निगाह में तो उपनिवेशवाद विरोधी राजनीति ही इयत्ताओं की राजनीति है। हिंदी में आमतौर से अस्मिता या पहचान शब्द ज्यादा प्रचलित है। इयत्ता यानी सेल्फ व्यक्ति की इसी अस्मिता के केंद्र में रहती है, और इसी केंद्र से हम अपनी अस्मिता के प्रश्नों पर निगाह डालते हैं। जब कोई व्यक्ति अपने आप को 'मैं' कह कर पुकारता है तो वह अपनी इयत्ता या खुदी का हवाला दे रहा होता है। इयत्ता का मतलब होता है शरीर और मस्तिष्क से मिल कर बनने वाला वजूद जो चेतना के स्तर पर सक्रिय रहता है। इस पद का इस्तेमाल मनोविज्ञान, ज्ञानमीमांसा, व्यक्तिवाद और उदारतावाद के क्षेत्र में काफी होता है। इयत्ता किन्हीं खास परिस्थितियों में अपनी लौकिक शख्सियत के खिलाफ खड़ी हो सकती है, अंतर्द्वंद्व का कारण बनती है और ऊहापोह को जन्म देती है। अपने प्रयासों द्वारा इयत्ता का स्तर ऊँचा करके व्यक्ति सामान्य पैमानों से परे भी जा सकता है। इयत्ता काफी लचीली संरचना है और अस्मिता के सवाल से जुड़ी होने के कारण संदर्भ के मुताबिक बदलती रहती है। एक व्यक्ति की कई इयत्ताएँ भी हो सकती हैं। समाज-विज्ञान में सामूहिक इयत्ता की अवधारणा भी प्रचलित है। सामूहिक इयत्ता व्यक्ति की निजी सत्ता को महत्त्व नहीं देती, और उसे अपने आधीन करना चाहती है।

नंदी का दूसरा प्रिय शब्द है 'डबल' यानी 'प्रतिरूप'। 'इयत्ता' भले ही कुछ अजनबी हो पर 'डबल' हिंदी वालों के बीच काफी लोकप्रिय है। डबल रोल या दोहरी भूमिका वाली हिंदी फिल्में जम कर हिट होती हैं। इसमें दो जुड़वाँ यानी समान शक्ल-सूरत के व्यक्ति दिखाये जाते हैं, लेकिन उनका मानसिक गठन अलग-अलग होता है। दर्शकों पर नाटकीय प्रभाव डालने का यह तरीका दरअसल एक ही शख्सियत के भीतर मौजूद दो प्रतिरूपों की कहानी कहता है। नंदी का खयाल है कि प्रतिरूप दो तरह के हो सकते हैं। एक वह जो स्वीकारोग्य है और जिसके माध्यम से इनसान अपनी समस्याओं से जूझता है। दूसरा वह जो पूरी तरह विपरीत होने के कारण स्वीकारोग्य नहीं है और जिसका इस्तेमाल व्यक्ति अपनी शख्सियत के परित्यक्त पहलुओं से निबटने के लिए करता है।

नंदी की तीसरी महत्त्वपूर्ण अभिव्यक्ति है 'द्विसांस्कृतिकता'। आधुनिकतावादियों और राष्ट्रवादियों को इससे उलझन हो सकती है। आखिरकार आधुनिक राष्ट्र की अवधारणा एकल सांस्कृतिकता के सिद्धांत पर

खड़ी है। संस्कृति-बहुलता तो राष्ट्र की निरंतरता भंग करने वाली मानी जाती है। एक संप्रभु राज्य की भौगोलिक सीमाओं के भीतर समान संस्कृति, समान भाषा, समान जातीयता और समान ऐतिहासिक निरंतरता वाली जनता मिल कर एक सामूहिक सामुदायिक अस्मिता की रचना करती है, तभी संपूर्ण अर्थों में राष्ट्र माना जाता है। एकल सांस्कृतिकता की इस अनिवार्यता के सामने घुटने टेकने से इंकार करते हुए नंदी और भी आगे जा कर एक व्यक्ति के भीतर ही द्विसांस्कृतिकता देखते हैं। रवींद्रनाथ का विख्यात पात्र गोरा और किपलिंग का लोकप्रिय पात्र किम इसी द्विसांस्कृतिकता के पर्याय हैं। नंदी यह भी बताते हैं कि यह द्विसांस्कृतिकता किस प्रकार भारत जैसे दक्षिण एशियायी समाजों की विशेषता है और इसके माध्यम से अपनी जड़ों में रमा हुआ रवींद्रनाथ जैसा कलाकार और उपनिवेशवाद की पैरोकारी करने वाला किपलिंग जैसा रचनाकार एक साथ उच्चतर रचनाशीलता उपलब्ध करता है।

नंदी सारी दुनिया में आधुनिक राज्य, राष्ट्रवाद और आधुनिकता के आलोचक के रूप में मशहूर हैं। इस किताब में भी उन्होंने इन अवधारणाओं पर नज़ला गिराया है। रवींद्रनाथ के राष्ट्रीयता संबंधी विचारों के जरिये वे पारंपरिक भारतीय राज्य की खोई हुई स्मृति वर्तमान में ले आते हैं। यह पारंपरिक भारतीय राज्य क्या है? पश्चिम से प्राप्त राज्य की अवधारणा के अनुसार राज्य की संस्था समाज और अर्थतंत्र पर हावी रहती है पर पारंपरिक भारतीय राज्य की अवधारणा में समाज सर्वोपरि रहता है और राज्य उसकी सत्ता का उल्लंघन नहीं कर सकता। आजादी के आंदोलन के दौरान गाँधी के नेतृत्व में पारंपरिक भारतीय राज्य की इस अवधारणा को नयी जरूरतों के हिसाब से सूत्रबद्ध करने की कोशिश की गयी थी। बीस के दशक में भाषायी आधार पर देश के पुनर्गठन और भारतीय समाज की प्रवृत्तियों के अनुरूप विकेंद्रीकृत राज्य की स्थापना के कांग्रेसी संकल्प में इसकी झलक देखी जा सकती है। गाँधी द्वारा प्रस्तुत रामराज्य की प्रतीक-योजना को भी इसी संदर्भ में देखा जाना चाहिए। गाँधी स्वहित या हित-समूहों की होड़ वाले लोकतंत्र की धारणा के बजाय समाज के हित की धारणा के पक्षधर थे। वे हितों को आवश्यकताओं का पर्याय मानने से इंकार करते थे और जनता की बुनियादी आवश्यकताओं को प्राथमिकता देते थे। आजादी के बाद जिस राज्य की नींव रखी गयी, उसमें राज्य संबंधी गाँधी-विचार के पहलू कम-से-कम थे। वह न तो भाषायी आधार पर राज्यों के पुनर्गठन के सिद्धांत को मान्यता देता था, न विकेंद्रीकरण और संघवाद को एक उसूल की तरह प्राथमिकता देता था।

इन पहलुओं को आधुनिक भारतीय राज्य ने बाद में आधी-अधूरी शैली में ही स्वीकार किया जिससे इनकी अंतर्निहित सकारात्मकता राज्य की संस्था को समाज के अनुरूप बनाने की तरफ नहीं ले जा सकी।

नंदी की यह पुस्तक उस प्रश्न का उत्तर देने का प्रयास भी करती है जिसके मुताबिक अकसर पूछा जाता है कि आखिर कोई पारंपरिक समाज राज्य और राष्ट्र की आधुनिक संरचनाओं की श्रेष्ठता किन परिस्थितियों में स्वीकार करता है। पारंपरिक भारतीय राज्य के मुकाबले आधुनिक राज्य का अर्थ राजनीति की उस सर्वाधिक केंद्रीय अवधारणा से है जो राजनीतिक संस्थाओं की एक विशिष्ट संरचना के जरिये एक निश्चित भू-सीमा में अपनी संप्रभुता, वर्चस्व और वैधता स्थापित करती है। संभवत: सोलहवीं शताब्दी में सबसे पहले राज्य शब्द का एक अवधारणा के रूप में इस्तेमाल मेकियावेली ने अपनी विख्यात रचना 'प्रिंस' में किया था। बाद में वाल्टर रैले, हॉब्स और लॉक ने राज्य की संप्रभुता के विचार को और विकसित किया। आधुनिक राज्य की मैक्स वेबर की दी हुई परिभाषा सबसे प्रचलित और संपूर्ण मानी जाती है। उनके अनुसार इसके तीन मुख्य पहलू हैं : भू-क्षेत्रीय सीमाएँ, हिंसा पर एकाधिकार और वैधता। लोग राज्य का आदेश क्यों मानते हैं, यह एक बहुत महत्त्वपूर्ण प्रश्न है। इस सवाल का जवाब वेबर ने वैधता की धारणा का प्रतिपादन करके दिया। उन्होंने कहा कि राज्य अपने वर्चस्व को बनाये रखने के लिए अपनी वैधता की विभिन्न संरचनाएँ खड़ी करता है। कभी परंपरा के नाम पर, कभी करिश्मे के नाम पर और कभी वैधानिकता के नाम पर राज्य लोगों को आज्ञापालन की तरफ ले जाता है। दुर्खाइम और फूको जैसे चिंतकों ने वैधता की बारीकियों में जाते हुए दिखाया कि राज्य के प्राधिकार की वैधता को हम कैसे आत्मसात कर लेते हैं और कैसे उसके प्रति संस्थागत सहमति कायम की जाती है। अलथूज़र के अनुसार राज्य केवल दंड-विधान, कारागार और फौज-पुलिस के जरिये ही नहीं, बल्कि अपनी ताकत के सांस्कृतिक और विचारधारात्मक रूपों की रचना से भी जनमानस में स्वयं को स्थापित करता है। ध्यान रहे कि नंदी के लिए राष्ट्रवाद की वैधता का प्रश्न केंद्रीय है। यह वही मुद्दा है जिस पर रवींद्रनाथ और गाँधी ने उपनिवेशवाद विरोधी संघर्ष के दौरान सवाल उठाए थे।

राज्य के साथ जब राष्ट्र जुड़ जाता है तो राष्ट्र-राज्य को संचालित करने वाले अभिजन और उसकी वैधता का बड़ा प्रभावशाली मिश्रण तैयार होता है। राष्ट्र की अवधारणा के साथ समस्या यह है कि संपूर्ण अर्थों में राष्ट्र कभी नहीं

बनता। राष्ट्र समरूपता स्थापित करने की कोशिश करता है और इसके विपरीत विविधताओं की ओर से राष्ट्र और उसे संचालित करने वाले अभिजनों को हमेशा किसी न किसी किस्म की चुनौती मिलती रहती है भले ही उनका दावा हो कि वे प्राचीन काल और स्वाभाविक रूप से राष्ट्र थे और हैं। इस तरह राष्ट्र यथार्थ में होते हुए भी अपनी अपूर्णता के कारण एक बौद्धिक और मिथकीय कारसाजी बना रहता है। प्रायः राज्य की भीतरी विविधताओं को एक कठोर सूत्र में जोड़ने के लिए किसी बाहरी या भीतरी दुश्मन की संरचना की जाती है और टकराव की नकारात्मक मानसिकता के आधार पर राष्ट्र का वजूद टिकाने का प्रयास किया जाता है।

नंदी द्वारा की गई आधुनिकता, बुद्धिवाद, विज्ञानवाद या सापेक्षतावाद की आलोचना एक समृद्ध बौद्धिक परंपरा की ताजा कड़ी है। हम जानते हैं कि अठारहवीं सदी के दौरान यूरोप में चले वैचारिक आंदोलन को ज्ञानोदय या प्रबोधन के नाम से जाना जाता है। इस आंदोलन ने जिन प्रवृत्तियों को जन्म दिया उन्हें हम आधुनिकता या आधुनिकतावाद के नाम से जानते हैं। समता और न्याय की धारणाओं के प्रचलन का श्रेय भी इसी आंदोलन को दिया जाता है। मोटे तौर पर इसे अंधविश्वास पर विज्ञान की और आस्था पर विवेक की विजय के नाम से जाना जाता है। ज्ञानोदय के विचारक मानते थे कि तर्कबुद्धि के जरिये सामाजिक, बौद्धिक और वैज्ञानिक समस्याओं का हल किया जा सकता है। वे परंपरा और संस्थागत धर्म के 'प्रतिगामी' प्रभाव की कठोर आलोचना करते थे। उन्हें मानवतावाद और प्रगति के आदर्श में भारी आस्था थी। लेकिन, इसका मतलब यह नहीं था कि उन्होंने धर्म के वजूद को पूरी तरह ठुकरा दिया था। इमानुएल कांट के अनुसार ज्ञानोदय एक ऐसे आजाद और खुदमुख्तार मनुष्य को जन्म देता है जो अपने बारे में निर्णय लेने के लिए किसी के ऊपर निर्भर नहीं है। न धर्म के ऊपर, न समुदाय के ऊपर। उन्नीसवीं सदी के राजनीतिक-सामाजिक प्रयोगों ने ज्ञानोदय के वैचारिक वर्चस्व को मजबूत किया और धीरे-धीरे ज्ञान का एक नया सिद्धांत प्रकाश में आया। इतिहास का महत्त्व, प्रगति और विकास की अपरिहार्यता, सेकुलरवाद और राष्ट्रवाद का विचार भी इसी ज्ञानमीमांसा की देन है। आधुनिक राजनीति की समस्त वैचारिक और व्यावहारिक गोलबंदी इन्हीं धारणाओं के आस-पास हुई है।

लेकिन, बीसवीं सदी में विद्वानों की निगाह से आधुनिकता की इस अवधारणा के अंतर्विरोध छिपे हुए नहीं रह सके। विचार के क्षेत्र में फ्रेंकफर्ट स्कूल के चिंतकों ने ज्ञानोदय के अंतर्निहित द्वंद्व को सामने ला कर आधुनिकता

की आलोचना के द्वार खोले। आधुनिकता के औजारों से आधुनिकता की समर्थ आलोचना का यह पहला प्रयास था। भारत में इससे पहले ही गाँधी ने **हिंद स्वराज** लिख कर एशिया की तरफ से आधुनिकता की आलोचना की शुरुआत कर दी थी। पिछले तीन दशकों से 'छोटी पहचानों की बगावत', 'समुदाय की वापसी' और 'बहुसंस्कृतिवाद' की परिघटनाओं ने ज्ञानोदय के वर्चस्व को कड़ी चुनौती दी है। खास बात यह है कि यह चुनौती आधुनिकतावाद की आलोचना को आधुनिकता के व्यापक दायरे में ही संपन्न करती है। नारीवादी, अश्वेत, दलित, पर्यावरणवादी और अन्य विद्रोही विमर्शों में इस शक्तिशाली रुझान की मिसालें मिल सकती हैं।

नंदी की यह पुस्तक भी इसी आलोचना-परंपरा की एक कड़ी के रूप में देखी जानी चाहिए। हिंदी के पाठकों को यह इसलिए भी और दिलचस्प लगेगी कि रवींद्रनाथ और शरतबाबू की रचनाओं से यह क्षेत्र में परिचित ही नहीं है, वरन् नंदी द्वारा चर्चित उनके उपन्यासों के हिंदी अनुवाद 'बेस्ट सेलर' की हैसियत प्राप्त कर चुके हैं। सुविज्ञ पाठक चाहें तो 'गोरा', 'घर और बाहर', 'चार अध्याय' और 'पथ के दावेदार' जैसी कालजयी रचनाओं को नंदी की संस्तुतियों की रोशनी में दोबारा पढ़ कर एक नया आस्वादन कर सकते हैं।

—अभय कुमार दुबे

ग्रीष्म, २००५

भूमिका

चार अध्यायों में विभाजित यह लंबा निबंध आधुनिक राष्ट्र-राज्य के भारतीय संस्करण की मनोवैज्ञानिक जीवन-कथा में मेरी दिलचस्पी का परिणाम है। भारतवासियों के मानस में राज्य की संस्था के कई रूप अंकित हैं। इन्हीं संरचनाओं को समझते हुए मुझे पहली बार लगा कि इन्हें गढ़ने में भारतीय राष्ट्रवाद की भूमिका किस कदर निर्णायक है।

राष्ट्र-राज्य के विचार से भारतीय समाज का साक्षात्कार उन्नीसवीं सदी के दूसरे हिस्से में हुआ। यह खयाल राष्ट्रवाद की पश्चिमी विचारधारा की हवाओं पर सवार होकर हमारे पास आया। उस जमाने में भारत जैसे अन्य समाजों की भाँति हमारे राष्ट्रवादी नेताओं को भी पक्का यकीन था कि बाकायदा राष्ट्र-राज्य न होना और उपयुक्त राष्ट्रवादी भावनाओं से लैस न होना भारतीय समाज की प्रमुख खामी तो है ही, उसके पिछड़ेपन का सूचक भी है। ऐसी बात नहीं कि भारतीय अतीत बड़ी-बड़ी देशज राज्य प्रणालियों से संपन्न न रहा हो। लेकिन, राज्य प्रणालियों का यह भारतीय अनुभव समकालीन दुनिया के लिहाज से इन नेताओं की निगाह में बोझ भले ही न हो, पर अप्रासंगिक जरूर था।

सुदीप्त कविराज ने जानकारी दी है कि बंगाल के राजनीतिक चिंतक और शिक्षाशास्त्री भूदेव मुखोपाध्याय (१८२७-१८९४) ने पहली बार भारतीय सभ्यता में इस 'बेहद हानिकारक खामी' की औपचारिक शिनाख्त की थी। भूदेव केवल एक पक्के राष्ट्रवादी ही नहीं थे। वे राष्ट्रीय अखंडता की आक्रामक पैरोकारी करने वाले सबसे पहले विचारकों में से एक थे। अपनी पीढ़ी के कई उल्लेखनीय सदस्यों की ही तरह भूदेव भी भारत में ब्रिटिश उपस्थिति का 'रचनात्मक' इस्तेमाल करना चाहते थे। उनका विचार था कि अंग्रेजी शिक्षा ही वह मुख्य माध्यम है जिसके जरिये भारतवासी अपनी अ-बौद्धिकताओं से छुटकारा पाकर खुद को सुसंबद्ध राजनीतिक और सांस्कृतिक समुदाय में एकजुट कर सकते हैं। कलकत्ता के भद्रलोक समाज का अंग होने

के नाते भूदेव मुखोपाध्याय की यह समझ उन्नीसवीं सदी के मध्य में प्रचलित औपनिवेशिक संस्कृति की देन थी। उन्हें इसी संस्कृति का अप्रत्यक्ष लाभ भी हुआ था। यह संस्कृति साफ तौर से मानती थी कि भारतवासियों में आधुनिक राष्ट्र-राज्य का संचालन करने की योग्यता ही नहीं है, क्योंकि ग्राम समाज के दलदल में फँसे होने के कारण या तो वे कुटिल हैं या धूर्त। अगर वे लालची या भ्रष्ट नहीं हैं तो अव्यावहारिक और पारलौकिक आस्थाओं के शिकार तो हैं ही। इस समझ के तहत यह मुमकिन ही नहीं था कि भूदेव अतीत के उन बड़े-बड़े राज्यों पर कोई हमदर्द निगाह डाल पाते जो भारतीय राजनीतिक पटल पर अपनी मौजूदगी दर्ज कराते रहे थे। गुजरे जमाने के इन राज्यों को ब्रिटिश-भारतीय राज्य के मुकाबले रखकर देखने पर भी वे उन्हें पूरी तरह सामंती और बेहद दमनकारी संरचना ही करार देते।

उस जमाने में भारत एक पराधीन समाज था और एक बेहद कामयाब सम्राज्यवादी ताकत से मुकाबला करते हुए अपनी सफलता के सूत्र तलाशने की कोशिश कर रहा था। इस प्रकार के हालात इस समझ को और मजबूत ही कर सकते थे। इसके बावजूद यह एक विचित्र तथ्य है कि बीस का दशक शुरू होते-होते स्वतंत्रता आंदोलन में समरूप संस्कृति के आधार पर संरचित राष्ट्र-राज्य के विचार और राष्ट्रवाद के प्रति एक तरह की द्वैधवृत्ति दिखने लगी थी। आंदोलन की सबसे ज्यादा अहम हस्तियों में से कुछ की वाणी में इस द्वैध की गूँज सुनी जा सकती थी।

जाहिर है कि भारत की राष्ट्रीय पहचान के प्रमुख निर्माताओं में शामिल ये हस्तियाँ उस समय तक कम से कम इतने बौद्धिक विश्वास से तो संपन्न हो ही चुकी थीं कि उन्हें भारतीय राष्ट्रवाद के विरोधियों यानी अंग्रेजों पर ही नहीं, उसके समर्थकों यानी भारतवासियों पर भी उसके सांस्कृतिक और नैतिक प्रभाव का अंदाजा लग जाता। राष्ट्रवाद पर संदेह करने वाले इन चिंतकों और नेताओं ने उसे आधुनिक उपनिवेशवाद के हिंसात्मक अतीत से जोड़कर देखना शुरू कर दिया था। साम्राज्यवाद विरोधी नजरिये को अनुलंघनीय मानते हुए भी वे यह स्वीकार करने के लिए तैयार नहीं थे कि राष्ट्रवाद का पश्चिमी विचार हमारे युग का एक अपरिहार्य सार्वभौमिक विचार है।

कुछ भारतीय चिंतकों, राजनीतिक कार्यकर्ताओं और जनमानस रचने वालों ने राष्ट्रवाद के इन आलोचकों के चिंतन को हाशिये पर फेंकने की कोशिश की है। उन्होंने राष्ट्रवाद पर संदेह करने वाले इन विचारकों को सुविज्ञ तो माना है, पर साथ ही उन्हें ऐसे अ-राजनीतिक परंपरावादी की संज्ञा भी दे

दी है जो तत्कालीन सामाजिक और राजनीतिक उथलपुथल के चक्कर में फँस गए थे। राष्ट्रवाद के आलोचकों को ऐसा सिद्धांतकार बताकर दरकिनार करने की कोशिश भी की गई जिनका सोच रेडिकल पश्चिमी चिंतन से उधार ली गयी एक खास तरह की सार्वभौमिकता पर निर्भर था। आरोप कोई भी हो, राष्ट्रवाद पर की जाने वाली कोई भी आपत्ति एक तरफ पश्चिमी साम्राज्यवाद से और दूसरी तरफ देशी किस्म के दकियानूसी रवैये से जानबूझकर या अनजाने में समझौता करने के बराबर मानी जाती थी।

राष्ट्रवाद के विरोधियों की भी अपनी एक दिक्कत थी कि वे आपसी मतभेदों के शिकार थे। उनमें से ज्यादातर राष्ट्रवाद को प्राक्-आधुनिक अवधारणा मानते थे। उनका खयाल था कि यह भूमंडलीय पूँजीवाद की विकृत पैदाइश के रूप में फिर से सामने आयी है। उन्हें लगता था कि जैसे ही मानवता इस मध्ययुगीन अवशेष के मोहपाश से मुक्त कर ज्ञानोदय के गर्भ से निकले आजादी के विचार से जुड़ेगी, वैसे ही राष्ट्रीयताओं की आत्माभिव्यक्ति का यह रूप तिरोहित हो जाएगा। उन्हें उम्मीद थी कि उसकी जगह एक नयी, विवेकसम्पन्न और सेकुलर सार्वभौमिकता ले लेगी। इसी सार्वभौमिकता से भविष्य के एकताबद्ध विश्व का सांस्कृतिक आधार उभरेगा जिस पर जातीयतावादी और क्षेत्रीय निष्ठाओं की छाया नहीं होगी। राष्ट्रवाद के इन विरोधियों में सिर्फ कुछ लोग ही ऐसे भी थे जिन्हें असहमतों के बीच असहमत की संज्ञा दी जा सकती थी। वे राष्ट्रवाद को पश्चिमी राष्ट्र-राज्य प्रणाली की पैदाइश मानते थे। वे मानते थे कि इसे पश्चिमी विश्व-दृष्टिकोण से निकली समरूपीकरण की शक्तियों ने जन्म दिया है। इन गिने-चुने लोगों का खयाल था कि समरूपीकृत सार्वभौमिकता अपने-आप में परसंस्कृतिकरण और जमीन से उखड़ने की उस परिघटना की देन है जिसे भारत पर ब्रिटिश साम्राज्यवाद ने थोपा है। इसलिए उनकी निगाह में यह सार्वभौमिकता राष्ट्रवाद का विकल्प नहीं बन सकती थी। इन लोगों ने एक दूसरा विकल्प सुझाया और उसे सार्वभौमिकता की एक अलग तरह की विशिष्ट सभ्यतामूलक समझ के रूप में पेश किया। इस विशिष्ट सार्वभौमिकता का आधार एक अत्यंत विविध और बहुलतापूर्ण समाज की नाना-विध जीवन-शैलियों में सन्निहित था।

यह निबंध ऐसी ही एक हस्ती की कहानी कहता है, एक ऐसी हस्ती की जो असहमतों के बीच असहमत थी। वह थी रवींद्रनाथ ठाकुर (१८६१-१९४१) की हस्ती। रवींद्रनाथ ने राष्ट्रवाद से सार्वजनिक मोर्चा लिया और अपने प्रतिरोध का आधार भारत की सांस्कृतिक विरासत और नाना प्रकार की

जीवन-शैलियों को बनाया। इस निबंध में मैंने दो अन्य राष्ट्रवादी चिंतकों की ऐसी ही द्वैधवृत्ति की भी जाँच की है ताकि दिखाया जा सके कि रवींद्रनाथ की असहमति उनकी किसी सनक का नतीजा नहीं थी। यही असहमति दूसरे असहमत चिंतकों के नजरिये में भी छिपी हुई थी। दरअसल, यह असहमति भारत की सभ्यता और वास्तविक राजनीतिक प्रक्रियाओं को एक खास नजर से देखने पर आधारित थी। साथ ही यह समझ सम्राज्यवाद के खिलाफ संघर्ष के एक विशिष्ट देशज अर्थ पर भी निर्भर थी।

यह निबंध दिखाता है कि रवींद्रनाथ की असहमति सिलसिलेवार और सीधी रेखा में विकसित नहीं हुई थी। वैचारिक स्पष्टता हासिल करने के लिए उन्हें कई तरह के अंतर्विरोधों और एक के बाद एक उलझनों से गुजरना पड़ा। वैसे भी उनकी चिंतन-शैली किसी राजनीतिक विचारक की तरह नहीं हो सकती थी। वे तो अपने युग की भारतीय जन-चेतना के अनकहे सरोकारों को व्यक्त करने वाले एक कवि थे। मेरा निवेदन है कि रवींद्रनाथ के इन अंतर्विरोधों और व्यतिक्रमों को अंशतः उनके समय की सांस्कृतिक राजनीति की रोशनी में समझा जाना चाहिए।

इसी जगह मैं इस अध्ययन के एक पद्धतिमूलक पहलू को भी साफ कर देना चाहता हूँ : यह निबंध एक सहज आख्यान के रूप में लिखा गया है। कई तरह के प्रलोभनों के बावजूद मैंने लगातार कोशिश की है कि जहाँ तक हो सके विभिन्न पाठों की तकनीकी व्याख्याओं से दूर रहूँ। साथ ही मैंने विभिन्न शख्सियतों की तकनीकी व्याख्याओं से भी बचने की कोशिश की है, हालाँकि इससे बचना सर्वाधिक कठिन था। मुझे उम्मीद है कि नयी पीढ़ी के उन भारतवासियों को इस निबंध में पेश की गई अतीत की निर्मितियाँ उपयोगी लगेंगी जो आधुनिक राष्ट्र-राज्य द्वारा जबरिया किए जा रहे समरूपीकरण के हिंसक उभार से दो-चार हो रहे हैं, और संभवतः उससे टकरा भी रहे हैं।

यह अध्ययन १९८९ में १४ से १८ जनवरी तक कराची में हुई एक गोष्ठी के लिए लिखे गये आलेख का विस्तृत रूप है। इसे यूनाइटिड नेशंस यूनिवर्सिटी के वर्ल्ड इंस्टीट्यूट ऑव डिवेलपमेंट इकॉनामिक्स रिसर्च ने प्रायोजित किया था। इसके आयोजक तारिक बानुरी के साथ फ्रेडरिक और स्टीफन मार्गलिन जुड़े हुए थे। मैं इस गोष्ठी में भाग लेने वालों द्वारा दिये गये सुझावों और आलोचनाओं का आभारी हूँ। मैं खास तौर से कैरोल बर्किनरिज का कृतज्ञ हूँ

कि उन्होंने मेरे पर्चे पर अपनी विस्तृत टिप्पणियाँ कीं। तारिक बानुरी, गिरधर राठी, शिशिर दास, मीनाक्षी मुखर्जी, टी.एन. मदन और पूनम जुत्शी के बेहद उपयोगी सुझावों ने भी निबंध के इस मौजूदा रूप में अपना महत्त्वपूर्ण योगदान किया है।

यह निबंध १९८७-९ के दौरान हीदर हारलेन, अमित दास और रोशना कपाड़िया से मिली शोध-वृत्ति के बिना पूरा नहीं हो सकता था। मैं वीणा दास द्वारा दी गयी सहायता को भी कृतज्ञता के साथ स्वीकार करना चाहता हूँ जिनके साथ मिलकर निबंध के चौथे भाग का पहला आधा हिस्सा शुरू में लिखा गया था। मैं सजल बसु का भी आभारी हूँ जिन्होंने ऐसे कई सूत्रों से मेरा परिचय कराया जिनके बारे में मुझे पहले जानकारी नहीं थी। मैं फ्रेदरीक़ और स्टीफन मार्गलिन का भी शुक्रिया अदा करता हूँ जिन्होंने सबसे पहले मुझे यह लेख लिखने के लिए प्रोत्साहित किया। मैं सुजित देब का भी आभारी हूँ जिनकी तरफ से मुझे ग्रंथावली संबंधी बेहतरीन सहायता मिली।

इस शोध कार्य का एक हिस्सा वाशिंगटन के वुडरो विल्सन सेंटर फार स्कालर्स में पूरा किया गया। कहना न होगा कि आलेख में व्यक्त किये गये विचारों की जिम्मेदारी सेंटर की नहीं है। निबंध का दूसरा हिस्सा डेलही ग्रुप ऑव साइकोएनालैसिस में पढ़ा गया और शिव कुमार मित्र, अशोक गुहा, अशोक नागपाल और खासकर इंद्राणी गुहा की टिप्पणियों से इसे समृद्ध करने में काफी मदद मिली।

—आशिस नंदी

एक

विचारधारा

राष्ट्रवाद बनाम देशभक्ति

पिछले डेढ़ सौ साल से एशिया और अफ्रीका के सुधारक और चिंतक तीन तरह के अंतर्विरोधों या परस्पर विलोमों से जूझते रहे हैं। ये हैं : पूर्व बनाम पश्चिम, परंपरा बनाम आधुनिकता और विगत बनाम वर्तमान। कुछ के लिए ये अंतर्विरोध परस्परव्यापी हैं, कुछ के लिए एक-दूसरे से एकदम स्वतंत्र हैं। कइयों की मान्यता कहती है कि अतीत और परंपरा का मतलब एक ही है। कुछ लोगों की समझ यह है कि हम सब परंपराओं के बीच में ही तो हैं, और परंपराओं का वजूद निश्चित रूप से वर्तमान का हिस्सा है। भले ही उन्हें राजनीतिक रूप से रक्षात्मक स्थिति में डाल दिया गया हो, पर वे हैं तो जीवंत और सामयिक ही। कुछ की धारणा है कि पूर्व की दुनिया को पारंपरिक के रूप में ही परिभाषित किया जा सकता है, और कुछ की समझ यह है कि पूर्व की परंपराओं में ऐसे कई अहम पहलू हैं जो पश्चिमी संस्कृति और पश्चिमी शख्सियत के ज्यादा अनुकूल माने जा सकते हैं।

इन अंतर्विरोधों को सुलझाते समय तीनों विलोम जोड़ियों से निबटने की कई विधियाँ निकली हैं। समकालीन भारत के पास भी इन विधियों के दो प्रतिनिधि नमूने हैं जिनमें एक मोहनदास कर्मचंद गाँधी (१८६९-१९४८) की देन है और दूसरा रवींद्रनाथ ठाकुर (१८६१-१९४१) की। ये दोनों हस्तियाँ एक-दूसरे का बड़ा सम्मान करती थीं। रवींद्रनाथ ने ही पहली बार गाँधी को महात्मा कहकर पुकारा था और गाँधी ने पहली बार रवींद्रनाथ को गुरुदेव कहा

था। कई बुनियादी मूल्यों पर दोनों में सहमति थी। लेकिन, विश्व-दृष्टिकोण के लिहाज से वे काफी अलग-अलग थे। अकसर सार्वजनिक रूप से व्यक्त होने वाले इन मतभेदों में कुछ कटुता भी आ जाती थी। मतभेदों की प्रकृति इस बात पर निर्भर थी कि ये दोनों महापुरुष तीनों परस्पर विलोमों से कैसे निबटना चाहते हैं। रवींद्रनाथ की मान्यता थी कि भारत की 'उच्च-भ्रू' संस्कृति अर्थात संस्कृत प्रधान शास्त्रीय परंपरा के दायरे में इन अंतर्विरोधों को सुलझाया जा सकता है। एक तरफ तो वे यूरोपीय पुनर्जागरण समेत यूरोप की शास्त्रीय परंपराओं की मदद लेना चाहते थे, और दूसरी तरफ वे भारत की अपनी विविधतामूलक लोक परंपराओं और जमीन से फूटने वाली जन-परंपराओं पर भी निर्भर रहना चाहते थे। रवींद्रनाथ की दुनिया में आधुनिकता के लिए जगह थी। लेकिन, गाँधी के लिए इन अंतर्विरोधों का हल मुख्यतः भारत और पश्चिम की लघु जन-परंपराओं के जरिये ही हो सकता था। गाँधी को भारत और पश्चिम की शास्त्रीय परंपराओं से यदाकदा मदद लेने में आपत्ति नहीं थी, पर वे ये सारे काम आधुनिकता के दायरे से बाहर ही अंजाम देना चाहते थे। जाहिर था कि इन रवैयों के कारण गाँधी और रवींद्रनाथ की राजनीति भी अलग-अलग बनती थी। परिणामस्वरूप दोनों के बीच होने वाली सार्वजनिक और निजी बहसों में तल्खी का पुट रहता था।

इन मतभेदों पर नजदीकी निगाह डालने से पता चलता है कि दोनों का जोर अलग-अलग पहलुओं पर था। भारत में शास्त्रीय परंपरा के दायरे में लोक-संस्कृति का रवींद्रनाथ जैसा सृजनशील इस्तेमाल बहुत कम लोग कर पाए हैं। दूसरी तरफ गाँधी की खास बात यह थी कि गैर-शास्त्रीय दायरे में शास्त्रीय का उन जैसा प्रभावी इस्तेमाल बहुत कम लोगों के बस के बात थी। दूसरे, आधुनिकतावादी होने के बावजूद रवींद्रनाथ के लिए आधुनिक दुनिया का महत्त्व कम से कम होता चला गया था। आखिर में तो वे आधुनिक पश्चिम के आलोचक होकर आधुनिकता को भी आड़े हाथों लेने लगे थे। उधर प्रति-आधुनिक होने के बावजूद गाँधी आधुनिकों की निगाह में आधुनिकता के ऐसे प्रमुख आलोचक बनकर फिर से उभरे थे, जो परंपरा के पक्ष में खड़ा होकर उत्तर-आधुनिक चेतना को दावत देता लगता था। इस बिंदु पर यह भी मानना पड़ेगा कि दोनों में एक-दूसरे के बौद्धिक उद्यमों के प्रति सराहना का भाव ही नहीं था, बल्कि वे एक-दूसरे को मुग्धभाव से भी देखते थे। दोनों के विचारों से आजाद भारत के लिए कुछ ऐसे विकल्पों की पेशकश निकलती थी जिनके आधार पर यह देश अपने विविधतापूर्ण अतीत को

समझकर भविष्य से उसका रिश्ता तयकर सकता था। लेकिन, इन बातों के बावजूद अंत में दोनों के बीच इस फर्क को महत्त्वपूर्ण माना जा सकता है कि रवींद्रनाथ उन तीनों अंतर्विरोधों का उच्च-भ्रू संस्कृति के दायरे में और गाँधी जन-साधारण की संस्कृति के दायरे में हल करना चाहते थे। यह कोई ताज्जुब की बात नहीं है कि भारत के पहले प्रधानमंत्री ने दोनों ही परंपराओं का वारिस होने का दावा किया। एक राजनेता के रूप में जवाहरलाल नेहरू अच्छी तरह समझते थे कि एक साथ दोनों परंपराओं का लाभ उठाकर ही उनकी राजनीतिक वैधता का आधार टिकाऊ हो सकता है।

एक क्षेत्र ऐसा भी था जहाँ रवींद्रनाथ और गाँधी के उद्यम परस्परव्यापी होकर विचारधारत्मक रूप से एक-दूसरे को मजबूत करते थे। दोनों को लगता था कि सांस्कृतिक रूप से टिके रहने के लिए भारत को एक 'राष्ट्रीय विचारधारा' की जरूरत है। इसी जरूरत के तहत उन्होंने मान्यता बनायी थी कि भारत को या तो पश्चिमी राष्ट्रवाद की उस अवधारणा से अपना पिंड छुड़ाना पड़ेगा जिसका आगमन मध्ययुग के बाद हुआ है, या फिर उसे इस अवधारणा में एकदम नयी सारवस्तु का समावेश करना होगा।[१] इसी आग्रह के कारण रवींद्रनाथ के लिए राष्ट्रवाद धीरे-धीरे अपनी वैधता खोता चला गया, और गाँधी के राष्ट्रवाद में ही राष्ट्रवाद की आलोचना ध्वनित होने लगी। वक्त गुजरने के साथ-साथ दोनों हस्तियों के लिए आजादी का आंदोलन सिर्फ राष्ट्रवादी एकजुटता की अभिव्यक्ति नहीं रह गया। वे इस आंदोलन को राजनीतिक न्याय और सांस्कृतिक गरिमा के सार्वभौम संघर्ष के प्रतीक की तरह देखने लगे। एक तरह से उन्होंने भारतीय राष्ट्रवाद की आत्मलोचनात्मक निर्मिति को मूलतः पश्चिमी साम्राज्यवाद की अनुक्रिया के रूप में ग्रहण किया। जैसा कि होता है, उनकी इस अनुक्रिया की शक्ल-सूरत उसी ने तय की थी जिसके प्रति वे अनुक्रिया कर रहे थे। राष्ट्रवाद की जिस किस्म की वे पैरोकारी कर रहे थे, वह अपने युग और अपने उद्‌गम द्वारा आरोपित सीमाओं से परे नहीं जा सकता था।

पहले और दूसरे विश्व युद्ध के बीच की अवधि में अंतर्राष्ट्रवाद की विचारधारा भारतीय मध्यवर्ग में खासी लोकप्रिय हो गयी थी। इसका श्रेय उदारतावाद और रेडिकलवाद की कुछ किस्मों के उन बौद्धिक मंचों को जाता है जो उस समय तक भारत में स्थापित हो चुके थे। लेकिन, भारतीयता के इन दो सबसे प्रभावशाली सिद्धांतवेत्ताओं के मन में राष्ट्रवाद के प्रति जो अंदेशे थे, उनके पीछे अंतर्राष्ट्रवाद के ये लोकप्रिय आग्रह नहीं थे। रवींद्रनाथ और

गाँधी के दिमाग में तो साम्राज्यवाद-विरोधी संघर्ष का भारतीय अनुभव था जिसके कारण उन्होंने राष्ट्रवाद को आशंका की निगाह से देखना शुरू किया था। साथ ही रवींद्रनाथ और गाँधी भारतीयता की अपनी अवधारणाओं को उस दुनिया की अपनी समझ से भी जोड़ने की कोशिश करते थे जिसके दिलो-दिमाग पर प्रगति को ही सब कुछ समझने वाली भाषा पूरी तरह छा चुकी थी। उन्हें डर था कि भारतीय राष्ट्र का विचार कहीं भारतीय सभ्यता पर प्राथमिकता न हासिल कर ले। वे अपने समाज को ऐसी परिस्थिति में फँसने से रोकना चाहते थे। वे नहीं चाहते थे कि ऐसी नौबत आये जब भारतवासियों की जीवन-शैलियों का आकलन केवल भारत नामक राष्ट्र-राज्य की काल्पनिक संरचना द्वारा प्रदत्त कसौटियों पर किया जाने लगे। कहा तो यह जाता था कि भारतीय सभ्यता और जीवन-शैलियों की रक्षा के लिए ही राष्ट्र-राज्य का विचार पश्चिम से लिया गया है, लेकिन रवींद्रनाथ और गाँधी इस बात के लिए कतई तैयार नहीं थे कि प्रगति के सिद्धांत के तहत की जाने वाली सामाजिक इंजीनियरिंग उन्हें अपना सहज-सुलभ शिकार बना ले। प्रगति का यह सिद्धांत किस कदर अपरिहार्य होता जा रहा था, इसका अंदाजा अर्थशास्त्री जोआन रोबिंसन द्वारा की गयी इस टिप्पणी से लग सकता था कि उपनिवेशवाद का शिकार होने से ज्यादा खराब बात उपनिवेशवाद का शिकार न होना ही हो सकती है।

यह निबंध मुख्यतौर से रवींद्रनाथ के तीन राजनीतिक उपन्यासों का विश्लेषण करता है। इसमें उन राजनीतिक आवेगों और उस दार्शनिक चेतना का संधान किया गया है जिनके कारण वे राष्ट्रवादी विचारधारा से असहमत होते चले गये। रवींद्रनाथ का यह खयाल भारतीय राजनीतिक संस्कृति में एक वैचारिक प्रवाह की तरह कुछ समय तक बचा रहा। इसका कारण शायद यह था कि राष्ट्रीय आंदोलन का नेतृत्व गाँधी के हाथ में था। लेकिन, असहमति का यह स्वर खामोश होने के लिए अभिशप्त भी था। कारण यह था कि रवींद्रनाथ का यह विचार राष्ट्रवाद की बजाय देशभक्ति को अपना आधार बनाता था। वह भारतीय सभ्यता के आधारभूत सांगठनिक उसूल के रूप में राष्ट्रवाद को स्वीकार करने से इनकार करता था। वह मानने के लिए तैयार नहीं था कि देश के राजनीतिक जीवन के लिए राष्ट्रवाद ही अंतिम शब्द है।

रवींद्रनाथ द्वारा की गई राष्ट्रवाद की आलोचना की पड़ताल करते हुए यह निबंध उनकी बौद्धिक और भावनात्मक यात्रा के साथ-साथ आगे बढ़ता है। उनकी युवावस्था हिंदू राष्ट्रवाद से प्रभावित थी, वयस्क होने पर वे

ब्राह्मणवादी–उदार मानवतावाद के असर में आये और जीवन के अंतिम वर्षों में रेडिकल और राज्य–विरोधी होते हुए करीब–करीब गाँधीवादी सामाजिक आलोचना के मुकाम पर पहुँच गये। यह एक ऐसे शख्स की यात्रा थी जो भारत में आधुनिक चेतना के मुख्य निर्माताओं में से एक था, और जो अपने नैसर्गिक आग्रहों के वावजूद अंत में साम्राज्यवादी पश्चिम का प्रति–आधुनिक आलोचक बनकर उभरा।

रवींद्रनाथ का 'राष्ट्रवाद'

हुमायूँ कबीर का दावा है कि भारतीय संविधान में संघवाद के उसूल और भारतीय विदेशनीति में गुटनिरपेक्षता के सिद्धांत का योगदान करने का श्रेय रवींद्रनाथ को जाता है।[२] कबीर रवींद्रनाथ को एक ऐसे महान भारतीय के रूप में देखते थे जिसने उपनिवेशवाद द्वारा भारत को थमायी गई यूरोकेंद्रीयता का प्रतिकार करके एशिया और अफ्रीका के साथ भारत के प्राचीन संबंधों को पुनर्जीवन प्रदान किया। जहाँ तक संघवाद का सवाल है, कबीर के मुताबिक बीसवीं सदी की शुरुआत में रवींद्रनाथ ने ही पहली बार घोषित किया था, 'अगर ईश्वर चाहता तो सारे भारतवासियों को एक ही भाषा बोलने वाला बना सकता था ...भारत की एकता हमेशा से विविधता में एकता के उसूल पर ही निर्भर थी और रहेगी।'[३]

हुमायूँ कबीर के इस दावे के बावजूद हकीकत यह है कि भारत की राजनीतिक संस्कृति में गुटनिरपेक्षता और संघवाद का योगदान करने का श्रेय अकेले रवींद्रनाथ को नहीं दिया जा सकता। इन दोनों उसूलों के पीछे भारतीय परंपराओं के साथ–साथ साम्राज्यवाद विरोधी संघर्ष को प्रेरित करने वाले कई प्रतिष्ठित राजनीतिक चिंतकों और एक बहु–जातीय समाज में चलने वाली सहभागी राजनीति की प्रक्रिया रही है। लेकिन, गुटनिरपेक्षता और संघवाद पर रवींद्रनाथ से ज्यादा जोर किसी ने नहीं दिया। उनके प्रयासों से इन दोनों सिद्धांतों को आधुनिक दायरे में काफी वैधता मिली। गाँधी भी वह नहीं कर पाये जो रवींद्रनाथ ने कर दिखाया। रवींद्रनाथ ने भारतीय परंपराओं के प्रति अपनी खास तरह की समझ भारत के पढ़े–लिखे तबके के गले उतारने में

कामयाबी हासिल की। आज स्थिति यह है कि राष्ट्रवाद और राष्ट्र-राज्य को सार्वभौम मानने वाले हर भारतीय को थोड़े-बहुत हीले-हवाले के साथ गाँधी और रवींद्रनाथ विरोधी रवैया अख्तियार करना ही पड़ता है। खास बात यह है कि रवींद्रनाथ का विरोध करना उसके लिए कहीं ज्यादा तकलीफदेह होता है। कारण यह है कि गाँधी जहाँ आधुनिक भारत के लिए विजातीय उपस्थिति थे, वहीं रवींद्रनाथ भारतीय आधुनिकता के निर्माताओं में से एक थें। उन्होंने भारतीय आधुनिक चेतना को आकार देने में भागीदारी की थी। उनकी आवाज की बहुत अहमियत समझी जाती थी। जवाहरलाल नेहरू जब यह कहते थे कि उनके दो गुरु हैं—गाँधी और रवींद्रनाथ, तो उसमें अनकही बात यह रह जाती थी कि गाँधी उनके राजनीतिक गुरु थे, और रवींद्रनाथ बौद्धिक गुरु। इसलिए माना जा सकता है कि रवींद्रनाथ को खारिज करने का मतलब होता है भारत की आधुनिक चेतना के एक महत्त्वपूर्ण अंश को खारिज करना।

राष्ट्रवाद बनाम सभ्यता

राष्ट्रवाद के मसले पर रवींद्रनाथ का प्रस्थानबिंदु क्या था? राष्ट्रवाद पर उन्होंने एक छोटी-सी लेकिन तर्कपूर्ण पुस्तक लिखी है (जिसका गद्य कहीं-कहीं विशेषण-बहुलता के कारण खलता है)। इस किताब में रवींद्रनाथ ने राजाओं और इनसानी नस्लों द्वारा स्थापित की गयी सरकार (यह शब्दावली उन्होंने सभ्यताओं के अर्थ में इस्तेमाल की है) और राष्ट्रों द्वारा स्थापित सरकार (यहाँ उनका मतलब राष्ट्र-राज्य से है) के बीच अंतर किया है। रवींद्रनाथ यकीन के साथ कहते हैं कि 'राष्ट्र द्वारा स्थापित सरकार न तो अंग्रेजों की है और न ही किसी और की। वह तो विज्ञान का एक प्रयोग है।'[४] ऐसी सरकार सार्वभौम, निर्वैयक्तिक और इस कारण से पूर्णतः कार्यसाधक होती है।[५]

> राष्ट्र की हुकूमत (ब्रिटिश औपनिवेशिक शासन के तहत) होने से पहले भी हमारे ऊपर दूसरी सरकारों का राज्य था जो विदेशी थीं, और अन्य सभी सरकारों के मुकाबले इनमें भी मशीन सरीखे कुछ पहलू थे। लेकिन, इनके और राष्ट्र द्वारा स्थापित सरकार में अंतर वही था जो हथकरघा (हैंडलूम) और पावरलूम के बीच होता है। हथकरघा से बने माल में इनसान की जीवंत उँगलियों का जादू व्यक्त होता है, उसके चलने की आवाज जीवन के संगीत से समस्वर हो जाती है। लेकिन, पावरलूम अपने उत्पादन में अनवरत निर्जीव, एकदम सही-सही और एकरस साबित होता है।[६]

रवींद्रनाथ मानते हैं कि भारत की अंग्रेज-पूर्व सरकारों में 'आधुनिक

सरकारों की बहुत-सी खूबियों की शोचनीय कमी' थी। लेकिन, वे राष्ट्र-राज्य नहीं थीं—'उनकी बुनावट ढीली-ढाली थी, उनकी बुनावट के फंदों में खाली जगहें होती थीं, जिनमें से गुजरने वाले हमारी अपनी जिंदगी के धागे उस पर अपनी डिजाइन आरोपित कर देते थे।'[७] रवींद्रनाथ ने इस प्रचलित विश्वास को मानने से इनकार किया कि अंग्रेजों से पहले का भारत पिछड़ा हुआ था। उनका कहना था :

> मैं बेहिचक मानता हूँ कि उन दिनों हमारे यहाँ ऐसी बातें थीं जो हमें काफी अरुचिकर लगती हैं। लेकिन हम जानते हैं कि कंकड़-पत्थरों से भरी जमीन पर नंगे पैर चलते हुए हमारे पैर धीरे-धीरे बंजर जमीन के ऊबड़-खाबड़पन के साथ तालमेल कर लेते हैं। दूसरी तरफ, अगर हमारे जूतों में कहीं से एक छोटा-सा कंकड़ भी आ जाए तो हम उसकी घुसपैठ को न भूल पाते हैं और न ही क्षमा कर पाते हैं। राष्ट्र द्वारा स्थापित सरकार इन्हीं जूतों के समान होती है—वह पैरों को सख्ती से बाँधे रहती है, हमारे कदमों को एक ऐसी तयशुदा पद्धति से विनियमित करती है कि हमारे पैरों को अपना समायोज़न करने के लिए बहुत कम गुंजाइश नसीब हो पाती है। नतीजे के तौर पर जब आप गुजरे जमाने में पैरों के नीचे आने वाले कंकड़ों के आँकड़े देकर आज के दिनों से तुलना करते हैं कि मौजूदा हुकूमत में उनकी संख्या कितनी घट गयी है तो दरअसल उस तुलना से सच्चाई सामने नहीं आती। ...पश्चिम के राष्ट्र ने संस्थाओं की ऐसी लौह श्रृंखलाओं की रचना की है जो इतनी निर्मम और इस कदर न टूटने वाली हैं कि मानवीय इतिहास में आज तक नहीं बनायी गईं।[८]

सवाल यह है कि रवींद्रनाथ का यह कथन क्या केवल औपनिवेशिक भारत के लिए ही था? क्या अपने राष्ट्र-राज्य के तहत शासित स्वाधीन समाज पर भी उनका यही विश्लेषण लागू होता है? रवींद्रनाथ इन सवालों का जवाब भी देते हैं। अपने गैर-भारतीय पाठकों से वे कहते हैं :

> केवल पराधीन नस्लें ही नहीं, बल्कि आजाद होने की गलतफहमी के शिकार आप लोग भी प्रत्येक दिन अपनी आजादी और अपनी मानवीयता को राष्ट्रवाद नाम की इस अंधश्रद्धा पर कुर्बान कर रहे हैं। ...इस बात से हमें सांत्वना नहीं मिल सकती कि मौजूदा युग में मानवता जिस क्षय से गुजर रही है वह केवल पराधीन नस्लों तक ही सीमित नहीं है। न ही इस बात से कि इसके कारण होने वाला नुकसान और भी ज्यादा बुनियादी किस्म का है क्योंकि वह उस समय और भी घातक हो जाता है जब लोग उसे एक सम्मोहन के वशीभूत होकर इस यकीन के साथ स्वत: स्वीकारते हैं कि वे तो स्वतंत्र हैं।[९]

रवींद्रनाथ मानते हैं कि भारत को भी वही सलाह दी जाएगी, जो सभी को दी जाती है : 'स्वयं को एक राष्ट्र बनाओ, और फिर राष्ट्र के अतिक्रमण

का प्रतिरोध करो।'[१०] रवींद्रनाथ इस सलाह को ठुकरा देते हैं, क्योंकि उनके अनुसार मानव की मुक्ति '(मशीन के) चक्कों और उनके मुकाबले चल रहे चक्कों की निर्जीव लय' एवं 'आशंकाओं की साजिश पर आधारित परस्पर सुरक्षा' में ही निहित है।[११] इस सलाह को मानने के बजाय रवींद्रनाथ मुड़कर उस हकीकत का साक्षात्कार करते हैं जो उनकी निगाह में भारत की सच्ची परंपरा है। रवींद्रनाथ के लिए भारत की परंपरा 'नस्लों के आपसी समायोजन' के लिए सक्रिय रहती है और 'नस्लों के बीच वास्तविक अंतर को स्वीकार करते हुए एकता का आधार तलाश करती है'।[१२] उनकी समझ में इस परंपरा का आधार सामाजिक स्तर पर तैयार किया गया था, न कि राजनीतिक स्तर पर। और, उसे तैयार करने वाले थे नानक, कबीर, चैतन्य जैसे संत। रवींद्रनाथ के मुताबिक विभेदों को स्वीकार करने के जरिये एकता से ही वह समाधान हो सकता था जिसकी पेशकश भारत द्वारा दुनिया के सामने की जानी चाहिए।[१३] उन्हें यकीन था कि भारत को 'राष्ट्रवाद की वास्तविक अनुभूति कभी नहीं हुई', इसलिए भारत को 'पश्चिमी सभ्यता से उसके मैदान में प्रतियोगिता करने से कोई फायदा नहीं होगा'।[१४] रवींद्रनाथ का तर्क था कि भारत के आदर्श उसके अपने इतिहास के जरिये बने हैं और अगर वह अन्य देशों से राजनीतिक राष्ट्रवाद के मामले में होड़ करना चाहता है तो यह्न कोशिश स्विट्जरलैंड द्वारा इंग्लैंड के मुकाबले जल सेना विकसित करने जैसी ही होगी।[१५]

लेकिन, रवींद्रनाथ को यह भी दिख रहा था कि इस हकीकत के बावजूद शिक्षित भारतीय 'अपने पूर्वजों द्वारा दी गयी नसीहतों के विपरीत इतिहास से कुछ सबक ग्रहण करने की' कोशिश कर रहे हैं। वे इसे एक ज्यादा बड़ी समस्या के अंग की तरह देखते थे : उनकी समझ में समूचा पूर्व 'स्वयं को एक ऐसा इतिहास देने की कोशिश कर रहा है जो खुद उसके जीवनानुभवों की देन नहीं है।'[१६] रवींद्रनाथ को यकीन था कि भारत को जरा थमकर सोचना चाहिए और तभी फैसला करना चाहिए कि क्या वह अपनी विरासत बेच कर की गई कमाई के बदले समकालीन इतिहास की चमक-दमक भरी क्षणभंगुर निर्मितियों को खरीदेगा?[१७]

भारत के राष्ट्रगान के रचयिता और अपनी कविताओं, गीतों और सक्रिय राजनीतिक भागीदारी से भारतीय राष्ट्रवाद को गहराई तक प्रभावित करने वाले रवींद्रनाथ अपने विचारों को बेहिचक रखते थे। कुछ वर्ष पहले ही वे राष्ट्रवाद को भौगोलिक अपदेवता यानी राक्षस करार दे चुके थे। उन्होंने अपना वैकल्पिक विश्वविद्यालय शांतिनिकेतन इसी राक्षस के प्रभाव से मुक्ति के

लिए समर्पित मंदिर के रूप में स्थापित किया था।[१८] इस समय तक वे यह घोषित करने की स्थिति में आ चुके थे कि वे तो 'सभी राष्ट्रों के आधार में निहित आम विचार के ही खिलाफ हैं' क्योंकि राष्ट्रवाद एक 'बहुत बड़ी बुराई' बन चुका है।[१९] रवींद्रनाथ को उपनिवेशवाद विरोधी आंदोलन की जरूरतों की अनुलंघनीयता का पूरा एहसास था। वे भारतीय राष्ट्रीय कांग्रेस के शुरुआती उदारतावादी संस्करण द्वारा कुछ 'टुकड़ों' के लिए 'भीख' माँगने की व्यर्थता से भी परिचित थे। पर वे 'गरमपंथियों' के पश्चिमी इतिहास पर आधारित आदर्शों से भी सहमत नहीं थे।[२०] रवींद्रनाथ एक ऐसी राजनीतिक स्वतंत्रता चाहते थे जो सिर्फ शक्ति अर्जित करने के लिए नहीं होगी, क्योंकि वे जानते थे :

> जिन लोगों को उनकी राजनीतिक आजादी मिल गयी है, वे जरूरी नहीं कि आजाद ही हों। वे तो केवल ताकतवर भर हैं। उनका बेलगाम आवेश स्वाधीनता के धोखे में गुलामी को बढ़ावा दे रहा है।[२१]

उस जमाने के लिहाज से रवींद्रनाथ के इन विचारों को काफी कड़ा माना जाएगा। दरअसल, उस समय तक राष्ट्रवाद की भावनाएँ भारतीय चेतना में घर कर चुकी थीं। श्री अरविंद (१८७२-१९५०) जैसा विचारक अपनी राष्ट्रवादी कामनाएँ भावातीत चेतना के सिद्धांतों में फलीभूत होते देख रहा था। ऐसे विचारों को पसंद करने वाले भारतवासियों की संख्या काफी थी :

> राष्ट्रवाद एक ऐसा अवतार है जिसका वध नहीं किया जा सकता। राष्ट्रवाद तो दैव द्वारा नियुक्त उस शाश्वत की एक ऐसी शक्ति है जिसे ईश्वर प्रदत्त उत्तरदायित्व पूरा करना ही है। केवल तभी वह उस सार्वभौम ऊर्जा के आलिंगन में लौटेगी जिससे वह निकली थी।[२२]

ऐसा लगता है कि ऐसे राष्ट्रवाद-समर्थक समय में रवींद्रनाथ को भारतीय राजनीति में एक ऐसे शख्स के आगमन से काफी प्रोत्साहन मिला होगा जो खुलकर कहता था कि उसका राष्ट्रवाद तो 'गहन अंतर्राष्ट्रवाद' है। यह नया आगंतुक मानता था कि उसका राष्ट्रवाद बहिष्कारवादी अथवा समाज के कुछ हिस्सों को अपने दायरे से बाहर रखने वाला नहीं है। यह नया आगंतुक उस लैटिन कहावत में व्यक्त होने वाले शाश्वत सत्य को मान्यता देता था जिसके तहत अपनी संपत्ति का उपयोग कुछ इस तरह करने की सिफारिश की गई है जिससे पड़ोसी की संपत्ति को नुकसान न पहुँचे।[२३] यह थी मोहनदास कर्मचंद गाँधी की हस्ती, जो भारत में साम्राज्यवाद विरोधी संघर्ष का एक महत्त्वपूर्ण आयाम नकारने की कीमत पर भी कहने के लिए तैयार थी कि 'हिंसक राष्ट्रवाद, जिसे साम्राज्यवाद भी कहते हैं, एक अभिशाप है।

अहिंसक राष्ट्रवाद ही सामूहिक अथवा सभ्य जीवन की अनिवार्य शर्त हो सकती है।'[२४] यही थी वह दलील जिसके आधार पर गाँधी स्वाधीनता आंदोलन को 'शांति में भारत का योगदान' मानते थे।[२५]

संदर्भ और टिप्पणियाँ

१. उन्नीसवीं सदी के दूसरे हिस्से में विकसित हुए भारतीय राष्ट्रवाद के विचारधारात्मक सार का बेहतरीन परिचय पार्थ चटर्जी की रचना *नेशनलिस्ट थॉट एंड दि कॉलोनियल वर्ल्ड : ए डेरीवेटिव डिस्कोर्स,* लंदन : जेड, १९८६ में देखें। भारतीय राष्ट्रवाद के सामाजिक आधार का परिचय देने वाली सर्वाधिक उपयोगी रचना ए.आर. देसाई की है। देखें, ए.आर. देसाई, *सोशल बैकग्राउंड ऑफ इंडियन नेशनलिज्म,* बंबई : पाप्युलर प्रकाशन, १९४६

२. हुमायूँ कबीर, 'रवींद्रनाथ वाज नो ऑब्सकरंटिस्ट', *कैलकटा म्युनिसिपल गजेट १९६१,* रवींद्रनाथ जन्म शताब्दी अंक, पृष्ठ १२२-५

३. उपरोक्त, पृष्ठ १२५

४. रवींद्रनाथ ठाकुर, *नेशनलिज्म* (१९१७), पुनर्मुद्रण, मद्रास : मैकमिलन, १९८५, पृष्ठ १०

५. उपरोक्त।

६. उपरोक्त।

७. उपरोक्त, पृष्ठ १४

८. उपरोक्त, पृष्ठ १५-१६

९. उपरोक्त, पृष्ठ १८

१०. उपरोक्त, पृष्ठ १८-१९

११. उपरोक्त, पृष्ठ ५९

१२. उपरोक्त।

१३. उपरोक्त, पृष्ठ ६४

१४. उपरोक्त।

१५. उपरोक्त, पृष्ठ ६५

१६. उपरोक्त, पृष्ठ ६४

१७. उपरोक्त, पृष्ठ ६५

१८. जगदानंद राय को लिखा पत्र, सीमा बंद्योपाध्याय की पुस्तक *रवींद्र संगीते स्वदेशचेतना,* कलकत्ता : नेशनल बुक एजेंसी, १९८६, पृष्ठ २२

१९. रवींद्रनाथ, *नेशनलिज्म,* पृष्ठ ६६-६७

२०. उपरोक्त, पृष्ठ ६८

२१. उपरोक्त, पृष्ठ ७३

२२. श्री अरविंद, 'दि लाइफ ऑव नेशनलिज्म', संकलित *ऑन नेशनलिज्म, फर्स्ट सीरीज,* पांडिचेरी : श्री अरविंद आश्रम, १९६५, पृष्ठ ३३-९; देखें पृष्ठ ३९

२३. एम.के. गाँधी, *कलेक्टिड वर्क्स,* नयी दिल्ली : पब्लिकेशंस डिवीजन, गवर्नमेंट ऑव इंडिया, १९६९, खंड ३२, पृष्ठ ४५; और *कलेक्टिड वर्क्स,* १९७१, खंड ४५,.पृष्ठ ३४३

२४. गाँधी, *कलेक्टिड वर्क्स,* खंड २५, पृष्ठ ३६९

२५. उपरोक्त, खंड ४८, पृष्ठ २२६-७

दो

उपन्यास

घर और बाहर

इस अध्याय में हम रवींद्रनाथ की स्वघोषित राजनीतिक विचारधारा की रोशनी में उनके तीन उपन्यासों की जाँच करेंगे। तीनों उपन्यासों का स्वभाव राजनीतिक है। इनके पाठ में रवींद्रनाथ की राजनीतिक समझ और उनकी राजनीतिक इयत्ता के महत्त्वपूर्ण मनोवैज्ञानिक और सांस्कृतिक सुराग छिपे हुए हैं। हम यह पड़ताल यह जानते हुए करेंगे कि उनके कुछ दूसरे उपन्यास भी स्पष्ट राजनीतिक संदेश देते हैं, जैसे उनकी दो शुरुआती रचनाएँ **बऊठकुरानीर हाट** और **राजर्षि।**[१] इनके जरिये रवींद्रनाथ ने राजनीतिक सत्ता के उतार-चढ़ाव और उससे पैदा होने वाली विकृतियों पर प्रकाश डाला है। ये दोनों विषय रवींद्रनाथ को बड़े प्रिय थे। लेकिन, हमने यहाँ जिन उपन्यासों को चुना है उनमें उस जमाने की राजनीतिक बहसों को केंद्रीय विषयवस्तु बनाया गया है। ये बहसें खास तौर से स्वदेशी आंदोलन के तौर-तरीकों और आम तौर से समाज सुधार के बारे में थीं।

इन तीनों उपन्यासों में से **गोरा** अपने शिल्प के लिहाज से उन्नीसवीं सदी में प्रचलित उपन्यास विधा के सबसे ज्यादा नजदीक बैठता है। दिक़्क़त यह है कि इस उपन्यास का अंग्रेजी में बड़ा खराब अनुवाद हुआ है जिसके कारण अंग्रेजी के पाठक इससे बड़े निराश होते हैं। लेकिन, भारतीय भाषाओं में इसके बेहतरीन अनुवाद मौजूद हैं और उस उपन्यास की प्रतिष्ठा और प्रभाव उन्हीं पर आधारित है। **गोरा** का रचनाकाल १९०९ का है जब रवींद्रनाथ ४८ साल के थे।[२] अगर उनके पहले असमाप्त उपन्यास **करुणा** को भी जोड़

लिया जाए तो यह उनका छठा उपन्यास था।

दूसरा उपन्यास **घरे-बायरे** है। हिंदी में इसका अनुवाद **घर और बाहर** शीर्षक से हुआ है।[३] यह रवींद्रनाथ का आठवाँ उपन्यास था जो १९१६ में प्रकाशित हुआ। तीसरा उपन्यास है **चार अध्याय**।[४] यह उनका तेरहवाँ और अंतिम उपन्यास था। १९३४ में प्रकाशित होते ही इसकी विषयवस्तु सार्वजनिक रूप से काफी विवादग्रस्त हो गयी थी।

तीनों उपन्यासों में रवींद्रनाथ के राजनीतिक सरोकार मोटे तौर पर एक से ही हैं। पच्चीस साल की अवधि में उन्होंने ये उपन्यास रचे, पर इस दौरान उनके राजनीतिक विचार नहीं बदले। यही कारण है कि यह विश्लेषण इन उपन्यासों की केंद्रीय समस्या को ऐतिहासिक क्रम में नहीं देखता। ऐतिहासिक क्रम के अनुसार तो **गोरा** में यह समस्या मुख्यतौर पर राजनीतिक-मनोवैज्ञानिक थी। **घर और बाहर** में उसने राजनीतिक-समाजशास्त्रीय रूप ले लिया। **चार अध्याय** तक पहुँचते-पहुँचते यह समस्या राजनीतिक और नीतिसंबंधी हो चुकी थी। हमारा विश्लेषण यह क्रम नहीं अपनाता। इसमें तो मनोवैज्ञानिक क्रम अपनाते हुए **घर और बाहर** के राजनीतिक समाजशास्त्र की गवेषणा से शुरुआत की गई है। फिर **चार अध्याय** के राजनीतिक नीतिशास्त्र की विवेचना करके **गोरा** के राजनीतिक मनोविज्ञान की पड़ताल की गई है।

घर और बाहर के बीच विमला का चुनाव

रवींद्रनाथ **घर और बाहर** की कहानी बड़े सहज ढंग से कहते हैं। उपन्यास की हीरोइन विमला कुशाग्र और उग्र स्वभाव की है। उसके नाम से ही जाहिर है कि उसके व्यक्तित्व में दैनंदिन सादगी के साथ-साथ एक तरह की इंद्रियातीत शक्ति भी रही होगी। उसकी शादी एक धनी और कुलीन परिवार में होती है। इस खानदान को अपने घर की औरतों की सुंदरता पर जितना गर्व है, उतना ही घमंड उसे खुद को तबाह कर डालने वाले अपने अय्याश मर्दों पर है। ऐसे घर में ब्याही जाने के बाद विमला देखती है कि उसका पति निखिलेश उर्फ निखिल खानदानी नक्शे-कदम पर चलने वाला नहीं है। उसने न केवल एक ऐसी स्त्री से शादी की है जो सुंदर नहीं है, बल्कि वह सुशिक्षित और आधुनिक भी है। वह ज्ञानार्जन और समाज-कार्य में डूबा रहता है।

परिवार में मुख्यतौर पर निखिल की दादी विमला का साथ देती हैं। निखिल उनकी आँखों का तारा है और वे विमला की उपस्थिति को घर के लिए शुभ मानती हैं। निखिल जब एक बैंक के धन से अपने इलाके के गरीब

किसानों को बिना जमानत का आसान कर्ज देकर भारी नुकसान उठाता है, तो उसके पक्ष में केवल उसकी दादी ही खड़ी होती हैं। उनका खयाल है कि यह आर्थिक नुकसान उठाकर निखिल ने घर के मर्दों के प्रचलित चाल-चलन का पालन न करने की छोटी-सी कीमत चुकायी है।

निखिल अपनी पत्नी पर जान छिड़कता है। विमला दिन भर मनोयोगपूर्वक घर का काम-काज करती है, पर निखिल के मन में उसके लिए कुछ और महत्त्वाकांक्षाएँ हैं। एक उदार मानवतावादी होने के नाते वह चाहता है कि उसकी पत्नी अंग्रेजी भाषा और अंग्रेजी शिष्टाचार सीख कर आधुनिक संसार का हिस्सा बने। इसी कारण से वह एक अंग्रेज गवर्नेस मिस गिल्बी को उसकी शिक्षा के लिए रखता है। इस गवर्नेस के जरिये विमला धीरे-धीरे बाहर की दुनिया का साक्षात्कार करती है। इसी प्रक्रिया में मिस गिल्बी परिवार की सदस्य बनती चली जाती है।

घर में निखिल की दो विधवा भाभियाँ भी रहती हैं। उपन्यास के अंग्रेजी संस्करण में एक ही भाभी रखी गयी है, जो हर जगह विमला के मुकाबले खड़ी नजर आती है। दोनों भाभियाँ अशिक्षित और क्षुद्रमना हैं। लेकिन, निखिल को दोनों की शिक्षा या दहलीज के बाहर की दुनिया से उनका परिचय कराने में कोई दिलचस्पी नहीं है। कुछ पाठकों को ये दोनों महिलाएँ नायक के नियंत्रण से मुक्त स्वेच्छा-संपन्न नारियों की तरह लग सकती हैं। पाठक यह भी सोच सकते हैं कि अगर विमला को कुछ कम संवेदनशील, कम भावप्रवण और कम कुशाग्र चित्रित किया जाता तो उसका चरित्र भी ऐसा ही हो सकता था।

उपन्यास में स्वदेशी आंदोलन का जमाना दिखाया गया है। एक दिन निखिल का दोस्त संदीप उसके घर आता है। अपने नाम को सार्थक करने वाला संदीप एक उग्र राष्ट्रवादी नेता है। अपनी पत्नी की मर्जी के खिलाफ निखिल उसकी आर्थिक मदद करता रहता है। विमला ने तस्वीरों में संदीप के सुंदर नाक-नक्श तो देखे हैं, पर वह उसे कभी पसंद नहीं कर पाती। उसे प्रतीत होता है कि संदीप में चरित्रबल का अभाव है। विमला को संदीप के सुंदर चेहरे की 'बनक में कुछ कमी खटकती' है। उसे लगता है कि संदीप की 'आँखों और होठों के कोनों पर ऐसा कुछ है जो बता रहा है कि यह चेहरा खाँटी नहीं है।' लेकिन, दूसरी तरफ संदीप को लोगों के बीच भाषण देते सुनकर विमला रोमांचित भी हो उठती है। संदीप के विचार उसे प्रेरक लगते हैं। विमला की नजरों में उसकी छवि 'बंगाल के वीर' जैसी हो जाती है

'जिसका देश के नारी हृदय की कोमलता से ...अभिषेक ...होना चाहिए'।[५] पहली बार विमला को अफसोस होता है कि 'ईश्वर ने मुझे क्यों अद्भुत सौंदर्य नहीं दिया'। दरअसल, वह चाहने लगती है कि भारत के पुरुष 'देश की नारी में एक बार जगद्धात्री का मुख देख लें।' विमला का हृदय पुकार उठता है कि संदीप देश की जाग्रत शक्ति का साक्षात्कार उसी के रूप में करे।[६] वह संदीप को रात्रिभोज के लिए घर बुलाती है।

भोजन करते समय संदीप और विमला राष्ट्रीय आंदोलन के बारे में चर्चा करते हैं। विमला से प्रभावित होने का दिखावा करके संदीप उसे अपना संकोच छोड़कर 'हम मधुमक्खियों की रानी' बनने के लिए प्रोत्साहित करता है। वह भरोसा देता है कि उसके साथी विमला के आस-पास गोलबंद होंगे और उसे अपने केंद्र और प्रेरणा के रूप में स्वीकार करेंगे।[७] जहाँ तक खुद उसका सवाल है, संदीप बेहिचक कहता है, 'देश का आशीर्वाद तो देश-लक्ष्मी के मुख से ही प्राप्त होगा।'[८]

विमला संदीप की बातों में आ जाती है और उससे नियमित रूप से मिलना शुरू कर देती है। संदीप राष्ट्रीय आंदोलन के हर पहलू के बारे में उससे परामर्श करने लगता है। विमला के ही शब्दों में :

> जो सुंदरी नहीं थी, वह सुंदरी हो उठी, जो थी एक मामूली औरत उसने अपने अंदर सारे बंगाल के गौरव को प्रत्यक्ष अनुभव किया। ...सारी दुनिया के साथ हमारे संबंधों में एक तरह का परिवर्तन हो गया। संदीप बाबू ने मुझे समझा दिया कि सारे देश को मेरी जरूरत है।[९]

यह परिवर्तन विमला के लिए इंद्रियातीत साबित हुआ। आगे चल कर वह इस अनुभव को तकरीबन रहस्यवादी शब्दावली में याद करती है, 'मेरे अंदर एक दिव्य शक्ति आ गयी है। वह एक ऐसी अनुभूति है, जिसे मैंने अपने अतीत में इसके पहले कभी अनुभव नहीं किया।'[१०] विमला में पैदा हुए जादुई शक्ति के एहसास को संदीप और बढ़ावा देता है और जल्दी ही अपने राजनीतिक मिशन और स्त्रियों की 'प्रकृति प्रदत्त' राजनीति के बीच एक समीकरण बना लेता है। स्त्री की राजनीति संदीप की निगाह में प्रकृति प्रदत्त है, तो पुरुष की राजनीति को वह समाज के जरिये हासिल की गयी मानता है।

> 'सत्य नाम की चीज स्त्रियों के प्राणों में घुलकर एकाकार हो जाती है। ...इसलिए स्त्रियाँ ही वास्तव में निष्ठुर हो पाती हैं। ...हमारी स्त्रियाँ ही हमारे देश को बचा सकती हैं। ...पुरुष लोग सिर्फ सोच सकते हैं पर आप लोग समझती हैं, आप लोगों को सोचना नहीं पड़ता। स्त्रियों को विधाता ने अपने मानस से सिरजा है और पुरुषों को उन्होंने अपने हाथों से, हथौड़ी से पीट-

पीट कर बनाया है।[११]

इसके बाद विमला संदीप के काम में उसकी पूरी तरह से मदद करने लगती है। इस चक्कर में उसके पति, घर और सहेलियों की उपेक्षा होती है। वह गृहस्थी के धन में से रुपया निकालकर आंदोलन को देने की हद तक चली जाती है। लेकिन, संदीप के प्रति विमला के प्रेम का अंत त्रासदी में होता है। विमला के पास न घर रहता है और न घर से बाहर का संसार, क्योंकि अपने ही भाषणों के कारण बड़े पैमाने पर भड़कने वाली हिंसा से डरकर संदीप पलायन कर जाता है। वह जनभावनाओं का दोहन करने वाला खोखला और निष्ठुर नेता साबित होता है। निखिल की मृत्यु संदीप के उग्र राष्ट्रवाद के गर्भ से निकली हिंसा को शांत करने की कोशिश करते हुए होती है। निखिल की मृत्यु पर उसकी भाभी की भावनाओं के विस्फोट के जरिये रवींद्रनाथ उस परिवार के गहन सरोकार सामने लाते हैं, और निखिल की मृत्यु की जिम्मेदारी उन नरभक्षी आवेगों पर जाती है जो विमला पर हावी हो गए थे।

उपन्यास में यह त्रासदी केवल निजी दायरे में ही नहीं रहती। यहाँ राष्ट्रवाद के परिणामस्वरूप पैदा हुए विभेद उसके कारण फैले आंदोलन के मुकाबले ज्यादा स्थायी साबित होते हैं। स्वदेश के साथ विमला का तादात्म्य सतही बनकर रह जाता है। उसके घर और उसके संसार के ध्वंस में समाज के ध्वंस की आहटें सुनायी देती हैं।

घर और बाहर की कहानी उसके तीन प्रमुख चरित्रों की जुबानी प्रथम पुरुष शैली में सुनायी गयी है। लेकिन, यह रोशोमान जैसा प्रभाव नहीं देती, क्योंकि तीनों पात्र अपने-अपने तरीके से एक ही कहानी कहते हैं। रवींद्रनाथ की रुचि यथार्थ की बहुलतामूलक प्रकृति को सामने लाने के बजाय तीनों पात्रों के परिप्रेक्ष्यों के बीच अंतर के जरिये उनके व्यक्तित्वों का अंतर सामने लाने में है। एक पात्र के स्व-कथन से दूसरे पात्र के स्व-कथन में जाते हुए न मुद्दे बदलते हैं, न ही कोई व्यक्तित्वांतरण होता है। दरअसल, पूरे उपन्यास में कथानक एक ही है जो विमला के नजरिये के अधीन रैखिक प्रवाह में चलता है। उसमें विमला बंगाल की प्रतीक बनकर देशभक्ति के दो रूपों में से एक के चयन की दुविधा का सामना करती है। उपन्यास की पृष्ठभूमि स्वदेशी आंदोलन की है जिसमें रवींद्रनाथ ने खुद भागीदारी की थी। इस आंदोलन के समर्थन में रवींद्रनाथ ने कई बेहतरीन कविताएँ और गीतों की रचना की थी। इसके बावजूद उपन्यास का संदेश स्पष्ट है : राष्ट्रवाद प्रच्छन्न रूप से बहुत बड़ी कीमत माँगता है। इसी बात को कह पाने के लिए रवींद्रनाथ

ने जानबूझ कर उपन्यास में अंग्रेजों की उपस्थिति को पर्दे के पीछे केवल छाया रूप में ही रखा है। वे तो इस उपन्यास के जरिये भारतीय चेतना का अनुसंधान करना चाहते थे, उस भारतीय चेतना का जो औपनिवेशिक अनुभव से दो-चार होते हुए उसकी कल पकड़ने की कोशिश करते हुए उसका प्रतिरोध कर रही थी। लेखक इस चेतना को दो हिस्सों में बाँटता है : एक की अभिव्यक्ति नायक और खलनायक के बीच तुलना में होती है, और दूसरे की अभिव्यक्ति नायिका के अंतर्मन में चल रहे द्वंद्वों में सुनायी पड़ती है।

जहाँ तक नायक के मुकाबले खलनायक का सवाल है, कथानक के जरिये पाठक को धीरे-धीरे पता चलता है कि कुलीन और जमींदार पृष्ठभूमि का निखिल राजनीतिक लफ्फाजी करने वाले संदीप की अपेक्षा कम देशभक्त नहीं है। यह जरूर है कि निखिल की देशभक्ति उसके दोस्त की देशभक्ति की तरह चकाचौंधपूर्ण और सायास नहीं है। संदीप यह मानता है कि मनुष्य की भाँति देश में भी भगवान का वास्तविक आलोक देखा जा सकता है और इसलिए देश-नारायण की आराधना की जानी चाहिए। जबकि निखिल की मान्यता है कि ऐसी हालत में तो ईश्वर दूसरे देशों के रूप में भी व्यक्त होगा और अगर ऐसा है तो फिर उन देशों से घृणा का कोई तर्क नहीं बनता। उसे यकीन है कि दूसरे देशों को उत्पीड़ित करने वाले देशों को इसका जवाब तो देना ही पड़ेगा, क्योंकि उनके इतिहास का अभी अंत नहीं हुआ है।[१२] संदीप और उसके सम्मोहन से ग्रस्त विमला का दावा है कि देश-हित के लिए मनुष्य अगर खुदगर्जी भी करे तो वह उसका अधिकार है, जबकि निखिल को लगता है कि इनसान के रूप में देश की आत्म-परिभाषा में किसी को भी व्यक्तिगत दुष्टता का समावेश करने से बचना चाहिए। संदीप निखिल के विचारों को ओजहीन, कल्पनाविहीन और अनुभूतिहीन मानता है।[१३] दूसरी तरफ, निखिल के लिए संदीप का राष्ट्रवाद कुछ और नहीं, बल्कि लालचपूर्ण खुदगर्जी का ही एक रूप है।[१४] आसानी से अंदाजा लगाया जा सकता है कि इस संघर्ष में किस विचारधारा को शुरुआती जीत मिली होगी। संदीप अपने इसी आग्रह के दम पर सफल राजनीतिक नेता बन जाता है और निखिल की घरेलू जिंदगी उसके राष्ट्रवादी मित्र के अतिक्रमण के कारण तबाह हो जाती है।

शुरू में विमला ने संदीप के चरित्र का ठीक आकलन किया था। एक देशभक्त और प्रेमी के रूप में उसे संदीप में प्रामाणिकता नहीं दिखी थी। वह तो केवल एक पेशेवर राजनेता था। बाद में विमला उससे प्रेम करने लगती है जो सच्चा तो है, पर कुछ अलग तरह का भी है। इस प्रेम के आयाम दैहिक

भी हैं, पर उसे मात्र अंधे मोह की संज्ञा नहीं दी जा सकती। विमला की नजर में इतनी गहराई है कि संदीप का सतहीपन उसकी समझ में आ जाता है, लेकिन वह साथ में यह भी मान लेती है कि इस खामी को नजरअंदाज करना ही उसका देशभक्तिपूर्ण दायित्व है। वह राष्ट्रवादी जज़्बात से भरी हुई है। उसे स्वाधीनता की चाह है, लेकिन इस कामना के पीछे कोई गहन राजनीतिक अंतर्दृष्टि नहीं दिखती। एक तरह से वह युवावस्था के विद्रोही आदर्शवाद की देन प्रतीत होती है। इसी के वशीभूत होकर विमला संदीप की भूमिका को ओजस्वी और अनुकरणीय मानती है। संदीप उसके प्रेम का लक्ष्य बन जाता है और ऐसे प्रेम की गिरफ्त से वह नहीं छूट पाती।

संदीप की तुलना में निखिल की शख्सियत प्रेमी और देशभक्त के दोनों रूपों में बुझी-बुझी और ओजहीन लगती है। संदीप का भड़कीला व्यक्तित्व उस समय तक निखिल के व्यक्तित्व पर छाया रहता है जब तक राजनीतिक, सामाजिक और व्यक्तिगत घटनाक्रम की त्रासदी विमला के सामने निखिल के सच्चे पराक्रम का उद्घाटन नहीं कर देती।

इस तरह विमला दोनों पुरुषों की भिन्न देशभक्तियों के बीच एक सूत्र की तरह उभरती है। विमला वह प्रतीक है जिसके लिए संदीप और निखिल न सिर्फ संघर्ष करते हैं, बल्कि विमला के ही व्यक्तित्व में कहानी के इन दोनों मुख्य पात्रों की होड़ करती इयत्ताओं का समावेश दिखता है। विमला की शख्सियत एक ऐसा रणक्षेत्र बन जाती है जिसमें दोनों तरह की देशभक्तियाँ एक-दूसरे पर श्रेष्ठता हासिल करने के लिए टकराती हैं। इस आंतरिक लड़ाई में निखिल की देशभक्ति विजयी होती है, पर बदले में वह बहुत भारी सामाजिक और राजनीतिक कीमत अदा करता है।

दोनों मुख्य पात्रों के बीच एक अन्य सूत्र अमूल्य के रूप में भी है, हालाँकि इस आदर्शवादी युवक की अहमियत कहानी के लिए उतनी नहीं है। अमूल्य के साथ विमला खास तरह का रिश्ता रखती है। संदीप के करीबी साथी के रूप में अमूल्य को जल्दी ही पता लग जाता है कि संदीप की देशभक्ति परले दर्जे के उपयोगितावाद की शिकार है। अमूल्य के मन में विमला के प्रति स्नेह और आदर है, साथ ही उसे संदीप की असलियत की जानकारी भी है। इन दो पाटों में फँसकर वह विमला की राजनीति का असली शिकार बनता है। विमला को भी इसका एहसास है। कहानी के अंत में हुई अमूल्य की मृत्यु में उन चिंताओं की आहट सुनी जा सकती है जो राष्ट्रवाद के गर्भ से निकली हिंसा की प्रकृति के कारण आगे चलकर रवींद्रनाथ को

परेशान करने लगी थीं।

हिंसा एक भीषण हिंदू-मुसलमान दंगे के रूप में भड़कती है। रवींद्रनाथ यह कहते हुए लगते हैं कि संदीप के राष्ट्रवाद का नतीजा स्वाभाविक तौर पर इस तरह की हिंसा में ही निकल सकता था। उपन्यास में निखिल का हश्र साफ नहीं बताया जाता, पर सत्यजित राय द्वारा बनायी गई फिल्म में वह मारा जाता है। निखिल की जान लेने वाला दंगा उन गरीब मुसलमान व्यापारियों की वजह से शुरू होता है जो विदेशी वस्तुओं के फौरन और बिना शर्त बहिष्कार के राष्ट्रवादी प्रयासों के कारण बरबाद हो गये थे।

हिंसा के पीछे संदीप और उसके उत्साही अनुयायियों द्वारा अपनायी गयी जन-गोलबंदी की रणनीति थी। इस रणनीति का स्वाभाविक परिणाम यही हो सकता था। रवींद्रनाथ का तात्पर्य है कि इस गोलबंदी के लिए कुछ ऐसे प्रतीकों का इस्तेमाल किया गया था जो एक धर्म पर आधारित धार्मिक और सांस्कृतिक निर्मिति की देन थे। हालाँकि उपन्यास इसका कारण स्पष्ट नहीं करता कि इसका नतीजा सांप्रदायिक हिंसा में ही क्यों निकलना चाहिए था, पर रवींद्रनाथ ने कुछ संकेत अवश्य दिये हैं। उनके हिसाब से इस लोकलुभावनवादी आंदोलन में भीड़ की राजनीति के साथ विशुद्ध राजनीतिक दाँवपेच का मिश्रण था। रवींद्रनाथ न तो धार्मिक मतभेदों को सांप्रदायिकता का कारण मानते हैं, और न ही धार्मिक प्रतीकों के राजनीति में इस्तेमाल को जिम्मेदार ठहराते हैं। बजाय इसके वे इसी मिश्रण को सांप्रदायिकता की वजह करार देते हैं। संदीप एक समुदाय के रूप में मुसलमानों के हितों के साथ कोई तालमेल करने से इनकार कर देता है। उसका आंदोलन मुसलमानों पर नाजायज मुश्किलें थोपते हुए राष्ट्रवादी लक्ष्यों के लिए उनसे अन्यायपूर्ण बलिदानों की माँग करता है। दंगा इन वजहों से तो भड़कता ही है, साथ ही यह रणनीति एक तरह की राजनीतिक हठधर्मी का आसरा लेती है जिसके कारण भीड़ के आदिम जज़्बात खुलकर खेलने लगते हैं।

घर और बाहर की एक बड़ी खास बात है निखिल के संसार में पड़ी सांप्रदायिक दरार के पीछे चलने वाली प्रक्रिया का चित्रण। रवींद्रनाथ संक्षेप में, पर खूबी के साथ यह दरार पड़ते हुए दिखाते हैं। कहानी के साथ-साथ बंगाल के उच्च वर्गीय हिंदुओं के मानस में बसी मुसलमानों की छवि भी सामने आती जाती है। इस छवि के तहत मुसलमान एक ऐसी आदिम और बर्बर ताकत के रूप में उभरते हैं जो सिर्फ असंयमित और अविवेचित शक्ति की नुमाइंदगी ही कर सकती है। उस जमाने में ये मुसलमान बंगाल के

'स्वाभाविक' परिदृश्य के अंग थे और हिंदू धर्म के भीतर पनपने वाली ऐसी ही आदिम ताकतों से उनकी घनिष्ठता थी। इसलिए दोनों पक्षों में इन ताकतों को संयमित करने का आग्रह भी था। यही वजह है कि उपन्यासों में मुसलमानों को गाय का मांस खाते हुए और इसे संतुलित करने के लिए ऊँची जाति के अधिकतर *शक्तो* (शाक्त) हिंदुओं को भैंसे की बलि देते हुए दिखाया गया है। लेकिन, जैसे ही संदीप का राष्ट्रवाद आदिम भावनाओं को स्पर्श करता है और उसे इनसान के मन की गहराइयों में छिपे रहने वाले संगीन आवेगों में अपना आधार मिलता है, वैसे ही ऐसी ही प्रतिक्रिया मुसलमानों के बीच भी होने लगती है। निखिल की जमींदारी में रहने वाले मुसलमान गाय का मांस खाना छोड़ चुके हैं, लेकिन प्रतिक्रियास्वरूप विचारधारात्मक आधार पर पुनः गो-भक्षण शुरू कर देते हैं। उनके लिए भी धर्म आस्था का मामला न रहकर विचारधारा का सवाल बन जाता है।[१५]

लुकास ने रवींद्रनाथ को कैसे समझा!

उपनिवेशवाद का विरोध करने की रवींद्रनाथ की इस शैली को समझना आसान नहीं था। इस मुश्किल का स्पष्ट प्रमाण तब मिला जब जार्ज लुकास ने **होम एंड दि वर्ल्ड** की जहरबुझी समीक्षा लिखी। इसका प्रकाशन १९२२ में हुआ।[१६] उपन्यास का यह अंग्रेजी अनुवाद बहुत अच्छा नहीं था। इसमें मूल रचना की बारीकियाँ लापता थीं। न ही रवींद्रनाथ की भाषा, खासकर उनके काव्यात्मक गद्य की जादुई ताकत, इसके जरिए व्यक्त होती थी। इसके अलावा इस अंग्रेजी संस्करण के कथानक में रवींद्रनाथ नैतिकतावादी और 'जानबूझ कर दिखावा करने' वाले रचनाकार के रूप में सामने आते थे।[१७] लेकिन, लुकास की आलोचना के पीछे अनुवाद की ये खामियाँ नहीं थीं। ऐसा लगता है कि रवींद्रनाथ की आलोचना करते समय लुकास कुछ खास तरह की राजनीतिक सीनाओं में कैद थे। ये सीमाएँ उस यूरोपीय आलोचनात्मक चेतना की निर्मितियाँ थीं जिसे स्पर्श करना रवींद्रनाथ की रचना के लिए मुमकिन नहीं था। अपने यूरोकेंद्रित मार्क्सवाद के कारण लुकास के लिए यह समझना मुश्किल था कि उनका आलोचना-कौशल किस सीमा तक एक खास तरह के सांस्कृतिक विमर्श का वर्चस्व कायम रखने के लिए ही विकसित हुआ था। सवाल यह है कि अगर लुकास सही थे और रवींद्रनाथ यूरोप के साथ संवाद कायम करने में नाकाम रहे थे, तो यही हश्र सत्यजित राय द्वारा किये गये उपन्यास के फ़िल्मांकन का भी होना चाहिए था जो **घर और बाहर** की

कहानी के साथ कमोबेश वफादारी बरतता है। उपन्यास लिखे जाने के पचास साल बाद बनी इस फिल्म को भी आधुनिक दुनिया आड़े हाथों लेती। लेकिन, ऐसा नहीं हुआ और राय की फिल्म के कारण न तो भारत में और न ही यूरोप में रवींद्रनाथ के साम्राज्यवाद विरोध पर कोई सवाल उठा।

लुकास इस तथ्य पर तीखी व्यंग्यात्मक निगाह डालते हैं कि रवींद्रनाथ का नायक एक उच्च-कुलीन व्यक्ति है। वे यह देखने के लिए तैयार नहीं हुए कि निखिल उच्च-कुलीन होते हुए भी धार्मिक अल्पसंख्यकों का साथ देता है, भले ही उसका प्राथमिक सरोकार यह न रहा हो। ऊपर से यह अल्पसंख्यक समुदाय समाज का सबसे गरीब हिस्सा है। इसके अलावा निखिल साहसपूर्वक मध्यवर्ग की चौधराहट वाली बहुसंख्यकवादी संरचना का मुकाबला भी करता है। हाशिये पर पड़े लोगों के प्रति उपेक्षाभाव रखने वाला यह मध्यवर्ग साफ तौर से भारत के औपनिवेशिक शासकों की तर्ज पर खुद को संस्कारित कर रहा था। लुकास अपनी आलोचना में कहते हैं :

> एक कल्पनाशील लेखक और चिंतक के रूप में रवींद्रनाथ की शख्सियत का कोई महत्त्व नहीं है। उनमें कोई रचनात्मक क्षमता नहीं दिखायी पड़ती। उनके पात्र फीके और रूढ़बद्ध किस्म के हैं, उनके कथानक घिसे-पिटे हैं और कोई दिलचस्पी पैदा नहीं करते। उनकी संवेदना कमजोर और नाकाफी है ...
>
> उपन्यास में हिंसा के इस्तेमाल से संबंधित बौद्धिक संघर्ष चित्रित किया गया है ...परिकल्पना के तौर पर भारत को उत्पीड़ित और पराधीन देश मानते हुए भी मिस्टर ठाकुर इस प्रश्न में कोई दिलचस्पी नहीं दिखाते ...
>
> रवींद्रनाथ का उपन्यास नीरस और आत्माविहीन तो है ही, साथ-साथ वह निंदा के मकसद से लिखा गया बेहद घटिया किस्म का पर्चा भी है।
>
> ऐसा रवैया *भारत की शाश्वत पराधीनता की विचारधारा* की नुमाइंदगी करने के अलावा और क्या कर सकता है।
>
> टेगौर का एकतरफा प्रचारात्मक और लफ्फाज किस्म का रवैया उपन्यास को कलात्मक नजरिये से पूरी तरह बेकार बना देता है ...
>
> लेकिन, रवींद्रनाथ की रचनात्मक क्षमताएँ उपन्यास को एक बेहतर पर्चा भी नहीं बना पातीं ...रवींद्रनाथ कहानी में 'आध्यात्मिक' पहलुों के नाम पर भारतीय बुद्धि के ही कुछ टुकड़े परोसते हैं। इस तरह यह बेहद भद्दे किस्म का निम्न-पूँजीवादी किस्सा साबित होता है। ...(यह) 'बुद्धि' ब्रिटिश पुलिस की बौद्धिक चाकरी के लिए पेश कर दी गई है।[१८]

उपन्यास को इस कदर नापसंद करने के पीछे लुकास कई कारण गिनाते हैं। इनमें से तीन प्रकट कारण ये हैं : पहला, रवींद्रनाथ राष्ट्रवाद के संदर्भ में

हिंसा का प्रश्न उठाते हैं और उपनिवेशवाद विरोधी संघर्ष की एक नैतिकतावादी (लुकास के मुताबिक आध्यात्मिक) आलोचना का प्रयास करते हैं। दूसरा, रवींद्रनाथ रूढ़िबद्धता और घरेलू जिंदगी को गौरवान्वित करते हुए राष्ट्रवादी नेता संदीप को एकतरफा तरीके से 'रोमानी दुस्साहसवादी' में बदल देते हैं। लुकास को भारतीय राजनीति की कितनी जानकारी थी, इसका अंदाजा इस बात से लगाया जाता है कि वे संदीप के चरित्र में गाँधी का व्यंग्यचित्र देखते हैं। गाँधी की यह कथित आलोचना कुछ अजीब ढंग से रवींद्रनाथ के खिलाफ जाती है, क्योंकि लुकास बचकानी नाजानकारी का प्रदर्शन करते हुए रवींद्रनाथ पर गाँधी का वह मूल्यांकन आरोपित कर देते हैं जो दो साल पहले सितंबर १९२० में कोमिंटर्न की पहली मास्को कांग्रेस में किया गया था। लुकास ने गाँधी के इस आकलन पर कोई बहस नहीं की थी। कोमिंटर्न का आकलन कहता है : 'धार्मिक अवधारणाओं से पूरी तरह सराबोर गाँधीवाद जैसी प्रवृत्तियाँ सामाजिक जीवन के सर्वाधिक पिछड़े हुए और आर्थिक रूप से सर्वाधिक प्रतिक्रियावादी रूपों को आदर्श मानती हैं, निष्क्रियता का उपदेश देती हैं और वर्ग संघर्ष का खंडन करती हैं। क्रांति की प्रक्रिया के विकासक्रम में ये प्रवृत्तियाँ नग्न प्रतिक्रियावादी शक्ति में रूपांतरित हो जाती हैं।'[१९] तीसरा, लुकास के खयाल से रवींद्रनाथ पात्रों का विस्तृत विकास करते हुए एक उपयुक्त उपन्यास लिखने में नाकाम रहे हैं। उनकी नजर में **घर और बाहर** के चरित्र करीब-करीब व्यंग्य चित्र सरीखे, उसका कथानक क्षुद्र किस्म का और उसका लहजा पक्षपातपूर्ण है।

हमें यह नहीं भूलना चाहिए कि **घर और बाहर** उन्नीसवीं सदी का उपन्यास है और उसकी रचना भी उन्नीसवीं सदी की शैली में ही हुई है। बीसवीं सदी तो उसकी रचना की तारीख-भर है। उपन्यास के अंग्रेजी अनुवाद की खामियाँ जो भी हों, पर इसका मतलब यह नहीं था कि यूरोप में ही सिमट कर रह गये बुद्धिजीवी उसे भारतीय स्वतंत्रता आंदोलन में चल रही विविध धाराओं और बहसों की जानकारी का स्रोत मान लेते। लुकास ने **दि होम एंड दि वर्ल्ड** के रूप में इस उपन्यास के दूसरे या तीसरे दर्जे के संस्करण को पढ़ा था। उन्हें घमंड था कि वे विश्व-साहित्य के गर्भ-गृह के निवासी हैं। ऐसे लुकास के लिए यह मान लेना स्वाभाविक ही था कि जन-भावनाओं को भड़काने वाला संदीप गाँधी का ही रूप है जो विमला रूपी भारत पर डोरे डाल रहा है ताकि उसे निखिल रूपी उस भद्र औपनिवेशिक शख्सियत से अलग किया जा सके जो विमला को आधुनिक दुनिया के संपर्क में लाना

चाहता था।

इस विश्लेषण में हम देखेंगे कि लुकास की इस समझ के मुकाबले रवींद्रनाथ हिंसा, साम्राज्यवाद विरोध और राष्ट्रवाद की आपस में जुड़ी समस्याओं के बारे में कुछ अधिक परिष्कृत दृष्टिकोण अपनाते हैं। लुकास निस्संदेह यूरोकेंद्रीय थे और उन्हें यूरोपीय संस्कृति से मिले आलोचना के उपादानों पर अगाध विश्वास था, लेकिन उनकी गलती समझने के लिए हमें इसके परे जाकर उस उद्यम की प्रकृति पर गौर करना होगा जो दरअसल रवींद्रनाथ के राजनीतिक उपन्यासों का लक्ष्य था।

दक्षिण एशियायी समाजों को उपन्यास की अवधारणा उन्नीसवीं सदी के औपनिवेशिक अनुभव के जरिये मिली। इस प्रक्रिया को कैसे आत्मसात किया गया, इसके कई ब्योरे उपलब्ध हैं। सबसे पहले यह आत्मसातीकरण पूर्वी भारत में हुआ। इस विश्लेषण के लिए यह प्रक्रिया नहीं, पर इसके परिणामस्वरूप उभरी अंतिम निर्मितियाँ प्रासंगिक हैं। उपन्यास की विधा बहुत जल्दी लोकप्रिय होते हुए भारतीय साहित्य जगत के अंतरालों में अपनी जगह बनाती गयी। एक साहित्यिक विधा के रूप में जब उपन्यास ने दूसरे एशियायी और अफ्रीकी समाजों में प्रवेश किया, तो भारत में बंकिमचंद्र चट्टोपाध्याय (१८३८-९४) प्रतिष्ठित उपन्यासकार के रूप में स्थापित हो चुके थे।

बंकिम पर कई अंग्रेजी उपन्यासकारों का प्रभाव था। कुछ कारणों से बंकिम को वाल्टर स्कॉट सर्वाधिक अनुकूल लगते थे। कई समकालीन आलोचकों ने बंकिम को भारत का स्कॉट कहा भी है। लेकिन, इसके बावजूद बंकिम के सरोकार और उनकी विश्व-दृष्टि बुनियादी रूप से अलग थी। स्कॉट से तो उन्होंने कहानी कहने की पद्धति के अलावा कुछ नहीं लिया था।[२०] दरअसल, इस तरह के प्रभावों और उनके कारण बनी उपन्यास विधा की लोकप्रियता के कारण हमें कहानी कहने की उन परिष्कृत भारतीय परंपराओं की अनदेखी नहीं कर देनी चाहिए जो उपन्यास के आगमन से पहले मौजूद थीं। जब उपन्यास एक विधा के रूप में स्थापित हो गया तो इन परंपराओं ने पिछले दरवाजे से उसमें घुसपैठ कर ली। अंग्रेजी के शब्द 'नॉवल' के लिए बांग्ला में इस्तेमाल किये जाने वाला शब्द 'उपन्यास' खुद ही संकेत देता है कि उसका एक उद्देश्य उपकथाओं की पुरानी परंपरा को आगे बढ़ाना एवं उनके जरिये वैधता और पोषण प्राप्त करना था। परीकथाओं से मिलते-जुलते

कथानकों वाली ये उपकथाएँ अपनी नीतिगत नसीहतों के कारण लोक-स्मृतियों में अंकित रह जाती हैं। यह परंपरा **घर और बाहर** में देखी जा सकती है और कई तरह से **चार अध्याय** को भी प्रभावित करती है।

शुरुआत में उपन्यास की विधा ने कई दक्षिण एशियायी चिंतकों के लिए एक ऐसी श्रेणी की तरह काम किया जो अन्य विधाओं से बचे-खुचे विषयों को समेट लेती थी। यूरोप के रचनाकारों ने उपन्यास की विधा को अपने अनुकूल बनाने की शुरुआत तो बाद में की, पर साहित्य का यह रूप कई भारतीय उपन्यासकारों के हाथों उनकी निजी जरूरतों के मुताबिक पहले ही ढाला जाने लगा। यहाँ दक्षिण एशिया में इस विधा की लोकप्रियता का कारण भी याद करना जरूरी है। उपन्यास की विधा ऐसे मुद्दों और सवालों को अपनी विषयवस्तु बनाने में सक्षम थी जिन्हें पारंपरिक साहित्य-रूपों ने हाशिये पर डाल रखा था। मसलन, भारतीय लेखकों को लगा कि उपन्यास को राजनीतिक, विवादात्मक और व्यंग्यात्मक मकसदों के लिए सीधे-सीधे इस्तेमाल किया जा सकता है।

रवींद्रनाथ ने भी इस विधा का इस्तेमाल अधिकांशत: एक विस्तारित कहानी के रूप में ही किया है। **गोरा** जैसे अपने शुरुआती उपन्यास लिखने के बाद वे उपन्यास में आमतौर से प्रयोग की जाने वाली गद्य-भाषा छोड़कर अधिक काव्यात्मक गद्य लिखने लगे। यह काव्यात्मक गद्य उन रूपक-कथाओं की रचना के लिए ज्यादा उपयुक्त था जो अंग्रेजी और फ्रांसीसी साहित्यिक परिदृश्य में बहुत बाद में प्रकट हुईं। भारतीय संदर्भ में कहा जा सकता है कि रवींद्रनाथ ने उपन्यास लिखने के बजाय उपकथा या पुराण-कथाएँ लिखना शुरू कर दिया था।

उपन्यास विधा के साथ की गयी यह खास तरह की सांस्कृतिक कारीगरी लुकास के लिए विजातीय थी। वे साहित्यिक आलोचना की सभी श्रेणियों को सार्वभौम मानते थे और उनका सार्वभौम अनिवार्य तौर से यूरोपीय ही था। इन्हीं कारणों से उनका राजनीतिक विवेक दो भयानक गलतियों का शिकार हो गया। इन गलतियों को कोई भारतीय समाज विश्लेषक नजरअंदाज नहीं कर सकता। आखिरकार ये गलतियाँ सांस्कृतिक और जातीय श्रेष्ठता के ऐसे अहंकार के गर्भ से निकली थीं जो तकरीबन नस्लवाद जैसा था।

पहली गलती तो हास्यास्पद किस्म की थी और लुकास जैसा व्यक्ति ही इसे कर सकता था। **घर और बाहर** का 'खलनायक' किधर से भी गाँधी का व्यंग्य चित्र नहीं हो सकता था। (१९१५-१६ में जब संदीप का पात्र रचा जा

रहा था तो उस समय तक भारतीय राजनीतिक परिदृश्य में गाँधी की उपस्थिति दर्ज नहीं हुई थी। गाँधी के दक्षिण अफ्रीकी सत्याग्रह को रवींद्रनाथ दूर से ही देखते रहे थे और मार्च १९१५ में दोनों की मुलाकात भी हुई थी। इस छोटी-सी जान-पहचान ने उन्हें गाँधी का प्रशंसक बना दिया था। गाँधी की राजनीति और उनके प्रति-आधुनिकतावाद पर रवींद्रनाथ की आपत्तियाँ तो आगे जाकर सामने आयीं।) संदीप अगर कुछ था, तो गाँधी के विरोध में ही खड़ा हुआ था। संदीप का खलनायकत्व घुमा-फिराकर गाँधीवादी राजनीति के पक्ष में दलील मुहैया कराता था, जबकि उस समय तक इस राजनीति की शक्ल-सूरत बनी नहीं थी। इसके अलावा यह चरित्र उस संकीर्ण हिंदू राष्ट्रवाद की तीखी आलोचना भी मुहैया कराता था जो तत्कालीन साम्राज्यवाद विरोध का प्रभावशाली घटक था। उस जमाने में संदीप जैसे चरित्र की रचना बहुत से बंगाली क्रांतिकारियों को गहरी ठेस पहुँचा सकती थी। उन्हें लग सकता था कि संदीप के जरिये उनकी विचारधारा पर ही नहीं, उनके चरित्र पर भी आक्षेप किया गया है।

लुकास की दूसरी गलती यह थी कि **घर और बाहर** में राष्ट्रवाद की आलोचना के साथ साम्राज्यवाद विरोध का एक भिन्न परिप्रेक्ष्य भी मौजूद था जिसे पहचानने से वे पूरी तरह चूक गये थे। यह परिप्रेक्ष्य उस बहुजातीय और बहुधार्मिक समाज के अधिक अनुकूल हो सकता था जिसमें औपनिवेशिक अर्थव्यवस्था काफी जटिल किस्म की परतंत्रताओं को प्रोत्साहित कर रही थी। ऐसे समाज में जनता के राजनीतिक-आर्थिक रूप से दुर्बल और सांस्कृतिक रूप से कम पश्चिमीकृत हिस्से कुछ खास परिस्थितियों में सुविधासंपन्न और संस्कृति पर हावी तबकों के मुकाबले उपनिवेशवाद पर अधिक निर्भर हो सकते थे। उपन्यास संदेश देता है कि गरीबों और कमजोरों द्वारा झेली जाने वाली नाजायज तकलीफों की परवाह न करके समाज को उपनिवेशवाद के खिलाफ एकरूप रवैया अख्तियार करने के लिए मजबूर करने वाला राष्ट्रवाद भले ही औपचारिक आजादी दिला दे, पर उसके कारण देश की सामाजिक बुनावट छिन्न-भिन्न हो जाती है।

बहरहाल, लुकास की समीक्षा का शीर्षक सही था। **घर और बाहर** 'रवींद्रनाथ का गाँधी-उपन्यास' ही था। इस उपन्यास ने गाँधी द्वारा प्रवर्तित सहमतिमूलक राष्ट्रवाद की आहट सुन ली थी। गाँधी का खयाल था कि ऐसा मंद किस्म का गैर-जुझारू राष्ट्रवाद ही भारत जैसे बहुजातीय समाज के लिए ठीक है। यही वह सहमति थी जिसकी भित्ति पर गाँधी पश्चिम और पश्चिमी

(यानी आधुनिक) सभ्यता की आलोचना का अपना नफीस शीराजा खड़ा करना चाहते थे।

राष्ट्रवाद से निकली हिंसा के नये रूपों की राजनीति

रवींद्रनाथ के दूसरे उपन्यास **चार अध्याय** की शुरुआत एक किस्म की हिंसा से दूसरे किस्म की हिंसा के लिए जमीन तैयार होने की शिनाख्त से होती है। उनकी यह कृति बताती है कि भारत में उपनिवेशवाद के खिलाफ हिंसक विद्रोह के प्रचार से किस तरह लाजमी तौर पर नये तरह की हिंसा की तरफ 'समुचित' संक्रमण हुआ है। रवींद्रनाथ के विचार से यह नये तरह की हिंसा आधुनिक वैज्ञानिक विश्वदृष्टि की देन थी। बलि प्रथा और पुश्तैनी दुश्मनियों की भाषा से अगर पारंपरिक समाज की हिंसा व्यक्त होती थी, तो यह नयी हिंसा जीवोच्छेदन पर आधारित वैज्ञानिक प्रयोगों या विज्ञानसम्मत होने के आधार पर खुद को न्यायसंगत ठहराती थी।[२१] बोअर युद्ध के समय से ही रवींद्रनाथ मानवता पर हिंसा के बढ़ते हुए असर से चिंतित होने लगे थे। १९०१ में प्रकाशित **नैवेद्य** में संकलित उनकी कुछ कविताओं में यह चिंता झलकती है। दरअसल, **चार अध्याय** लिखने से पहले ही वे आधुनिक प्रौद्योगिकी द्वारा दुनिया पर बरपाए जा रहे हिंसा के कहर के प्रति सचेत हो चुके थे। १९३२ में ईरान-यात्रा के दौरान हुए तजरुबों पर आधारित अपने यात्रा-वृत्तांत **पारस्ये** में की गई एक टिप्पणी में उन्होंने आधुनिक दुनिया में उत्तरोत्तर बढ़ती हुई ऐसी खास तरह की साफ-सुथरी हिंसा की चर्चा की थी जिसे करने वालों के हाथों पर खून के छींटे भी नहीं पड़ते। उन्होंने इसके लिए हवाई बमबारी के जरिये 'दूर से की जाने वाली हिंसा' का उदाहरण दिया था। उनकी निगाह में ऐसी हिंसा न केवल अपने शिकारों की दैहिकता को निराकार बना देती है, बल्कि हिंसा का यथार्थ ही खुद-ब-खुद निराकार हो जाता है।[२२]

इस साफ-सुथरी हिंसा की बढ़ोतरी में उपनिवेशवाद को एक विशेष भूमिका निभानी थी। उपनिवेशवाद से न केवल इस तरह की हिंसा का जन्म होना था, बल्कि वह एक ऐसी व्यवस्था भी प्रदान करता था जिसके तहत हिंसा के शिकारों को अपने ही उत्पीड़कों द्वारा अपनायी जाने वाली हिंसा की

नकल करने का प्रोत्साहन मिल सकता था। आखिरकार उपनिवेशवाद प्रजातियों, संस्कृतियों और सभ्यताओं को श्रेष्ठ और हीन श्रेणियों में बाँट कर देखने वाले प्रगति के सिद्धांत की पैदाइश के अलावा कुछ और भी था। वह फ्रांसिस बेकन द्वारा प्रवर्तित उस सिद्धांत का स्वाभाविक नतीजा भी था जो वस्तुनिष्ठ, वैज्ञानिक और इसलिए 'सच्चे' ज्ञान को परिभाषित करने के लिए सूत्रबद्ध किया गया था। ऐसा ज्ञान हासिल करने के लिए बेकन ने प्रेक्षक और प्रेक्षित को, ज्ञान के लक्ष्य और उसके कर्त्ता को, इतिहास के ज्ञानवान एजेंटों और निष्क्रिय अनैतिहासिक जन-साधारण को और तर्कबुद्धि सम्पन्नों और तर्कबुद्धिहीनों को अलग-अलग खानों में बंद करके देखा था।[२३] प्रगति के सिद्धांत की खास बात यह है कि वह व्यक्ति द्वारा स्व-शासन के अधिकार को लोकतांत्रिक उसूलों पर आधारित करने में खास रुचि नहीं लेता। वह तो बेकन द्वारा प्रवर्तित विश्व-दृष्टि के मुताबिक चलता है। वह स्व-शासन के अधिकार को उन वस्तुनिष्ठ, तर्कसंगत या वैज्ञानिक क्षमताओं पर आधारित मानता है जिनकी जरूरत आधुनिक राष्ट्र-राज्य को शासित करने के लिए पड़ती है।

उपनिवेशवाद की बुनियाद में एक विकासवादी समझ थी, जिससे उपनिवेशवाद की शिकार संस्कृतियाँ भी अछूती नहीं रहीं। इन संस्कृतियों के कई वासियों को डर सताने लगा था कि यह विश्व-दृष्टिकोण कहीं उन्हें भी अपनी गिरफ्त में तो नहीं ले लेगा। अफ्रीका, एशिया और दक्षिण अमेरिका के लोग उपनिवेशवादियों की निगाह में विजातीय थे। उपनिवेशवादी मान कर चलते थे कि ये लोग तो प्रकृति की सीमाओं में कैद हैं। चूँकि प्रकृति को वस्तु की तरह देखने का रवैया बढ़ता जा रहा था, इसलिए इस दृष्टिकोण के हिमायतियों द्वारा पराधीनों को वस्तु-मात्र ही मान लिया गया था। इसकी प्रतिक्रिया में उपनिवेशवाद से उत्पीड़ित कई लोग भी अपने विदेशी शासकों की व्याख्या एक नये नजरिये से करने लगे। अपने आततायी के साथ तादात्म्य हो जाने की पेचीदा प्रक्रिया के तहत वे अपने शासकों को भी कमोबेश वस्तु की तरह देखने लगे। भारतीय राजनीतिक संस्कृति को भी इस मर्ज ने सताया और इसके उभरते हुए लक्षणों को सबसे पहले जिन लोगों ने पहचाना उनमें रवींद्रनाथ प्रमुख थे। उन्होंने हिंसा की नयी भाषा समझ ली। उस समय तक वे गाँधी के प्रशंसक बन चुके थे, हालाँकि उन्होंने गाँधीवादी विश्व-दृष्टिकोण के महत्त्वपूर्ण पहलुओं को खारिज भी कर दिया था।

अधिकतर आलोचक मानते हैं कि **चार अध्याय** रवींद्रनाथ का

अपेक्षाकृत हल्का उपन्यास है। दरअसल, १९३४ में रचे गये इस उपन्यास का राजनीतिक संदर्भ उन्होंने अपनी अन्य रचनाओं की अपेक्षा अधिक स्पष्ट रखा था। औपनिवेशिक पृष्ठभूमि में यह उपन्यास भी पूर्व और पश्चिम के द्वंद्व और राजनीति एवं नीतिशास्त्र के द्वंद्व को सुलझाने को सुलझाने की दुहैरी जद्दोजहद चलाता है। लेकिन, **घरे-बायरे** के विपरीत **चार अध्याय** की दिलचस्पी खास तौर से समकालीन राजनीति में हिंसा की बदलती प्रकृति में है। शायद इसलिए कि इस उपन्यास का रचनाकाल प्रथम विश्व युद्ध के बाद का है जब नाजी जर्मनी का उभार हो चुका था और गाँधी के चौतरफा प्रभाव के बावजूद भारतीय सार्वजनिक जीवन में हिंसा बढ़ती जा रही थी।

अपनी इस कृति में रवींद्रनाथ कथानक के विकास के बजाय पात्रों के चरित्र-चित्रण और उनका आत्म-संघर्ष दिखाने की शैली अपनाते हैं। इस तरीके से आतंकवादी हिंसा की उनकी आलोचना सामने आती है। **चार अध्याय** का प्राक्कथन बताता है कि उसके पीछे ब्रह्मबांधव उपाध्याय (१८६१-१९०७) के जीवन से मिली प्रेरणा है। उपाध्याय एक कैथोलिक धर्मशास्त्री, वेदांत के विद्वान, संपादक, सामाजिक कार्यकर्ता और राष्ट्रवादी क्रांतिकारी थे। आतंक को राजनीति के हथियार की तरह इस्तेमाल करने की शुरुआत उन्हीं ने की थी। प्राक्कथन के अनुसार रवींद्रनाथ उपाध्याय के व्यक्तित्व और रचनाओं को पसंद करते थे। उपाध्याय ने ही पहली बार रवींद्रनाथ के साहित्यिक मूल्य को पहचाना था। प्राक्कथन में रवींद्रनाथ से उपाध्याय की अंतिम मुलाकात का वर्णन इस प्रकार किया गया है :

> उनसे मिले हुए मुझे काफी अरसा बीत चुका था। मेरा खयाल था कि राष्ट्रवादी आंदोलन के तौर-तरीकों के बारे में मेरे मतभेदों को भाँप कर उन्होंने मेरे प्रति शत्रुतापूर्ण और उपेक्षा भरा रवैया अपना लिया होगा।
>
> ...उत्तेजना और क्रोध के उन भीषण दिनों में एक दिन जब मैं जोरासांको की तीसरी मंजिल के एक कमरे में बैठा हुआ था, तो अचानक उपाध्याय का आगमन हुआ। बातचीत के दौरान हमने उन बातों को संक्षेप में दोहराया जिन पर हम पहले भी चर्चा कर चुके थे। फिर वे नमस्ते करके उठ खड़े हुए। दरवाजे तक गये, मुड़े और वहीं खड़े होकर कहा, 'रवि बाबू, मैं बहुत पतित हो चुका हूँ।' इसके बाद उपाध्याय नहीं रुके। मैं समझ गया कि वे इन्हीं हृदयविदारक शब्दों को कहने के लिए ही मुझसे मिलने आये थे। दिक्कत यह थी कि वे उस समय तक अपने कर्मजाल में इस कदर फँस चुके थे कि बच निकलने का कोई रास्ता नहीं रह गया था।
>
> यह उनसे मेरी आखिरी मुलाकात और आखिरी बातचीत थी।

मैं समझता हूँ कि उपन्यास के शुरू में मुझे इस प्रसंग का खुलासा कर देना चाहिए।[२४]

चार अध्याय जैसे ही प्रकाशित हुआ, बंगाल के राष्ट्रवादी हलकों में तीखी प्रतिक्रियाएँ होने लगीं। बंगाली राष्ट्रवादी कुछ असाधारण क्रांतिकारियों के नेतृत्व में हिंसक क्रांति करने के आदर्श से उस समय भी अनुप्राणित थे। बाद के संस्करणों से रवींद्रनाथ ने यह प्राक्कथन हटा लिया और कहने लगे कि उनकी रचना तो मुख्यत: एक प्रेमकथा है। बहरहाल, रवींद्रनाथ ने परिस्थितियोंवश बाद में भले ही कुछ सोचा हो, पर उपन्यास लिखते समय वे राजनीतिक उग्रवादियों के मानस का संधान करने के लिए अधिक उत्सुक थे।

खास तौर से अपने एक पात्र अतीन के चित्रण में उनके सरोकार यही बताते हैं। अतीन क्रांतिकारी हिंसा में फँस कर अपनी इयत्ता से वंचित हो जाता है। यह अलग बात है कि रवींद्रनाथ की इन चिंताओं के बावजूद **चार अध्याय** के पात्र बहुआयामी व्यक्ति के रूप में न उभरकर मुख्यत: प्रतीकों या प्रवक्ताओं की तरह ही सामने आते हैं।

एला : एक कसौटी

चार अध्याय बंगाली क्रांतिकारियों के एक छोटे से संगठन की कहानी कहता है। ये क्रांतिकारी अंग्रेजों की पुलिस से बचने की कोशिश कर रहे हैं। पाठक शुरू में ही पुलिस के मुखबिरों को संगठन के कुछ सदस्यों में असामान्य दिलचस्पी लेते हुए देखते हैं, बावजूद इसके कि इन लोगों की जिंदगी ऊपर से पारंपरिक और अ-राजनीतिक किस्म की है। पुलिस का दबाव बढ़ता है तो उसके कारण न केवल गुट बिखरता है, बल्कि उसके सदस्य भी अंदर से बिखरने लगते हैं।

पुलिस द्वारा घेराव के इन्हीं हालात में रवींद्रनाथ की कथा दिखाती है कि आतंकवादी का जीवन किस कदर मनोवैज्ञानिक और नैतिक कीमत की माँग करता है। साथ ही उपन्यास यह भी साफ कर देता है कि इस राष्ट्रवादी उग्रवाद की सांस्कृतिक जड़ें कितनी खोखली हैं। कहानी के प्रारंभ में गुलामी के बंधन तोड़ने के लिए संघर्ष करने वाला आंदोलन अंत में एक नये बंधन के लिए निमंत्रण देने वाला उद्यम बन जाता है।

उपन्यास की कहानी तीन लोगों के इर्दगिर्द घूमती है। इसमें एक इंद्रनाथ है जो क्रांतिकारी नेता है। दूसरा अतिंद्र या अतीन बुरे दिनों का सामना कर रहे एक सामंती परिवार का बेटा है। उग्रवादी आंदोलन में उसकी भर्ती नयी-

नयी है। तीसरी एक सुंदर लड़की एला है जो इंद्रनाथ के गुट की सदस्य होने के साथ-साथ अतीन से प्रेम भी करती है। **चार अध्याय** की कथा-योजना में कोई खास पेच नहीं है। वह एला और अतीन के रिश्ते के आस-पास बुनी गयी है। एला से आकर्षित होकर ही अतीन इंद्रनाथ के क्रांतिकारी संगठन में आता है। इंद्रनाथ का क्रांतिकारी प्रशिक्षण यूरोप में हुआ है। विज्ञान और भाषाशास्त्र का प्रतिभाशाली छात्र होने के साथ-साथ इंद्रनाथ हथियार चलाने और निहत्थे लड़ने की कला में माहिर भी है।

लेकिन, इंद्रनाथ के चरित्र की सबसे उल्लेखनीय बात है उसकी प्रतिबद्धता जो पूरी तरह भावनाहीन, विज्ञानीकृत और निष्ठुर है। ऐसी प्रतिबद्धता केवल उपयोगितावादी बुद्धिवाद के गर्भ से ही निकल सकती है। इंद्रनाथ की देखरेख में अतीन क्रांतिकारी लक्ष्यों को वेधने की क्षमता हासिल करता है, पर साथ ही उसकी मानवीयता का क्षय भी शुरू हो जाता है। एला का प्रेम एक ऐसा रास्ता है जिसके जरिये अतीन इस अमानवीकरण के चंगुल से छूट सकता है। दिक्कत यह है कि एला उससे संबंध बनाने की पहल तो करती है, पर शादी करने से इनकार कर देती है क्योंकि उसने देश-हित के लिए ब्रह्मचर्य की शपथ ले रखी है।

आखिर में एला संगठन के लिए बोझ बन जाती है। उसे रास्ते से हटाने का काम अतीन के जिम्मे आता है। उपन्यास के अंतिम और प्रभावशाली अध्याय में एला और अतीन के बीच जद्दोजहद दिखायी गयी है। दोनों को एहसास है कि उनकी इस मुलाकात का अंत एला के वध से ही हो सकता है। एला मरने के लिए तो तैयार है, पर वह अतीन द्वारा दी गयी बेहोशी की दवा सूँघने के लिए तैयार नहीं है। वह न केवल पूरी तरह आत्मसचेत स्थिति में प्राण त्यागना चाहती है, वरन् उसे लगता है कि अतीन के हाथों मरना उसे एक तरह की ऐंद्रिक संतुष्टि भी दे सकता है। साथ ही उसे अतीन की दरिद्रता और स्वास्थ्य की खराब हालत के कारण अपराध बोध भी है। अतीन की इस हालत के लिए खुद को जिम्मेदार मानने वाली एला लगभग समवयस्क होने के बावजूद उपन्यास में यदाकदा उससे बड़ी होने का दावा करती हुई दिखायी जाती है।

यह प्रकरण अतीन को यकीन दिला देता है कि वह अपने निजी *स्वधर्म* और *स्वभाव* से वंचित हो चुका है। उसके सामने स्पष्ट हो जाता है कि एला इंद्रनाथ द्वारा समझाये गये आधुनिक राष्ट्रवाद के अर्थों में अपने जीवन का त्याग नहीं करना चाहती, बल्कि वह तो अपने निजी अर्थों में अपने जीवन का

बलिदान करना चाहती है। और, त्याग-बलिदान का वह तात्पर्य उसने अतीन के साथ अपने संबंध के माध्यम से ग्रहण किया है।

यहाँ इस उपन्यास की संरचना पर भी एक संक्षिप्त निगाह डालना जरूरी है। शीर्षक के मुताबिक ही उपन्यास चार अध्यायों में बँटा है, पर उनके शुरू में एक प्राक्कथन है जो पूरी तरह से कथात्मक है। इसके जरिये पाठकों को एला का जीवन-इतिहास पता लगता है कि किस तरह उसके बचपन पर दुख के बादल छाये रहे। वह देखती थी कि किस तरह उसकी माँ उसके सीधे-सादे पिता को आतंकित किये रहती थी। पिता मनोविज्ञान के प्रोफेसर थे। बाद में अपने चाचा के घर में भी उसे ऐसी ही स्थिति का सामना करना पड़ा। उसकी चाची एक तुच्छ, ईर्ष्यालु और संकीर्णमना औरत निकलती है। इन्हीं दोनों तजरुबों के कारण एला में शादी के प्रति दिलचस्पी नहीं रहती, और वह अकेले रहकर एक स्वतंत्र जीवन गुजारने के निर्णय पर पहुँच जाती है।

उपन्यास में अन्य चरित्रों के जीवन-इतिहास के बारे में कोई जानकारी नहीं है। इससे लगता है कि जैसे रवींद्रनाथ एक बार फिर अपनी नायिका को युद्ध के मैदान के रूप में पेश करना चाहते हैं ताकि उसकी कसौटियों पर विभिन्न राजनीतिक विचारधाराओं और नैतिक मानदंडों की परीक्षा हो सके। रवींद्रनाथ के लिए एला एक औरत होने के साथ-साथ अपने समाज की प्रतीक भी है, शायद इसलिए उन्हें लगा होगा कि समाज को अपने-अपने हिसाब से गढ़ने में लगे पात्रों की अपेक्षा एला के चरित्र में तात्पर्यों का अधिक समावेश किया जाना चाहिए।

उपन्यास के हर अध्याय के पहले एक छोटा-सा वृत्तांत दिया गया है जो पाठक को आगे आने वाले संवादों की पृष्ठभूमि से परिचित कराता है। वृत्तांत के कथा-वाचक की शैली फोटोग्राफर जैसी है। वह स्थिर चित्रों की भाँति अंतर्वैयक्तिक परिस्थितियों के फोटो दर्ज करता चलता है। पहला अध्याय एला और इंद्रनाथ के बीच संवाद के रूप में है। दोनों एक चाय घर में बातचीत कर रहे हैं। इससे पाठक को जानकारी होती है कि राष्ट्रवादी लक्ष्यों के लिए अपने अनुयायियों को औजार की तरह इस्तेमाल करना इंद्रनाथ के लिए गौरव की बात है। वह बार-बार त्याग-बलिदान की भाषा का इस्तेमाल करते हुए खुद की तुलना उस कृष्ण से करता है जिन्होंने अर्जुन को क्षात्रधर्म का पालन करने के लिए अपने ही परिजनों को मारने का उपदेश

दिया था। लेकिन, इसी मुकाम पर पाठकों के सामने यह भी साफ हो जाता है कि गीता के कृष्ण और इंद्रनाथ के बीच फर्क क्या है। दरअसल, इंद्रनाथ का रवैया अपने अनुयायियों के प्रति भावनाशून्य है। एला को अपने संगठन में उसने इसलिए भर्ती किया है, ताकि अतीन जैसे नौजवानों को आकर्षित किया जा सके।

दूसरे अध्याय में एला और अतीन के बीच बातचीत है। एला के शयनकक्ष में चल रहे इस संवाद के जरिये पाठकों को पता लगता है कि दोनों एक-दूसरे को चाहने लगे हैं। एला यह स्वीकार तो करती है कि उसे अतीन से प्रेम है, पर वह विवाह करने से इनकार कर देती है क्योंकि उसने ब्रह्मचर्य की शपथ ली है। तीसरे अध्याय में एला अतीन के छिपने की जगह जाती है, जहाँ उसकी आर्थिक बदहाली से आहत होकर उससे शादी करने के लिए तैयार हो जाती है। लेकिन, एला का यह कदम किसी के इशारे पर नाचने वाली उस कठपुतली जैसा ही है जो स्वायत्त होने की व्यर्थ कोशिश कर रही है। आखिरी अध्याय में अतीन एला का वध करने के लिए उसके घर जाता है। दोनों के बीच बातचीत होती है। अतीन अपनी जिंदगी के सफर पर गौर करता है जिसके जरिये वह मौजूदा मुकाम तक पहुँचा है। यहाँ भी उपन्यास के पात्र संवादों के माध्यम से सामने आते हैं। रवींद्रनाथ पाठक और चरित्रों के बीच किसी और को हस्तक्षेप नहीं करने देते। लगता है कि उनकी निगाह में हिंसा के अनुभवपरक यथार्थ को बौद्धिक विमर्श के माध्यम से ही समझा जा सकता है।

चारों अध्यायों के विवरण से स्पष्ट है कि रवींद्रनाथ ने इंद्रनाथ और अतीन के चरित्रों को ब्रह्मबांधव उपाध्याय की तर्ज पर रचा है। इंद्रनाथ हिंसा के नये रूपों का धर्मशास्त्री है और गीता उसकी बाइबिल है। रवींद्रनाथ के शब्दों में वह हिंसा का मंत्र देने वाला *मंत्रदाता* है। इयत्ता के रूपांतरण की प्रक्रिया और हिंसा का आंतरिक अनुभव उन्होंने अतीन के जरिये प्रदर्शित किया है। इस जगह उपाध्याय के नमूने पर रचे गए इंद्रनाथ के चरित्र और उसके शिष्य के रूप में अतीन के बीच संबंध द्वैधग्रस्त हो जाता है। यही वह मुकाम है जब इंद्रनाथ राष्ट्रवाद के प्रति अतीन की अधूरी प्रतिबद्धता भाँप लेता है। अतीन के सामने भी इंद्रनाथ द्वारा अपनी सभ्यता के साथ किया जा रहा विश्वासघात स्पष्ट हो जाता है। इसके बावजूद दोनों में से कोई एक-दूसरे का परित्याग नहीं कर सकते, क्योंकि दोनों एक-दूसरे के प्रतिरूप बन चुके हैं।[२५]

क्रांतिकारी होने के साथ-साथ कवि और प्रेमी होने के कारण अतीन

आतंकवादी प्रशिक्षण के लिए पूरी तरह समर्पित नहीं है। उपन्यासकार दिखाता है कि ऐसे अतीन को प्रशिक्षित करते समय दरअसल स्वयं इंद्रनाथ की अपनी इयत्ता ही किस तरह निर्मम होती चली जाती है। इसी तरह एला की मृत्यु से न केवल अतीन की इयत्ता का पूरी तरह विनाश होता है, बल्कि उसका वध इंद्रनाथ की अंतिम पराजय और पतन का प्रतीक भी बन जाता है। आतंकवाद के इस मंत्रदाता की पराजय और पतन के माध्यम से वे तात्पर्य व्यक्त होते हैं जो उपाध्याय के उस हृदयविदारक कथन में छिपे थे। उन्होंने रवींद्रनाथ से आखिरी मुलाकात में कहा था कि मेरा बहुत पतन हो गया है।

उपन्यास को एला की जीवन-कथा से शुरू करने के पीछे रवींद्रनाथ के दो मतलब हो सकते हैं। पहला, इंद्रनाथ और अतीन को एला की दुनिया में कदम रखना है, न कि एला को उन दोनों की दुनिया में। दूसरा, अतीन को अपनी ही मानवीयता के क्षय का साक्षात्कार तब होता है जब वह एला के संदर्भ में उसे महसूस करता है। इसी जगह रवींद्रनाथ के सामने उपाध्याय की आत्मस्वीकारोक्ति याद आती है। एला के साथ अपनी आखिरी मुलाकात में अतीन मानता है कि वह *स्वधर्मभ्रष्ट* और *स्वभावच्युत* हो चुका है। अपने शिक्षक और क्रांतिकारी नेता इंद्रनाथ के साथ उसके संबंधों का सार यहाँ बड़े हृदयस्पर्शी शब्दों में व्यक्त होता है :

> मंत्रदाता ने कहा, सब मिलकर एक मोटे रस्से को आँख बंद करके खींचते रहो, बस, यही एक काम है। हजारों लड़कों ने कमर कसकर वह रस्सा पकड़ लिया। कितने ही रथ के पहिये के नीचे आ गये और सदा के लिए अपाहिज हो गए। ऐसे समय रथ उलटा खींचने का मंत्र पढ़ा जाने लगा। रथ लौटा। जिनके हाड़-पंजर टूट चुके थे, उनके हाड़ तो जुड़ने से रहे। अपाहिजों को झटक, रास्ते के किनारे धूल के अम्बार में फेंक दिया गया। अपनी शक्ति में विश्वास का तो पहले ही खात्मा कर दिया गया था, इसलिए सभी खुद को सरकारी खिलौने के साँचे में ढालने के लिए उत्साह से तैयार हो गये। सरदार के रस्सा खींचते ही सबने एक ही नाच नाचना शुरू कर दिया और चकित होकर सोच बैठे कि इसी को कहते हैं शक्ति का नाच। नचाने वाले ने जैसे ही ढील दी कि हजार-हजार खिलौने व्यर्थ हो गये।[२६]

प्रश्न यह है कि क्या रवींद्रनाथ के विचार में हर तरह की हिंसा का परिणाम इयत्ता के क्षरण में निकलना अनिवार्य है, या फिर उनका इशारा खास तौर से आजादी के आंदोलन के दौरान बंगाल में हुए हिंसा के इस्तेमाल की प्रकृति की तरफ है? ध्यान रहे कि उस जमाने में आवश्यक और वैध हिंसा की अवधारणा भारतीय समाज में मौजूद थी। वैध हिंसा को बलिदान के जरिये

प्राप्त होने वाले वैराग्य के विचार से जोड़कर देखा जाता था।[२७] धर्मयुद्ध यानी न्यायपूर्ण युद्ध और यज्ञयुद्ध यानी बलिदानरूपी युद्ध की गीता से ली गयी अवधारणाएँ यूँ ही प्रचलित नहीं थीं। निजी फायदे के लिए लड़ने के मुकाबले धर्म के लिए लड़ने की सराहना करने वाली लोकगाथाएँ पहले से मौजूद थीं। उनका संदेश था कि न्यायोचित लक्ष्य के लिए आखिरी दम तक लड़ना चाहिए, भले ही रणनीति कोई भी हो और जीत मिले या न मिले। सवाल यह था कि क्या क्रांतिकारी वैध हिंसा की इसी परंपरा का पालन कर रहे थे, या उनका आचरण उसके विपरीत था?

ऐसा लगता है कि रवींद्रनाथ ने बलिदानमूलक हिंसा और हिंसा के नये राजनीतिक रूप के बीच अंतर को भाँप लिया था। यह राजनीतिक हिंसा अपना लक्ष्य वेधने के लिए लोगों को इस्तेमाल करने के नजरिए से देखती थी। जबकि बलिदानमूलक हिंसा केवल तभी न्यायोचित होती है जब उसमें आत्म-बलिदान शामिल हो।[२८] यह शर्त केवल तभी पूरी हो सकती है जब बलिदान के तात्पर्यो के प्रति उसकी भी सहमति हो जिसकी बलि चढ़ाई जा रही है। बलिदानमूलक हिंसा के अनुसार बलिदान उस समय अपनी पवित्रता खो देता है जब अपना बलिदान करने जा रहे लोगों और उनके साथ तादात्म्य स्थापित कर चुके लोग अपनी आत्मपरकता खो देते हैं। चूँकि इंद्रनाथ खुद को 'निष्ठुर', 'निर्वैयक्तिक' और 'विज्ञानसम्मत' बनाना चाहता है, इसलिए अपने और अपने अनुयायियों के बीच किसी भी किस्म के भावनात्मक सूत्रों को भंग कर देना उसके लिए जरूरी है। ऐसा करते ही उसके अनुयायी उसके हाथों में खेलने वाली कठपुतली में बदल जाते हैं। वह अपने अनुयायियों के मानस से खेलता है और उन्हें उनकी नैतिक स्वायत्तता से वंचित कर देता है।

हिंसा के जरिये हिंसा का प्रेत उतारने का एक सिद्धांत फ्रांज फेनन ने भी दिया है। उनका कहना है कि हिंसा का शिकार अपनी आत्मपरकता केवल तभी वापस पा सकता है जब वह अपने हिंसक उत्पीड़क को उसी तरह एक वस्तु मात्र की तरह देखने लगे जैसे वह उत्पीड़क उसे वस्तु मात्र की तरह देखता है। यानी वह अपने उत्पीड़क जैसा ही बन जाए। लेकिन, रवींद्रनाथ की मान्यता यह नहीं लगती। वे तो यह मानते हैं कि निर्मम और भावनाशून्य हिंसा का शास्त्र अंततः व्यक्ति को उसकी इयत्ता और सार्थकता के क्षय की तरफ धकेलता है। हिंसा के इस नये रूप के भारतीय समर्थकों द्वारा गीता की भाषा अपनाने को रवींद्रनाथ दूसरी ही निगाह से देखते हैं। रवींद्रनाथ के अनुसार ये लोग अपनी अवधारणाओं में निहित विच्छिन्नता को गीता की आड़

में छिपाना चाहते हैं। **चार अध्याय** एक ऐसा उपन्यास है जो भारत में हिंसा को समझने की प्रचलित वैचारिक संरचनाओं से भिन्न समझ का प्रतिनिधित्व करता है। रवींद्रनाथ की यह कृति बताती है कि उपनिवेशवाद का प्रतिरोध करने के दौरान भारतीय जनता की चेतना और राजनीतिक संस्कृति अनुलंघनीय रूप से बदलती जा रही थी। उपनिवेशवाद का प्रतिरोध कुछ ऐसी शैली में किया जा रहा था कि आजादी के लिए लड़ रहे लोग उपनिवेशवादियों की विश्व-दृष्टि ही आत्मसात किये ले रहे थे। इसलिए जैसे ही क्रांतिकारी ताकतें अपनी कार्रवाइयों को वैध ठहराने के लिए प्राचीन ग्रंथों का सहारा लेती थीं, वैसे ही स्पष्ट हो जाता था कि परंपरा प्रदत्त भाषा के आवरण में वे अपनी चेतना की किन विच्छिन्नताओं को छिपाना चाहते हैं।

भारती का चुनाव

चार अध्याय आतंकवादी नेता इंद्रनाथ की राजनीति की आवेगमय आलोचना तो करता है, पर उसके व्यक्तित्व की सर्वांगीण आलोचना लेकर सामने नहीं आता। टैगोर केवल इस तरह की आलोचना की संभावना की तरफ इशारा करके रह जाते हैं। उनका चरित्र-चित्रण इंद्रनाथ को हाड़-मांस के संपूर्ण व्यक्ति की तरह नहीं उभारता। उपन्यास की नायिका के रूप में सिर्फ एला का चरित्र ऐसा है जिसकी शख्सियत का चित्रण बारीकी से और एक हद तक प्रसंगानुसार किया गया है। सवाल यह है कि इंद्रनाथ जैसे व्यक्ति का उस जमाने के बंगाल की संस्कृति से क्या संबंध हो सकता था? इसी प्रश्न का उत्तर खोजने के लिए मैं एक पल के लिए रवींद्रनाथ की दुनिया से निकलकर उसमें एक अन्य कृति **पाथेर दाबी**[२१] (पथ के दावेदार) के माध्यम से दोबारा प्रवेश करूँगा। उत्तर-स्वदेशी आंदोलन अवधि का यह विख्यात राष्ट्रवादी उपन्यास शरतचंद्र चट्टोपाध्याय (१८७६-१९३८) ने लिखा था जिन्हें भारत का सबसे लोकप्रिय उपन्यासकार माना जा सकता है। बीसवीं सदी के पहले पचास सालों में भारतीय मध्यवर्ग के मानस को शरत बाबू की रचनाओं ने सबसे ज्यादा प्रभावित किया था। **पाथेर दाबी** का प्रकाशन १९२६ में यानी चार अध्याय के आठ साल पहले हुआ था। अंग्रेज सरकार ने उस पर फौरन पाबंदी लगा दी। लेकिन, इससे पहले कि पुलिस उपन्यास की प्रतियाँ जब्त कर पाती, उसका पहला संस्करण हफ्ते भर के भीतर ही बिक चुका था। यह प्रतिबंध १९३९ में अपने रचयिता की मृत्यु के एक साल बाद उठा।

शरतचंद्र ने रवींद्रनाथ से अनुरोध किया कि वे भी प्रतिबंध के खिलाफ

व्यक्त किये जा रहे व्यापक विरोध में अपनी आवाज मिलाएँ। लेकिन, रवींद्रनाथ इसके लिए तैयार नहीं हुए, पर उनके इनकार का आधार राजनीतिक विचारधारा नहीं थी। चतुराई दिखाते हुए वे **पाथेर दाबी** की विचारधारा पर कोई टिप्पणी करने से कतरा गए और शरतचंद्र की सर्वसिद्ध साहित्यिक प्रतिभा का हवाला दिया। उन्होंने लिखा :

> ...तुम्हारे जैसा लेखक जब कोई बात कहानी की विधा में कहता है तो उसका स्थायी असर पड़ता है। ...कच्ची उम्र के लड़कों और लड़कियों से लेकर पकी उम्र के लोगों तक सभी उसके प्रभाव में आ जाते हैं। इन परिस्थितियों में अगर अंग्रेज तुम्हारी किताब का वितरण न रोकते तो इसका मतलब यह होता कि तुम्हारे साहित्य की ताकत और देश भर में तुम्हारी प्रतिष्ठा की या तो उन्हें जानकारी नहीं है या वे उसकी कोई परवाह नहीं करते।[३०]

रवींद्रनाथ ने अपने इस कथन में अकारण जोड़ दिया था कि सभी पहलुओं पर विचार करने के बाद भी ब्रिटिश हुकूमत तुलनात्मक रूप से दुनिया की सबसे सहिष्णु सरकार साबित होगी। इस रवैये ने शरतचंद्र को काफी नाराज कर दिया। उन्होंने इसका जवाब लिखा, पर उसे न तो रवींद्रनाथ को भेजा और न ही छपने के लिए दिया। इस जवाब में शरतचंद्र का दावा था कि अगर ब्रिटिश हुकूमत को पुस्तक पर प्रतिबंध लगाने का हक है तो पराधीन भारतीयों को कम से कम विरोध करने का अधिकार तो है ही।[३१]

पाथेर दाबी की लोकप्रियता और प्रभाव का अंदाजा इस बात से लगाया जा सकता है कि प्रकाशन के बाद थोड़े ही समय में उसका नायक सव्यसाची बंगाल के कई स्वतंत्रता सेनानियों का आदर्श बन गया। उत्तर-स्वदेशी काल के कई स्वतंत्रता सेनानियों ने अपने संस्मरणों में लिखा है कि किस तरह वे उस उपन्यास को रखने या पढ़ने के लिए गंभीर जोखिम उठाने और पुलिस के मुकद्दमे का सामना करने के लिए भी तैयार थे। इन संस्मरणों से पता लगता है कि उन दिनों सव्यसाची का चरित्र राष्ट्रवादी हलकों में कितने मुग्ध भाव से देखा जाता था। इस पृष्ठभूमि के आलोक में दिखता है कि शरतचंद्र के नायक और रवींद्रनाथ के नायक के बीच कितनी समानताएँ हैं। यहाँ तक कि सव्यसाची और इंद्रनाथ के नामों का अर्थ भी समान है। सव्यसाची अर्जुन का पर्यायवाची है, और इंद्रनाथ का मतलब होता है वह व्यक्ति जिसके पिता या नाथ देवराज इंद्र हैं अर्थात उसे भी अर्जुन कहा जा सकता है। साहित्यिक अंतरपाठीयता में दिलचस्पी रखने वाला कोई भी व्यक्ति इस समानता के आधार पर नतीजा निकाल सकता था कि इंद्रनाथ का चरित्र सव्यसाची से ही प्रेरित है और इसके आधार पर सव्यसाची की आत्म-परिभाषा के कुछ

आयामों को विकसित करने और उनकी सीमाओं की शिनाख्त करने का प्रयास किया गया है। यही वे आयाम थे जिन्हें गैर-पश्चिमी जगत का आधुनिकीकृत क्षेत्र प्रशंसा की दृष्टि से देखता था। इन्हीं आयामों को राजनीतिक बुद्धिवाद और राजनीतिक व्यक्तित्व का मानक समझा जाता था।

पाथेर दाबी में सव्यसाची को एक बंगाली ब्राह्मण के रूप में दिखाया गया है जिसकी योग्यताएँ और काम तो क्षत्रिय की भाँति हैं, पर वह ब्राह्मण सरीखे बौद्धिक पुंसत्व से भी संपन्न है। उसे पकड़ने की कोशिश कर रहा एक पुलिस अफसर भी उसकी शख्सियत को एक तल्ख किस्म की इज्जत बख्शने के लिए मजबूर है। वह कहता है कि सम्राट के खिलाफ विद्रोह का झंडा उठाने वाला सव्यसाची एक महापुरुष है और उसे *स्वनामधन्य* कहना उचित होगा। न केवल वह जल और थल पर समान रूप से गति रखने वाला उभयचारी है, बल्कि उसकी दसों इंद्रियाँ समान रूप से प्रभावशाली हैं। निशाना लगाने में दक्ष सव्यसाची उफनती नदियों को तैरकर पार कर सकता है और आधा दर्जन पुलिस वालों से एक साथ भिड़ने में सक्षम है।[३२] सव्यसाची वेश बदलने की कला का महारथी भी है।

उसकी मानसिक क्षमताएँ भी इन योग्यताओं के ही समान हैं। वह दस भाषाएँ जानता है (उपन्यास में एक जगह तो शरत बाबू का यह नायक दुनिया की सभी भाषाएँ जानने का दावा करने से भी नहीं हिचकता) और (सभी अच्छे भारतीयों और मध्यवर्गीय उग्रराष्ट्रवादियों की भाँति) उसकी शिक्षा-दीक्षा अमेरिका और यूरोप में हुई है। चकाचौंध कर देने वाली शुचिता और बहुआयामिता के स्वामी सव्यसाची ने जर्मनी में चिकित्सा विज्ञान, फ्रांस में इंजीनियरिंग, इंग्लेंड में कानून और न जाने किसी एक बौद्धिक अनुशासन की शिक्षा अमेरिका में ली है।[३३] पाठक देख सकते हैं कि रवींद्रनाथ का इंद्रनाथ भी कई वर्ष तक यूरोप में रहकर विज्ञान का अध्ययन करता रहा है। अपने यूरोपीय प्रोफेसरों द्वारा दिये गये बेहतरीन प्रमाणपत्रों से लैस इंद्रनाथ छात्रों को फ्रेंच, जर्मन, ज़ंतुविज्ञान और जीवविज्ञान पढ़ाता है। एक प्रशिक्षित डॉक्टर होने के साथ-साथ वह हथियारों के इस्तेमाल और हथियारों के बिना लड़ने के कौशल में निष्णात भी है।[३४] खास बात यह है कि अज्ञेयवादी होने के बावजूद वह अपने लक्ष्यों को गीता के आधार पर जायज ठहराता है।

शरत बाबू ने सव्यसाची की योग्यताओं की कल्पना कोई यूँ ही नहीं कर ली थी। उनके नायक की परिकल्पना यतींद्रनाथ मुखर्जी (१८७९-१९१५), यदुगोपाल मुखर्जी (१८८६-१९७६), रासबिहारी बोस (१८८६-१९४५),

मानवेंद्र नाथ राय (१८८७-१९५४), भूपेंद्रनाथ दत्त (१८८०-१९६१), तारकनाथ दास (१८८४-१९५८) और सतीश चंद्र चक्रवर्ती (१८८९-१९६८) जैसे कई विख्यात प्रतिभाशाली क्रांतिकारियों के आधार पर की गयी थी।[३५] सव्यसाची की असाधारण शारीरिक शक्ति और साहस के साथ क्षमा और सेवाभाव का संयोग यतींद्रनाथ से लिया गया था। भेस बदलने की कला यदुगोपाल के कारनामों से उठायी गयी थी। सांगठनिक क्षमता, खासकर अंतर्राष्ट्रीय संपर्क सूत्र बनाने की खूबी में बोस और राय की झलक थी। उसकी उभयचारिता चक्रवर्ती से प्राप्त की गयी थी।[३६] इस नायक पर अरविंद के व्यक्तित्व का भी अप्रत्यक्ष असर था, हालाँकि शरत और रवींद्र दोनों को ही लगने लगा था कि भावातीत सिद्धांतों पर आधारित अरविंद का राष्ट्रवाद उस नये सेकुलरीकृत राष्ट्रवाद से अलग है जो उत्तरोत्तर 'विज्ञानीकृत हिंसा' के सिद्धांत पर आधारित होता जा रहा है। इस नये राष्ट्रवाद के दायरे में गीता जैसा ग्रंथ भी विरोधाभासी स्थिति में फँस गया था। हालाँकि राष्ट्रवादी राजनीति किसी भी तरह की धार्मिकता से वंचित थी, पर अपना प्रभुत्व स्थापित करने और राजनीति से नैतिकता का संपर्क तोड़ने के लिए आवश्यक सांस्कृतिक संस्तुति वह गीता से ही हासिल करती थी। (जबकि उसी गीता में आगे चलकर गाँधीवादी राजनीति ने कुछ और ही तात्पर्य ढूँढ़ निकाले।)

लेकिन, दिक्कत यह थी कि सव्यसाची के बहु-कुशल व्यक्तित्व के साथ कुछ ऐसे पहलू भी जुड़े हुए थे जिनके कारण उसे जन्म देने वाले रचनाकार में एक गहरा द्वैध पैदा हो गया था। वह 'पत्थर की भाँति भावनाशून्य' और निष्ठुर भी था।[३७] कठोर एकाग्रचित्त प्रशिक्षण के जरिये उसने अपनी देह और मस्तिष्क के हर अंग को असाधारण रूप से साध लिया था।[३८] पाठकों को इंद्रनाथ के व्यक्तित्व में भी इसी तरह का नियंत्रण दिखायी पड़ता है।

> हमने ...दया-माया का विसर्जन कर दिया है, नहीं तो खुद को भावुक कह कर नफरत करता। श्रीकृष्ण ने अर्जुन को यही बात समझायी थी। निर्दय न होंगे, पर कर्तव्य के सामने निर्मम होना ही पड़ेगा। ...मेरा स्वभाव व्यावहारिक है ...वैज्ञानिक का मोह रहित मन लेकर मान लेता हूँ कि जिसकी मृत्यु आ गयी है, वह मरेगा ही।[३९]

सव्यसाची भी इसी तरह के विचार व्यक्त करता है :

> ...मैं तो क्रांतिकारी हूँ। मुझमें माया नहीं, दया नहीं, पाप-पुण्य मेरे मिथ्या परिहास हैं। ये सब अच्छे काम मेरे सामने लड़कों के खेल हैं। भारत की स्वाधीनता मेरा एक मात्र लक्ष्य—मेरा एक मात्र साधन है। मेरे लिए यही अच्छा है और यही बुरा है—इसके सिवा इस जीवन में मेरे लिए कहीं और कुछ नहीं

है।[४०]

ये बातें कहने वाला सव्यसाची एक सेकुलर बुद्धिवादी ही हो सकता है। वह सभी तरह की परंपराओं को झूठ और 'आदिम किस्म का अंधविश्वास' मान कर चलता है। परंपराएँ उसकी निगाह में इनसानी नस्ल की सबसे बड़ी दुश्मन हैं।[४१] अपनी इस परंपरा विरोधी आस्था के कारण मानवीय जीवन और बलिदान के बारे में उसके आकलन में गणितीय सटीकता आ जाती है। लेकिन, इस प्रकट वस्तुनिष्ठता और बुद्धिवाद के बावजूद उसमें हिंसा के प्रति एक तरह का ऐंद्रिक लगाव है। उसे यकीन है कि मनुष्य दुखों का कारण बनकर जो पाप करता है, उनसे त्रस्त होने वाले विद्रोहियों की हिंसा ही उनका प्रक्षालन कर सकती है।[४२] उत्पीड़ित के हृदय में भरा हुआ जहर ही उसकी निगाह में क्रांति की असली पूँजी है। यही है वह आधार जिस पर उसे अपनी बगावत का शीराजा खड़ा करना है। वह बेहिचक कहता है कि शांति की हर बात सिर्फ लफ्फाजी और शोषकों की साजिश के अलावा कुछ नहीं है।[४३]

सव्यसाची केवल भौगोलिक रूप से ही नहीं, बल्कि मनोवैज्ञानिक और सांस्कृतिक रूप से भी उभयचारी है। वह क्षत्रिय ही नहीं, ब्राह्मण के गुणों से भी लैस है। न केवल पूर्व, बल्कि पश्चिम भी उसने आत्मसात कर रखा है। बुद्धिवाद के आधुनिक उपयोगितावादी रूप के साथ वह उतना ही सहज है, जितना मातृभूमि के प्रति अपने आवेगमय आदिम प्रेम के साथ। इसी प्रेम की खातिर उसने एक 'बनैले जानवर की तरह' एक देश से दूसरे देश की खाक छानी है। यही नहीं, सव्यसाची आदर्श व्यक्ति की पारंपरिक बंगाली अवधारणा को मूर्तिमान करने से लेकर आदर्श व्यक्ति की आधुनिक यूरोपीय अवधारणा (जो उसने खुद अपने लिए चुनी है) पर भी खरा उतरता है। असल में वह दोनों के बीच आवाजाही करता रहता है।

लेकिन, सव्यसाची के इस विचार-जगत में एक विच्छेदकारी आयाम भी है। उसका विश्व-दृष्टिकोण अति-पुरुषवादी है। राजनीतिक विचारधारा का प्रश्न हो, रणनीति का सवाल हो या अपने बंगाली समुदाय की रूढ़ छवियाँ हों, हर स्थिति में उसकी चालक शक्ति पुंसत्व ही है। दूसरी तरफ यह भी एक हकीकत है कि वह अपने व्यक्तित्व की उन प्रवृत्तियों को पूरी तरह त्याग पाने में नाकाम है जो उसकी आत्म-परिभाषा के खिलाफ जाती हैं। यह अंतर्विरोधी जद्दोजहद उसे कुछ ऐसे गुणों से लैस कर देती है जिनके दर्शन शरत बाबू के कुछ अन्य नायकों में किये जा सकते हैं। शरत बाबू के अधिकतर नायकों में एक तरह की अर्धनारीश्वरता होती है। ऐसा लगता है कि सव्यसाची

अपने इस द्विभाजन को किसी तरह छिपा लेना चाहता है, क्योंकि यही वह अंतर्विरोध है जिसके तहत कुछ परिस्थितियों में उसकी ममता फूट पड़ती है और आदर्श पुरुष को अति-पौरुषीय अवधारणा का उल्लंघन हो जाता है। रवींद्रनाथ सव्यसाची में निहित स्वयं को चुनौती देने वाली इस प्रवृत्ति को देखना नहीं चाहते, पर उपन्यास में विभिन्न व्यक्तियों के साथ नायक की अन्योन्यक्रिया के दौरान यह गतिशीलता उभरकर सामने आती है।

पाथेर दाबी की पूरी कहानी बर्मा में घटित होती है जो उस समय ब्रिटिश भारत का अंग था। कहानी के केंद्र में एक युवक बंगाली ब्राह्मण अपूर्व है जो एक डच कंपनी में छुटभैये अधिकारी के रूप में काम करने के लिए रंगून आया है। परंपरानिष्ठ और मध्यवर्गीय पृष्ठभूमि का अपूर्व अंग्रेजों की नौकरी करने वाले एक जिलाधिकारी का बेटा है। उसने विज्ञान में स्नातकोत्तर डिग्री प्राप्त कर रखी हैं। अपनी शारीरिक भीरुता को स्वीकार करने वाले अपूर्व में छुआछूत के डर से कुछ-कुछ नारीद्वेष की भावना भी है। औपनिवेशिक सरकार के प्रति वफादारी महसूस करने वाला उपन्यास का यह केंद्रीय पात्र प्रकृति से भावुक और अपनी माँ के आँचल में रहने का अभ्यस्त है। उसके साथ उसका ब्राह्मण रसोइया तिवारी भी रंगून आया है जो अपूर्व की ही तरह कायर और श्वेतांग प्रभुओं से भयग्रस्त रहता है। रंगून में उनकी भेंट एक बंगाली ब्राह्मण महिला की पुत्री भारती से होती है। भारती की माँ ने अपने परिवार की अवहेलना करके स्वभाव से आक्रामक, अशिष्ट और जम कर शराब पीने वाले एक दक्षिण भारतीय ईसाई से विवाह किया था। भारती और अपूर्व की पहली मुलाकात खुशनुमा साबित नहीं होती। लेकिन, तिवारी को चेचक हो जाने पर भारती उसकी तीमारदारी करती है, और यह प्रकरण दोनों को नजदीक ले आता है।

इसी दौरान अपूर्व की दोस्ती रामदास तलवरकर नामक एक महाराष्ट्रीय ब्राह्मण से हो जाती है। उत्साही प्रकृति के तलवरकर और भारती के जरिये अपूर्व पाथेर दाबी नामक एक राष्ट्रवादी भूमिगत संगठन और उसके नेता सव्यसाची के संपर्क में आता है। संगठन के सदस्य सव्यसाची को 'डॉक्टर' कहकर बुलाते हैं। पाथेर दाबी की रंगून शाखा की अध्यक्ष सुमित्रा है। उपन्यास में सुमित्रा को योग्य, आत्म-विश्वस्त, आकर्षक और बंगाली-यहूदी माता-पिता की संतान दिखाया गया है। सव्यसाची उसे 'अपमानजनक जीवन

से' बचाकर लाया है और वह उससे प्यार करती है।

संगठन में काम करते-करते कुछ समय बाद अपूर्व का साहस जवाब दे जाता है। वह पुलिस का मुखबिर बन जाता है। संगठन के अन्य सदस्यों द्वारा पकड़ लिए जाने पर उसे मौत की सजा सुनायी जाती है। लेकिन, संगठन में ज्यादातर लोगों की राय के विपरीत जाते हुए सव्यसाची कुछ-कुछ रहम खा कर और कुछ-कुछ भारती का खयाल करके अपूर्व की जान बख्श देता है। लेकिन, अपूर्व की गद्दारी से संगठन को हुए नुकसान की भरपायी भी सव्यसाची की जिम्मेदारी है। उसे एक ऐसे सदस्य से भी निबटना है जो इस बहाने खुद सव्यसाची का ही खात्मा कर देने की फिराक में है। शरतचंद्र की यह कृति एक विषादपूर्ण लेकिन नाटकीय प्रकरण पर खत्म होती है, जब एक तूफानी रात में सव्यसाची रंगून छोड़कर जा रहा है क्योंकि उसे एशिया में अपने क्षतिग्रस्त संगठन को फिर से खड़ा करना है।

पाथेर दाबी का उत्तरार्ध ज्यादातर भारती और सव्यसाची के बीच लंबे-लंबे संवादों के रूप में है। यह बातचीत गद्दार अपूर्व को क्रांतिकारी नेता द्वारा उदारतापूर्वक क्षमादान देने के बात घटित होती है। इस वार्तालाप के आखिर तक पाठकों को यह लग सकता है कि शायद लेखक सव्यसाची के साथ पूरी तरह सहमत नहीं है। उसकी कुछ हमदर्दियाँ भारती के साथ भी हैं जिसके विश्व-दृष्टिकोण और नायक के दृष्टिकोण में फर्क है।

उपन्यास को सरसरी तौर पर पढ़ने से शरत बाबू के सव्यसाची और रवि बाबू के इंद्रनाथ की समानताएँ दिखती हैं। लेकिन, अगर ध्यान से पढ़ा जाए तो दोनों के बीच अंतर दिखाई पड़ता है। लेखक अपने नायक के प्रकट गुणों से सहमत है, पर कथनाक के जरिये अनायास ही उसमें कुछ ऐसे गुणों का सुराग भी मिल जाता है जिनसे यह अंतर जाहिर हो सकता है। सव्यसाची की राजनीतिक समझ उस समय सामने आती है जब वह 'यूरोप की विश्वग्रासी भूख' का जिक्र करते हुए कहता है कि उससे 'कोई भी दुर्बल जाति आज अपनी रक्षा नहीं कर पाती'। सव्यसाची उन्नीसवीं सदी के यूरोपीय आमूलवाद के सुर में सुर भी मिलाता है, 'किसान ...किसी भी देश में आजादी के आंदोलन में भाग नहीं लेते, बल्कि बाधा ही डालते हैं। ...वे स्वतंत्रता नहीं चाहते, शांति चाहते हैं। जो शांति असमर्थ और अशक्त लोगों की है ...।' सव्यसाची इस धारणा को भी गलत मानता है कि कोई भी वस्तु प्राचीनता के

जोर से सत्य हो सकती है, क्योंकि पुराने का गुणगान कर सकना ही कोई बड़ा गुण नहीं है। वह पुराने का ध्वंस करके नया रास्ता बनाना चाहता है।[४४] शरतचंद्र सव्यसाची की राजनीतिक बुद्धि के इन पहलुओं से कमोबेश सहमत लगते हैं। संभवतः अपूर्व के व्यक्तित्व के नकारात्मक चित्रण की भरपाई करने के लिए शरतचंद्र अपने नायक के मुख से, यह तक कहलवा देते हैं कि बंगाली मध्यवर्ग कितना सृजनशील है और उसकी संरचना में कितनी क्रांतिकारी संभावनाएँ हैं।[४५]

सव्यसाची के राष्ट्रवाद से अपनी इस सहमतियों के बावजूद यह कहना पड़ता है कि **पाथेर दाबी** में शरत बाबू ने एक दूसरी तरह की देशभक्ति भी प्रस्तावित की है। यह एक ऐसी देशभक्ति है जिसे नायक सचेत रूप से खारिज करता है, पर कुछ परिस्थितियों में उसे अनजाने ही अपनाते हुए नजर आता है। इस देशभक्ति के मुख्यतः दो आयाम हैं।

पहले आयाम की झलक नायक के भाषा-प्रेम और स्वाधीनता के प्रति विचारों से मिलती है। शुरू में सव्यसाची के व्यक्तित्व और विचारधारा में बड़ी सुस्पष्टता है, पर बाद में ऐसा नहीं रह जाता। मसलन, वह बंगाल और बंगालियों के प्रति गहरे द्वैध से ग्रस्त है। उसे यकीन है कि बंगाली कायर और खुदगर्ज होते हैं, लेकिन साथ ही वह पूरे यकीन के साथ यह भी कहता है कि दुनिया की किसी भी भाषा के मुकाबले बांग्ला में सबसे ज्यादा मिठास है।[४६] जहाँ तक उपयोगितावादी बुद्धिवाद और स्वाधीनता के लक्ष्य को सर्वोच्च मानने का प्रश्न है, उपन्यास में एक जगह सव्यसाची मानता है कि 'स्वाधीनता के अतिरिक्त ...मानव जीवन में ...कोई कामना ही नहीं है, ऐसी भूल मुझसे कभी नहीं हुई। ...धर्म, शांति, काव्यानंद, ये सब बातें भी तो हैं। इनके चरम विकास के लिए ही तो स्वाधीनता चाहिए, नहीं तो इसका मूल्य ही क्या है।'[४७]

दूसरे आयाम की झलक तब मिलती है जब उपन्यास इशारा करता है कि सव्यसाची का धर्म दरअसल आपद्धर्म है। अर्थात वह एक ऐसी परिस्थिति में अपने कर्तव्य का पालन कर रहा है जब उसकी मातृभूमि की आजादी छीन ली गयी है। एक स्वाधीनता सेनानी और भारत माता के सपूत के रूप में उसे अपनी स्थिति के प्रति अनिश्चित दुनिया में निवास करना पड़ रहा है जिसमें हाशियाग्रस्त लोग रहते हैं। **पाथेर दाबी** के लगभग सभी चरित्र या तो बंगाल के मध्यवर्गीय ब्राह्मणवाद की परिधि पर रहते हैं या वहीं से उठाये गये हैं। यह भूमिगत संगठन वैसे तो एशिया के कई देशों में फैला हुआ है, पर भारतीय राजनीति की मुख्यधार से उसका संबंध कमजोर ही है।

सव्यसाची का दावा है कि उसने बर्मा को अपने संगठन का मुख्यालय बनाने के लिए इसलिए चुना कि वहाँ की स्त्रियाँ अपेक्षाकृत आजाद तबीयत की हैं। उसे उम्मीद है कि महिलाएँ उसकी क्रांति में महत्त्वपूर्ण योगदान करेंगी।[४८] लेकिन, क्रांति में बर्मी लोगों की भूमिका इस बयान के आगे नहीं जाती। उपन्यास में कोई भी उल्लेखनीय स्थानीय चरित्र नहीं है। बर्मा की सांस्कृतिक और मुख्यत: भौगोलिक पृष्ठभूमि जरूर है जिसमें हाशियाग्रस्त बंगालियों और उनके गैर-बंगाली सहयोगियों का एक गुट अपनी-अपनी राजनीतिक और ऐतिहासिक भूमिकाएँ अदा करते हैं। शरत बाबू ने भारती के जरिये अपने नायक को अंतिम चेतावनी दी है। भारती नींद में बुदबुदा रही है :

> तुम अतिमानव हो। तुम्हारे ऊपर मेरी भक्ति, श्रद्धा और स्नेह चिरकाल तक बना रहेगा। पर तुम्हारी इस विचार-बुद्धि को मैं किसी तरह ग्रहण न कर सकूँगी। भगवान करे, तुम्हारे हाथों से ही इस देश को मुक्ति मिले। पर अन्याय को कभी न्याय की मूर्ति बना कर न खड़ी करना। तुम परम पंडित हो, तुम्हारी बुद्धि की सीमा नहीं है, तर्क में तुम्हें जीता नहीं जा सकता—तुम सब कुछ कर सकते हो। ...यदि आवश्यकता को ही सबसे ऊँचा स्थान देकर दुर्बल चित्त मनुष्यों के सामने अधर्म को ही धर्म बना डालोगे, तो फिर इस दुख का तुम्हें कभी अंत नहीं मिलेगा।[४९]

इसी संवाद की कल्पना इंद्रनाथ और एला के बीच भी की जा सकती है। फर्क केवल यह होगा कि **चार अध्याय** की एला नींद में नहीं, बल्कि अपने सर्वाधिक सतर्क और आत्म-सचेत क्षणों में अपने क्रांतिकारी नेता से यही बातें कहेगी। यहाँ सवाल रह जाता है कि क्या भारती अपने नायक सव्यसाची की यह आलोचना जागरूक अवस्था में करने की क्षमता से लैस है? शायद जो बात रवींद्रनाथ **चार अध्याय** में सीधे कह सकते हैं, शरतचंद्र नायक से अपनी आंशिक असहमति के बावजूद **पाथेर दाबी** में अप्रत्यक्ष रूप से ही कह पाते हैं। इसके बावजूद दोनों की निरंतरता को नजरअंदाज नहीं किया जा सकता। दोनों ही रचनाकार अपने नैतिक संदेह अपनी नायिकाओं के जरिये व्यक्त करते हैं। दोनों ही यह मान कर चलते हैं कि उनके नायकों ने अधर्म और निर्वैयक्तिक किस्म की भावनाशून्य हिंसा के साथ कम से कम आंशिक रूप से समझौता तो कर ही लिया है।

दूसरे शब्दों में यह भी कहा जा सकता है कि अपनी ही राजनीतिक विचारधारा का प्रतिरोध करते हुए शरतचंद्र की अपने नायक के साथ पूर्ण सहमति नहीं है और दूसरी तरफ रवींद्रनाथ जो भी मानते हों, शरत बाबू से उनके मतभेद उतने तीखे नहीं हैं। शरतचंद्र एक प्रखर राष्ट्रवादी थे। उन्होंने

पाथेर दाबी की रचना एक राष्ट्रीय कर्तव्य के रूप में की थी और सव्यसाची जैसे चरित्र को राष्ट्रीय नायक के रूप में गढ़ा था। लेकिन सृजन की प्रक्रिया में रचनाकार कथानक को उसके स्वाभाविक आवेगों और गति के साथ चलने देता है। शरतचंद्र का उपन्यास भारती के चरित्र के साथ उनके आंशिक तादात्म्य के जरिये स्वायत्तता ग्रहण करता चला जाता है।

अपने नायक इंद्रनाथ को सव्यसाची के तर्ज पर ढालते समय रवींद्रनाथ इस तादात्म्य को देखने से चूक जाते हैं। वे इंद्रनाथ के रूप में सव्यसाची का प्रतिनायक रचते हैं। अगर **पाथेर दाबी** का क्रांतिकारी 'निष्ठुर, पाषाण-हृदय, निडर और दयाहीन' है, तो वह **चार अध्याय** में और प्रचण्ड हो जाता है। वह हिंसा के भावनाशून्य और स्वार्थी उद्यमी के रूप में उभरता है। एक ऐसी हिंसा जिसके गर्भ से मृत्यु यंत्रवत जन्म लेती है और जिसका नतीजा राजनीतिक लक्ष्यों में निकलता है।[५०] यही है वह धरातल जहाँ रवींद्रनाथ विज्ञानीकृत हिंसा के बारे में शरतचंद्र की अनुक्रिया की बारीकियों को हमदर्द निगाह से नहीं देख पाते। लेकिन, एक दूसरे धरातल पर रवींद्रनाथ का रचनाकार अपने आप में स्वायत्त है। वह **पाथेर दाबी** की अर्धनिर्मित और प्रच्छन्न गाँधीवादी नायिका के साथ उसके रचनाकार के तादात्म्य को भाँप लेता है। यही कारण है कि **चार अध्याय** की नायिका में भारती का राजनीतिक दर्शन वाणी पाता है। उसकी नैतिक बेचैनियाँ एला में रूपाकार होती हैं।

इयत्ता का क्षरण और पुनः उपलब्धि

घर और बाहर में अलग-अलग शख्सियतों के मालिक दो चरित्र दो भिन्न विचारधाराओं की नुमाइंदगी करते हुए दिखते हैं। दोनों को अपनी प्राथमिकताएँ समाज के धरातल पर तय करनी हैं। पर **गोरा** में यही चुनाव मन के संसार में घटित होता है। विमला और गोरा के चरित्रों के बीच की निरंतरता **चार अध्याय** में एला के माध्यम से कायम रखी गयी है। एला के लिए नैतिकता और राजनीति का ही नहीं, नैतिक और राजनीतिक कार्रवाई, निजी और सार्वजनिक एवं घर और संसार का विभाजन धीरे-धीरे मिटता चला जाता है। इस धरातल पर लगता है जैसे तीनों चरित्र एक-दूसरे के विस्तार हैं

और तीनों उपन्यासों में एक लंबा कथानक चल रहा है, जिसकी कहानी के केंद्र में एक ही विभाजित इयत्ता है। एक ऐसी इयत्ता, जिसमें दो परस्पर प्रतिकूल सामाजिक शक्तियों का दो व्यक्तियों द्वारा प्रतिनिधित्व हो रहा है। **घरे बायरे** में निखिल और संदीप के रूप में यह इयत्ता अव्यक्त रहती है, **चार अध्याय** में अतीन और इंद्रनाथ के रूप में एक-दूसरे का प्रतिरूप बनकर व्यक्त होती है और **गोरा** के नायक में खंडित इयत्ता में बदल जाती है।

लेकिन, इसका मतलब यह नहीं निकाला जाना चाहिए कि कथानक कहीं टूटता नहीं है। लुकास की आलोचना बताती है कि विमला और **घर और बाहर** के पाठक के लिए अपना पक्ष तय करना अपेक्षाकृत आसान है, क्योंकि संदीप का चरित्र दोषपूर्ण है। **चार अध्याय** में भी अतीन ऐसे आंतरिक विकल्पों का सामना करता है जो पूरी तरह नैतिक किस्म के हैं। उपन्यासकार ने कुछ कारणोंवश इन विकल्पों को परी कथाओं के द्वि-आयामी संसार में चित्रित किया है। इसीलिए, जैसे ही रवींद्रनाथ ने बाद के संस्करणों से अपनी भूमिका हटाई, वैसे ही उनकी यह कृति बांग्ला साहित्य की मुख्यधारा द्वारा राजनीतिक नैतिकता पर एक मिथकीय टिप्पणी के रूप में स्वीकार कर ली गई। यही कारण है कि रवींद्रनाथ के इरादे के विपरीत उनकी यह रचना कहीं कम विवादास्पद और प्रश्नांकित बन गई है।

यद्यपि **गोरा** में भी पक्ष लेने की प्रक्रिया है तो राजनीतिक ही, पर वह घटित मनोवैज्ञानिक धरातल पर होती है। राजनीतिक नैतिकता पर जो द्वंद्व **घर और बाहर** के एक-दूसरे के खिलाफ खड़े प्रमुख पात्रों (जो तकरीबन आदर्श-रूढ़ छवियों की नुमाइंदगी ही कर रहे हैं) की बाहरी दुनिया में हो रहा है, उसी को **चार अध्याय** की भाँति सार्वजनिक नैतिकता की समस्या के रूप में गोरा की शख्सियत और उसकी आत्म-परिभाषा के धरातल पर दिखाया गया है। सभी राजनीतिक और नैतिक अंतर्विरोध गोरा के भीतर ही हैं। गोरा को खुद ही अपना मूल्यांकन करना है, खुद ही अपने ऊपर फैसला देना है। इस उपन्यास में कोई इंद्रनाथ नहीं है जो उसके साथ अपराध का बोझ उठा सके। इसीलिए, हम देखते हैं कि गोरा के राजनीतिक पराअहम् की तरफदारी करने वाले लोग भी उस समय उसकी पीड़ा में हिस्सा नहीं बँटा पाते जब वह अपनी पूर्ववर्ती राजनीतिक-मनोवैज्ञानिक इयत्ता के जरिये एक नयी नैतिक दृष्टि हासिल करने का प्रयास कर रहा होता है।

इस उपन्यास के पात्र एक ऐसी विचारधारात्मक पृष्ठभूमि में अपनी भूमिकाएँ अदा कर रहे हैं जिसका गैर-बंगाली पाठकों या बाद की पीढ़ी के

बंगालियों के लिए कोई मतलब नहीं है। यह बहस परंपरानिष्ठ हिंदू धर्म और ब्रह्म समाज द्वारा किये जा रहे समाज सुधार के बीच हो रही है। होते-होते यह बहस दो संप्रदायों या दो तरह की धार्मिक आस्थाओं के बीच होने वाली बहस से परे चली जाती है। उपन्यास के शुरू में उसके चरित्र स्पष्ट रूप से हिंदू धर्म या ब्रह्म समाज के धरातल पर खड़े हैं, पर अंत होते-होते उपन्यासकार इन दोनों पक्षों का खंडन कर देता है। वह अपने पात्रों को चेतना की दो स्वतंत्र धाराओं के सापेक्ष रखता है। चेतना के ये दो रूप भारतीय सार्वजनिक जीवन के दो अव्यक्त राजनीतिक-नैतिक धरातलों के रूप में सामने आते हैं।

गोरा का पक्ष

हालाँकि **गोरा** की रचना स्वदेशी आंदोलन के दौरान हुई थी, पर उसकी कहानी उन्नीसवीं सदी के आठवें दशक के अंत में घटित होते दिखायी गयी है। उपन्यास का मुख्य पात्र गौरमोहन उर्फ गोरा एक भावप्रवण युवक और विद्वान समाज सुधारक है। वह उग्र हिंदूवादी बन जाता है। उसे यकीन है कि उपनिवेशवाद द्वारा किए गये अपमान का प्रतिकार केवल एक ही तरीके से किया जा सकता है कि हर स्वदेशी चीज का कठोरता से पक्ष लिया जाए। अपने वैचारिक रवैये के खिलाफ दी जाने वाली सामान्य दलीलों से वाकिफ उपन्यास का नायक गोरा उनके जवाब में सुचिंतित और जोरदार तर्कों से लैस है। इसलिए जब वह त्रिवेणी में स्नान करने का निर्णय लेता है तो उसके पीछे किसी भी तरह से पवित्रता या धर्मनिष्ठा नहीं होती, बल्कि वह तो साधारण जनता के साथ घुलमिलकर देश की विशाल धारा में अपने को बहा देना चाहता है, वह देश के दिल की धड़कन अपने दिल में महसूस करना चाहता है।[५१] गोरा कहता है, 'सारी दुनिया ने जिस भारतवर्ष को छोड़ दिया है, उसका अपमान किया है, मैं उसी के साथ उसी अपमान के आसन पर बैठना चाहता हूँ—मेरा यही जात-पाँत के भेद से भरा भारतवर्ष, बुरे संस्कारों वाला भारत, मूर्तिपूजक भारत...।'[५२] गोरा के इस कथन में स्वामी विवेकानंद (१८६३-१९०२) और भगिनी निवेदिता, दोनों की ध्वनियाँ सुनायी पड़ सकती हैं :

> आप जिन्हें अनपढ़ कहते हैं, मैं उन्हीं के दल का हूँ—आप जिसे कुसंस्कार कहते हैं, वही मेरा संस्कार है। ...सुधार? ...सुधार से भी बड़ी बात है, प्रेम की, श्रद्धा की, पहले हम एक हों, फिर सुधार भीतर से ही अपने-आप हो जाएगा ...[५३]

> ...अपनी देवी को मैं देखता हूँ तो सौंदर्य के बीच नहीं, वहाँ तो सूखा है, गरीबी है, दुख और अनादर है।[५४]

जाहिर है कि गोरा को अपने अतीतोन्मुख होने पर कोई अफसोस नहीं है। वह मानता है कि अतीत तो उस समय मरता है जब उसके बारे में कुछ इस तरह चर्चा की जाती है मानो वह मृत और व्यतीत हो।[५५]

अपने इन अलग तरह के विचारों के कारण गोरा एक ऐसी राष्ट्रवादी धारा की तरफ मुड़ जाता है जो उस समय तक भारतीय सार्वजनिक जीवन की एक प्रमुख राजनीतिक धारा नहीं बन पायी थी। यह 'धरतीपुत्रों का सिद्धांत' था जिसके पीछे मूलत: बंकिमचंद्र चट्टोपाध्याय और स्वामी विवेकानंद की प्रेरणा थी। यह सिद्धांत १९०५ में हुए बंग-भंग के बाद ही एक राजनीतिक आंदोलन की शक्ल ग्रहण कर पाया। यह जरूर है कि उन्नीसवीं सदी के आठवें दशक में उसके भविष्य की आहटें सुनायी देने लगी थीं। आंदोलन बनने के साथ-साथ यह विचार खुलकर राष्ट्र, राज्य, शासन-कला, प्रौद्योगिकी और इतिहास की पश्चिमी अवधारणाओं को खुलकर गले लगाता चला गया। उसने इन सभी विचारों को समकालीन राजनीति के अपरिहार्य सार्वभौम के रूप में स्वीकार कर लिया। इस प्रतिक्रियामूलक पश्चिमीकरण का समाहार राष्ट्रवाद की पश्चिमी विचार-श्रेणी के तहत हुआ। रवींद्रनाथ ने इस प्रक्रिया को पश्चिमी इतिहास के आत्मसातीकरण का नाम दिया और इसी कारण वे साम्राज्यवाद के प्रश्न से सीधी मुठभेड़ करने से कतराते रहे। साम्राज्यवाद के प्रति जिन दो अनुक्रियाओं पर उनका जोर रहा, उनके बीच एक आपसी टकराव था।

उपन्यास घटनाओं के एक ऐसे सिलसिले के आस-पास बुना गया है जिनके कारण गोरा के राष्ट्रवाद और उसकी आत्म-परिभाषा की आलोचना बनती चली जाती है। इन्हीं घटनाओं के कारण गोरा देशभक्ति और धार्मिक आस्था के अधिक प्रामाणिक रूपों की खोज की तरफ जाता है। खोज के दौरान गोरा के विभक्त मानस के दोनों हिस्से बेहद तीखे अंतर्विरोध में उलझते चले जाते हैं। यह अंतर्विरोध वास्तविक जीवन के उन चरित्रों के आंतिरक द्वंद्व से भी तीखा है जिनके आधार पर गोरा का चरित्र गढ़ा गया होगा। लेकिन, इन विच्छिन्नताओं के बावजूद गोरा में निरंतरताएँ भी हैं जिनके कारण उसके मानस की खाई पट जाती है और उसके व्यक्तित्व में आया परिवर्तन विश्वसनीय प्रतीत होने लगता है। इन निरंतरताओं में सबसे ज्यादा महत्त्वपूर्ण है गोरा की वह शुरुआती प्रवृत्ति जिसके तहत वह पश्चिम का नकलची बनने

से हिचकता है। एक जगह गोरा कहता है, 'अगर हमें यह गलत संस्कार मिला हो कि अंग्रेज चूँकि इतने ताकतवर हो गये हैं, इसलिए हम भी ठीक अंग्रेज हुए बिना किसी तरह ताकतवर नहीं हो सकते, तो फिर वह नामुमकिन कभी मुमकिन नहीं होगा और हम लोग नकल करते-करते ही घर से बाहर निकाल दिए जाएँगे।'[५६] अपने इसी विश्वास के आधार पर उपन्यास के अंत में नायक की आत्म-खोज का शीराजा खड़ा होता है।

गोरा एक अवकाशप्राप्त सरकारी अधिकारी का बेटा है जो नौकरी करते समय तो भोग-विलास का जीवन गुजारता था, पर रिटायर होने के बाद कुछ ज्यादा ही 'आचारनिष्ठ' हो गया है। गोरा की माँ आनंदमयी प्रकृतिस्थ स्वभाव की धनी है। दृष्टि की गहनता से संपन्न यह महिला अपनी यथातथ्य परिणामवादी नैतिकता की मदद से अपने दोनों बेटों का ध्यान रखती है। उसकी निगाह में गोरा उग्र, आदर्शवादी और 'अपसामान्य' है, जबकि दूसरा बेटा माहिम पूरी तरह 'सामान्य', नतीजतन 'यथार्थवादी' और हर परिस्थिति में दोषदर्शन करने की प्रवृत्ति रखता है। जाहिर है कि आनंदमयी मुख्यतौर से गोरा के लिए ही चिंतित है, और वही उसके जीवन के केंद्र में है। अपने पति के विपरीत आनंदमयी का परंपरा से रिश्ता कहीं सहज है। उसका मानस सांस्कृतिक मतभिन्नताओं और असहमति के प्रति खुला हुआ है। रवींद्रनाथ इशारा देते हैं कि आनंदमयी की उदारतावादी दृष्टि का स्रोत परंपरा में निहित उसकी गहन जड़ों में है। शिशु अवस्था में ही उसके पिता का देहांत हो गया था जिसके कारण उसके बाबा ने उसका पालन-पोषण किया जो वाराणसी में पंडित थे।

उपन्यास की शुरुआत एक सुधारवादी ब्रह्म समाज समर्थक परिवार के साथ गोरा के दोस्त विनय की अनायास मुलाकात से होती है। इस परिवार के मुखिया परेशचंद्र भट्टाचार्य हैं। स्नेही पिता के होने के साथ-साथ परेश बाबू दार्शनिक प्रवृत्तियों के धनी हैं और विचारधारात्मक रूप से खुला रवैया अपनाते हैं। उनका सुधारवाद 'प्राकृतिक' किस्म का है क्योंकि वह किसी विचारधारा की देन न होकर उनकी निजी नैतिकता और आध्यात्मिक संवेदनशीलता की उपज ज्यादा है। हालाँकि परेश अपने परिवार पर नैतिक रूप से हावी रहते हैं, पर उनके राजनीतिक चिंतन पर उनकी विदूषकाना ढंग से अंग्रेजीदाँ पत्नी बरदासुंदरी का प्रभुत्व है। जिस तरह गोरा हिंदू धर्म की शुद्धता कायम रखने पर आमादा है, उसी तरह परेश बाबू की पत्नी ब्रह्म समाज की विचारधारा की शुद्धता कायम रखने पर अड़ी रहती है।

गोरा को परेश बाबू के परिवार के साथ विनय की मुलाकात नापसंद आती है। उसे डर है कि कहीं उसका दोस्त इस परिवार के प्रभाव में आकर अपनी विचारधारात्मक शुद्धता न खो बैठे। लेकिन, गोरा को इस बात का कोई अंदाजा नहीं है कि परेश के परिवार के प्रति विनय के आकर्षण की मुख्य वजह क्या है। दरअसल, गोरा द्वारा भारत को एक 'केवल एक वर्जनाओं की मूर्ति'[५७] की तरह देखने के विचार के खिलाफ विनय में धीरे-धीरे अरुचि पनपती जा रही है। परेश बाबू के परिवार के संपर्क में आकर उसकी इस अरुचि को बढ़ावा मिलता है। स्वयं गोरा भी इस परिवार और उसमें आने-जाने वाले लोगों से होने वाली बौद्धिक झड़पों के जरिये परेश की सामाजिक दुनिया के संपर्क में आता है। परेश के घर में आने-जाने वाले लोग खुद को गंभीर बौद्धिकता का धनी मान कर चलते हैं। गोरा से बहस करने वालों में ब्रह्म समाज की विचारधारा का झंडा उठाये रखने वाले हारान बाबू भी हैं। गोरा को उस समय अपनी आँखों पर यकीन नहीं होता जब उसके देखते-देखते विनय परेश की बेटी ललिता से प्रेम करने लगता है।

ललिता एक उत्साही, स्वतंत्रचेता और जिद्दी लड़की है। गोरा पर विनय की भावनात्मक निर्भरता के प्रति उसमें ईर्ष्या-भाव है। लेकिन, अचानक एक घटना से ललिता की इस शिकायत का संदर्भ बदल जाता है। उसकी माँ अंग्रेज कमिश्नर को सम्मानित करने के लिए एक नाटक आयोजित करती है जिसमें ललिता भाग नहीं लेना चाहती। इसी अंग्रेज अफसर ने गोरा को कुछ दिन पहले सजा सुनायी है क्योंकि वह उत्पीड़ित ग्रामीणों का पक्ष ले रहा था। अपना विरोध व्यक्त करने के लिए ललिता एक तरह का कांड ही कर डालती है। वह घर से भाग कर कलकत्ता वापस जा रहे विनय से जा मिलती है। अब एक तरफ गोरा की विचारधारा के प्रति विनय की निष्ठा है, और दूसरी तरफ गोरा के खिलाफ हुई नाइंसाफी के प्रति ललिता की प्रत्यक्ष नैतिक प्रतिक्रिया है।

इसी बीच ग्रामीण बंगाल के अनुभव गोरा की भारत संबंधी अवधारणा को हिला डालते हैं। खास तौर से जब वह एक मुसलमान बहुल गाँव द्वारा किया जा रहा प्रतिरोध देखता है। गाँव के एक नाई की अधिक सहज और मुक्त हिंदू निष्ठा उसे बहुत प्रभावित करती है। वह नाई मुसलमानों के साथ है, न कि उन्हें सताने वाले हिंदुओं के।

अंततः स्वयं गोरा भी ब्रह्म समाज के समर्थक उस परिवार की एक अन्य युवती सुचरिता से भावनात्मक लगाव महसूस करने लगता है। सुचरिता परेश बाबू की गोद ली हुई बेटी है। पहले तो 'गोरा के मन में यह बात थी ही नहीं

कि भारतवर्ष में स्त्रियाँ भी हैं', [५८] लेकिन 'सुचरिता में ही' उसने 'इतने दिनों में... इस सच को पहचाना।' [५९] इस नयी अनुभूति से 'उसकी ताकतवर प्रकृति काँप' जाती है। सुचरिता को उसकी निगाह अपने जीवन में आये एक विशिष्ट व्यक्ति के रूप में नहीं, बल्कि एक विशिष्ट विचार के रूप में देखती है। इसी कारण से सुचरिता उसके लिए भारतीय स्त्रीत्व की प्रतिनिधि बन जाती है। गोरा को लगता है कि स्त्रियाँ केवल मातृभूमि की नुमाइंदगी ही नहीं करतीं, बल्कि वे साक्षात मातृभूमि हैं और मातृभूमि के रूप में स्त्रियों की अवमानना के प्रति लापरवाही में ही भारतीय पुरुष की उस असुरक्षा-भावना का रहस्य छिपा हुआ है जिसके कारण उसे हमेशा अपने पौरुषहीन हो जाने का डर सताता रहता है। [६०] अब एक तरफ गोरा की राजनीतिक-धार्मिक विचारधारा है, दूसरी तरफ सुचरिता के प्रति उसका आकर्षण है जिसे वह शुरू में प्रेम के रूप में स्वीकार नहीं कर पाता। अगर विनय द्वारा गोरा के मूल्यांकन पर गौर करें से उसका अंतर्द्वंद्व और साफ हो जाता है, 'गोरा में जबरदस्त जिद है। सच के प्रचारकों के मन, वाणी और काम में जो एक सहज, सरल शांति रहनी चाहिए वह गोरा में नहीं है।' [६१]

उपन्यास के मुख्य पात्र का यह अंतर्द्वंद्व उस समय एक निष्कर्ष पर पहुँचता है जब रवींद्रनाथ एक नया घटनाक्रम आविष्कृत करते हैं। ब्राह्मण जैसा पवित्र और संन्यासी जीवन गुजारने की कोशिश में जुटे गोरा को खुद ही यह पता चल जाता है कि वह ब्राह्मण न होकर एक आयरिश दम्पत्ति का अनाथ बेटा है जो १८५७ के सिपाही विद्रोह के समय छूट गया था। यह हकीकत उसे रातों-रात अस्पर्श्य और गैर-भारतीय बना देती है। लेकिन, इस सदमे के बावजूद एक व्यक्ति के रूप में गोरा का विनाश नहीं होता। उल्टे उसे इस सच्चाई का साक्षात्कार करने का साहस मिलता है कि परेश बाबू की धार्मिक चेतना और आनंदमयी की व्यावहारिक नैतिकता उसके मुकाबले श्रेष्ठ है। यह एहसास होते ही वह अपने पहले प्रतीकात्मक कदम के तौर पर अपनी घरेलू नौकरानी लक्ष्मी को अपनाता है जो कभी उसकी दाई थी और जो ईसाई होने के नाते अछूत है।

कलेवर के लिहाज से यह उपन्यास **चार अध्याय** और **घर और बाहर** से दोगुना लंबा है, परंतु उसकी कथा-योजना में कोई खास पेचीदगी नहीं है। यह जरूर है कि उसके चरित्र **चार अध्याय** के मुकाबले अधिक विकसित हैं

और उनकी विचारधारात्मक जद्दोजहद रवींद्रनाथ ने एकदम पच्चीकारी की शैली में विस्तार से चित्रित की है। **गोरा** की मूल विषयवस्तु के बारे में कहा जा सकता है कि उसके केंद्र में अंतर्वैयक्तिक और संज्ञानात्मक मुठभेड़ों के माध्यम से व्यक्तित्व और विचारधारा में हुए परिवर्तन हैं। अन्य दो उपन्यासों के मुकाबले **गोरा** में रवींद्रनाथ की अपनी विचारधारा कहीं कम आक्रामक और अप्रत्यक्ष ढंग से झलकती है। अंत में गोरा रवींद्रनाथ के राजनीतिक दर्शन अर्थात उनकी पसंदीदा 'सच्ची' देशभक्ति और समाज परिवर्तन की वांछनीय विधियों का महज वाहक ही नहीं रह जाता।

कथानक के केंद्र में गोरा की देशभक्ति है। राष्ट्रवाद में अभिव्यक्त होते समय इस देशभक्ति में कई विशिष्ट आयाम दिखने लगते हैं। जैसे, गोरा यह नहीं जानता कि हिंदुओं को एकल समरूप राष्ट्र बनाने का उसका आग्रह[६२] पश्चिम से उधार लिया होने के कारण किसी भी तरह की सांस्कृतिक जड़ों से वंचित है। राजनीतिक-सामाजिक कार्यकर्ता के रूप में गाँव की जमीन पर काम करते हुए उसे राजनीतिक समुदाय के एक भिन्न रूप के दर्शन होते हैं। यह राजनीतिक समुदाय अपनी सभ्यता की नैतिक संहिता के साथ अधिक सांस्कृतिक जुड़ाव रखता है। यह अनुभव गोरा को उसकी विचारधारात्मक जकड़ से मुक्त तो नहीं करता, पर उसके दिमाग में संदेह जरूर कुलबुलाने लगते हैं। आखिर तक पहुँचते-पहुँचते ही गोरा को पता लग पाता है कि उसके राष्ट्रवाद और सांस्कृतिक अलगाव का स्रोत उस प्रतिक्रिया में है जो स्वयं उसी के अनिश्चित सांस्कृतिक आधार के प्रति हुई है। गोरा के शुद्धतावादी रवैये की अति-उत्कटता का यही कारण है।

दूसरे, गोरा का राष्ट्रवाद कुछ ऐसा है कि राष्ट्र के विचार को मूर्त रूप में देखना चाहता है। राष्ट्र की रचना करने वाली सामग्री के तौर पर आम लोगों का वजूद स्वीकार करने में राष्ट्रवादी विचारधारा उसकी मदद जरूर करती है, पर अंततः ये लोग उसके लिए राजनीतिक और सांस्कृतिक अमूर्तन ही हैं। बहुत बाद में जब ग्रामीण बंगाल का यथार्थ अपने समस्त अंतर्निहित उत्पीड़न और हिंसा के साथ गोरा के सामने आता है तो उसके सामने जिंदगी की हकीकतों और किताबों में दर्ज अनुभवों के बीच चुनाव का प्रश्न उठता है। दरअसल, रवींद्रनाथ की रचनाओं में यह विषयवस्तु लगातार चलती रहती है और उनमें एक सिद्धांत के रूप में राष्ट्रवाद द्वारा अपने संभावित लाभार्थियों (अर्थात उसके नागरिक जिनका वह आदर्शीकरण करता है) को मूर्त रूप में देखने की क्षमता का संधान होता है (राष्ट्रवाद ही नहीं, हर सिद्धांत में यह

क्षमता कुछ न कुछ होती है)। **गोरा** के पृष्ठों पर वे राष्ट्रवाद के इसी आयाम के परिणामों को समकालीन राजनीति की कसौटी पर कसते है।

तीसरे, गोरा का राष्ट्रवाद मान कर चलता है कि देशज और बहिर्जात के बीच बुनियादी और नैसर्गिक अंतर होता है, और इसीलिए भारतीय या हिंदू इयत्ता का समर्थन किसी बाहरी मदद के बिना उसकी अपनी शर्तों पर किया जा सकता है। इस तरह हिंदू विश्वजनीनता और सहिष्णुता गोरा के लिए एक श्रेष्ठतर सभ्यता की विश्वजनीनता और सहिष्णुता को प्रमाणित करने का तर्क बन जाती है। गोरा के माता-पिता का इस्तेमाल रवींद्रनाथ ने एक अंतिम प्रतीकात्मक प्रमाण के रूप में यह दिखाने के लिए किया है कि राष्ट्रीय अस्मिता की इस प्रकार की अवधारणा अपने आप में बहिर्जात ही हो सकती है। उससे भारतीयता और हिंदू धर्म के बुनियादी सिद्धांतों का उल्लंघन ही हो सकता है।

रवींद्रनाथ ने **गोरा** १९०९ में लिखा था। उस समय तक वे पश्चिमी उपन्यास विधा के परंपरागत ढाँचे से दूर हटने की कोशिश शुरू कर चुके थे। वे इस विधा में भारतीय महाकाव्यात्मक परंपरा के तत्त्वों का समावेश करने का प्रयास कर रहे थे। हम देख चुके हैं कि अपने इसी रवैये के कारण रवींद्रनाथ ने **चार अध्याय** की रचना तकरबीन परीकथा की शैली में की थी। लेकिन **गोरा** पढ़ते समय पाठक सिक्के के दूसरे पहलू की झलक भी प्राप्त करता है। वे संभावित कारण स्पष्ट होते हैं जिन्होंने उपन्यास विधा को भारत में लोकप्रिय बनाया। रवींद्रनाथ की यह कृति बताती है कि उपन्यास की विधा के जरिये एक साथ मनोवैज्ञानिक, नैतिक और आध्यात्मिक धरातलों पर मनुष्य की इयत्ता के पहलुओं का संधान किया जा सकता है।

जैसे-जैसे भीतरी जद्दोजहद के जरिये गोरा अपनी इयत्ता की शक्ल-सूरत अपने सामने साफ होते देखता है, वैसे-वैसे राष्ट्रवाद का विचार उसके लिए बदलता चला जाता है। उसके जन्म का रहस्य खुलने से ही सारी समस्याएँ हल नहीं होतीं। पाठक इस रहस्य को शुरू से जानते हैं, पर गोरा नहीं। अंत में रहस्य खुलने पर सिर्फ इतना अंतर पड़ता है कि नायक द्वारा उस समय तक अर्जित आत्म-चेतना में मार्मिकता का अधिक समावेश हो जाता है।

गोरा की भीतरी जद्दोजहद में चार लोग निर्णायक भूमिका निभाते हैं। ये हैं विनय, परेश, आनंदमयी और सुचरिता। इन चारों में परेश का चरित्र गोरा के व्यक्तित्व में परिवर्तन का मुख्य कारक है। उसी के जरिये पूरी कहानी को उसकी तत्त्वमीमांसक और नैतिक धुरी मिलती है। लेकिन, कथानक में

सर्वाधिक प्रभावशाली उपस्थिति आनंदमयी की है। गोरा का सबसे अच्छा दोस्त विनय दो प्रकार के भारत के बीच चुनाव करता है। एक तरफ गोरा द्वारा व्याख्यायित भारत है, और दूसरी तरफ एक अन्य भारत आनंदमयी के रूप में है। विनय इन दोनों में से आनंदमयी रूपी भारत को चुनता है। लेकिन, विनय का यह चुनाव 'निश्चेष्ट' और 'अंतर्ज्ञान-जनित' है। बाद में गोरा यही चुनाव अधिक आत्मसचेत और सक्रिय ढंग से करता है। भारतीयता और हिंदू धर्म के अपने विशुद्ध, असंक्रमित और मर्दाने संस्करण की अपेक्षा उसकी निगाह में आनंदमयी का स्त्रीत्व भारत की आत्मा का कहीं बेहतर प्रतिनिधित्व बन जाता है।

संभवत: आनंदमयी रवींद्रनाथ का एक ऐसा चरित्र है जिसके आधार पर बाद के उपन्यासों में उन्होंने एला और विमला जैसे खंडित व्यक्तित्वों की रचना की। जहाँ तक राष्ट्रवाद के संदर्भ में आनंदमयी की प्रामाणिकता का प्रश्न है, एक प्रकरण में संदीप द्वारा और दूसरे में इंद्रनाथ द्वारा उसका दोहन किया जाता है। रवींद्रनाथ यह काम निजी और सार्वजनिक के बीच की दीवार तोड़ कर और मातृत्व के ऊपर दाम्पत्य को संपूर्ण प्राथमिकता देकर करते हैं। इस तरह घर और बाहर के बीच एक नयी दीवार खड़ी हो जाती है जिसके कारण स्त्रीत्व के मूल्य घरेलू दायरे को परिपूर्ण करने के बाद सार्वजनिक जीवन को अपना स्पर्श नहीं दे पाते। लेकिन, रवींद्रनाथ यह भी नहीं चाहते थे कि विमला और एला की मातृ-इयत्ताओं पर उनकी दाम्पत्यमूलक इयत्ताएँ या यौनिकता पूरी तरह हावी हो जाए। यह सुनिश्चित करने के लिए उन्होंने **घर और बाहर** और **चार अध्याय** में अमूल्य और अखिल के चरित्रों का सृजन किया।[६३] इन दोनों चरित्रों के माध्यम से ही आनंदमयी, विमला और एला के बीच की निरंतरता रेखांकित होती है। इन्हीं के जरिये उस स्त्रीमूलक इयत्ता के प्राधिकार और उसकी प्रामाणिकता के संकटग्रस्त होने का तथ्य उभरता है। यह स्त्रीमूलक इयत्ता ही भारतीय सभ्यता के संगठनकारी उसूल की तरह काम करती है।

गोरा के केंद्र में एक और मुद्दा है। यह है शुद्धता का प्रश्न। उपन्यास में इस पर एक सांस्कृतिक मूल्य की भाँति और निजी नैतिकता के एक आयाम के रूप में विचार किया गया है। गोरा की विचारयात्रा हिंदू धर्म की एक स्थिर परिभाषा से शुरू होती है और वह उसके प्रति पूरी तरह वफादार रहने का प्रयास भी करता है। वह परेश बाबू के परिवार को अशुद्ध और अपनी माँ आनंदमयी को सिद्धांतच्युत मानता है। लेकिन, उपन्यास खत्म होते-होते

शुद्धता का यह सिद्धांत महत्त्वहीन हो जाता है। गोरा की निगाह में परेश और आनंदमयी अपने पिता और हारान बाबू की अपेक्षा अपनी शुद्धता में सच्चे हो जाते हैं। विरोधाभास यह है कि गोरा इन दोनों को इस नयी निगाह से उस समय देखना शुरू करता है जब वे अपनी शुद्धता का उस नैतिक संसार की मान्यता पर बलिदान करने के लिए तत्पर हो जाते हैं जिसका परित्याग अपनी तमाम कोशिशों के बावजूद गोरा नहीं कर पाता।

रवींद्रनाथ का संकेत यह है कि यह नैतिक संसार एक साझा संसार है, एक सार्वभौम संसार है। अगर आनंदमयी उसे इतनी आसानी से अपना सकती है और उसके पक्ष में खड़ी हो सकती है तो वह भारतीय परंपराओं के अनुकूल ही होगा। परेश बाबू जिसे आत्मानुशासन के जरिये हासिल करते हैं, उसे आनंदमयी अपने दैनंदिन औरतपन अर्थात वह जैसी है वैसी ही बनी रहकर प्राप्त कर लेती है। यही है वह आयाम जिसे समझने में **घर और बाहर** की विमला दुखद ढंग से असमर्थ है। **चार अध्याय** की एला भी इसे आखिर तक स्वीकार नहीं कर पाती जिसके परिणाम त्रासद निकलते हैं। संदीप और इंद्रनाथ के प्रभाव में विमला और एला उतनी ही स्वभावच्युत हो गयी है जितना अतीन है, क्योंकि उन्होंने पुरुषों की दुनिया में समता हासिल करने की कोशिश उसी दुनिया से लिये गये मूल्यों के आधार पर की है। राष्ट्रवाद और राष्ट्र-राज्य का संसार एक पौरुषपूर्ण संसार है। उसकी समतामूलकता भी पितृसत्तात्मक है। वह स्त्रीत्व के मूल्यों की सच्ची स्वीकारोक्ति नहीं कर सकता। उसमें निहित मूल्यों को अपनाने के कारण ही इन दोनों महिलाओं को निजी त्रासदी का सामना करना पड़ता है।

रवींद्रनाथ मान्ते हैं कि राष्ट्र-पूजा असल में भीषण किस्म की आत्मपूजा ही है जिसका नफीस संस्करण इंद्रनाथ और एक चलता-पुर्जा किस्म का रूप संदीप है। इसी तरह वे यह भी मानते हैं कि सार्वदेशिकता जिस मिली-जुली दुनिया को कल्पित करती है वह दरअसल रंगहीन होती है। इसी सार्वदेशिकता को **गोरा** में बरदासुंदरी की हास्यजनक नकलची आधुनिकता के जरिये व्यक्त किया गया है। स्त्रीत्व के नैतिक आधार की रूपरेखा तभी उभर सकती थी जब उस आक्रामक शिश्न-केंद्रीयता का खंडन किया जाता जो इस राष्ट्र-पूजा और रंगहीन सार्वदेशिकता में निहित है।[६४] रवींद्रनाथ को यकीन था कि भारत का इतिहास 'प्रतिरक्षा और आक्रमण की संगठित शक्ति का इतिहास न होकर समाज के धरातल पर चलने वाले निरंतर समायोजन का इतिहास है।'[६५] इसलिए वे निष्कर्ष निकालते हैं कि अगर ऐसे पौरुषपूर्ण राष्ट्रवाद को हम

स्वतः अपनायेंगे और खुद अपने ऊपर थोपेंगे, तो वह किसी अन्य द्वारा थोपे जाने से भी ज्यादा विनाशकारी साबित होगा।[६६]

मैंने रवींद्रनाथ के जिन तीन उपन्यासों की चर्चा की है उनमें सिर्फ **गोरा** का अंत सुखद है। ऐसा लगता है कि रवींद्रनाथ हिंदू राष्ट्रवाद के जन्म को नाजायज साबित करने के बाद अपने नायक को अपनी दुनिया के साथ जीवित रहने दे सकते थे। अपने जन्म और 'अपनी जन्मजात अस्पृश्यता' के बारे में नयी जानकारी गोरा को संकीर्ण राष्ट्रवाद की गिरफ्त से छुटकारा दिला देती है। वह अपनी माँ और परिणामस्वरूप मातृभूमि के ज्यादा नजदीक आता चला जाता है। संभवतः रवींद्रनाथ का मंतव्य है कि अगर कोई इयत्ता बहुत अधिक सुपरिभाषित और विशिष्ट है तो वह एक प्रामाणिक भारतीय इयत्ता नहीं बन सकती। न ही उसमें भारतीयता और अन्य भारतीयों के साथ किसी गहन संबंध की क्षमता पैदा हो सकती है। **गोरा** में अपना यह तर्क स्थापित कर देने के बाद ही रवींद्रनाथ ने अपने अन्य राजनीतिक उपन्यासों की रचना की थी। **चार अध्याय** और **घरे-बायरे** उसी राजनीतिक मनोविज्ञान के तार्किक परिणाम हैं जो **गोरा** में व्याख्यायित की गयी थी।

रवींद्रनाथ का गोरा और किपलिंग का किम

गोरा के पृष्ठों पर चित्रित इयत्ता की राजनीति को और भी संपूर्णता में समझने के लिए उसकी तुलना रुडयार्ड किपलिंग के उपन्यास **किम**[६७] से करना समीचीन होगा। कल्याण कुमार चटर्जी ने अपने एक विश्लेषण में गोरा को अंततः विजातीय मूल का साबित होने वाले भारतीय की तरह न देखकर गोरा को एक ऐसे बहिरंगी चरित्र के रूप में देखा है जो अंतरंगी की हैसियत ग्रहण कर लेता है।[६८] किपलिंग की इस विख्यात और प्रभावशाली कृति के साथ रवींद्रनाथ की रचना की तुलना करते समय मैं चटर्जी के इस अवलोकन को ध्यान में रखना चाहूँगा।

किम का प्रकाशन **गोरा** के प्रकाशन से नौ साल पहले १९०१ में हुआ था। छपते ही यह उपन्यास लोकप्रिय हो गया। हो सकता है कि रवींद्रनाथ को भी **किम** के मुख्य सरोकारों की कुछ न कुछ जानकारी रही हो। जो भी हो, उनका उपन्यास किपलिंग की रचना के प्रतिपक्ष की तरह उभरता है। हालाँकि, दोनों ही रचनाकार इयत्ता के नाश और उसकी पुनर्उपलब्धि की प्रक्रिया के साथ-साथ उसके कारण पैदा होने वाली चिंताओं और पीड़ाओं पर विचार करते हैं।

यद्यपि पहली नजर में **किम** अपने रचनाकार की अन्य कृतियों जैसा ही लगता है, पर उसके कई पहलू अलग भी हैं। किपलिंग इसे लिखते समय भारत में नहीं थे। दरअसल, भारत छोड़े हुए उन्हें दस साल का वक्त गुजर चुका था। उपन्यास पूरा होने तक इस देश और उसके वासियों के साथ किपलिंग का तकलीफदेह और तनावग्रस्त द्वैधात्मक रिश्ता एक हद तक अपना तीखापन खो चुका था। किपलिंग की अन्य रचनाओं से अलग हटकर किम में एक तरह की स्निग्धता है। उसका लहजा एक छूटी हुई धरती की यादों और उसके मोह में रमा हुआ है। लगता है कि किपलिंग इस उपन्यास के जरिये समकालीन भारत के बेतुकेपन और सामाजिक अंतर्विरोधों में झलकने वाले अजर-अमर भारत के तात्पर्य को पल भर के लिए पकड़ लेना चाहते थे। किपलिंग के साहित्य से सुपरिचित लोगों को इस तरह की खूबियाँ उनकी अन्य रचनाओं में नहीं मिलतीं। किपलिंग इस तरह की संवेदनशीलता का प्रदर्शन केवल भारतीय पेड़-पौधों और जीव-जंतुओं के संदर्भ में ही करते हैं। इसीलिए उनकी रचना **जंगल बुक** में तो यह आयाम मिलता है, पर तपते हुए धूलभरे मैदानों में रहने वाले भारतवासियों के चित्रण में नहीं। कुछ आलोचकों ने माना है कि किपलिंग की यह रचना उनकी पूर्ववर्ती कृतियों से इस मामले में भिन्न है। एक आलोचक ने तो किम को किपलिंग का भारत संबंधी समापन वक्तव्य करार देते हुए दावा किया है कि भारतीय जीवन के बारे में इतनी निष्कपट व्याख्या किसी और अंग्रेज ने नहीं की।[६९]

किपलिंग का नायक किम शहरी भारत के जंगल में खोया हुआ एक गौरांग बालक है जिसकी त्वचा बेरहम सूरज की किरणों से तप कर भूरी हो गयी है और जो एक भारतीय जुबान ही बोलता है। गोरा की ही तरह किम के माता-पिता भी आयरिश हैं।[७०] उनका देहांत हो चुका है और किम लाहौर की सड़कों पर आवारागर्दी करने वाले बच्चों की तरह जिंदगी गुजार रहा है। उपन्यास में किम के कारनामों का वर्णन है जिनके माध्यम से उसे अपनी सच्ची 'पहचान' दोबारा हासिल होती है और फिर उस पहचान के जरिये वह औपनिवेशिक सरकार के संपर्क में आकर उसके सुरक्षा-हितों का साधक बन जाता है। कहानी की शुरुआत लाहौर के अजायबघर से होती है जिसका क्यूरेटर (संग्रहाध्यक्ष) एक अंग्रेज है। किपलिंग ने यह चरित्र अपने पिता की तर्ज पर गढ़ा है। अजायबघर में किम की मुलाकात अनायास ही एक विचित्र किस्म के तिब्बती लामा से होती है जो तीर्थयात्रा पर निकला हुआ है। इस आध्यात्मिक और प्यारे इनसान से दोस्ती करके किम उसका चेला बन जाता है।

उपन्यास के ज्यादातर हिस्से में किम और लामा की उस दुस्साहसपूर्ण यात्रा का वर्णन है जो ग्रांड ट्रंक रोड के किनारे-किनारे होती है। इस दौरान उनकी मुलाकात नाना प्रकार के लोगों से होती है और किम ब्रिटिश राज के खिलाफ की जा रही एक साजिश का रहस्य खोलने और उसे नाकाम करने में लग जाता है। यहाँ किम की भारतीय पहचान उसके काम आती है। किपलिंग के अनुसार उसका नायक पूर्व के किसी भी वासी की तरह झूठ बोल सकता है, उसके लिए दिन और रात एक समान है, किसी भी एशियावासी की तरह रिश्वत लेने-देने में उसे कोई झिझक नहीं होती और वह किसी विशेष आक्रामक पहलकदमी के बिना ही अपनी और अपने गुरु की प्राणरक्षा सुनिश्चित करता रहता है। जाहिर है कि किपलिंग का किम किसी भिखारी की तरह भीख माँग सकता है, देशी लोगों के अंधविश्वासों का फायदा उठाकर मुश्किल सामाजिक स्थितियों से बच निकलता है, और पान चबा कर यात्रा के दौरान अपने रेल कंपार्टमेंट के फर्श पर पिच्च से थूक सकता है ताकि उसके माहौल में रम सके (वी.एस. नायपॉल भारतवासियों की इस आदत से सख्त नाराज रहते हैं)।[७१]

पाठक के सामने धीरे-धीरे यह असलियत खुलती है कि किम और उसका गुरु लामा सामाजिक ही नहीं, बल्कि मनोवैज्ञानिक रूप से भी एक युग्म का निर्माण करते हैं। एक दूसरे के प्रतिरूप की भूमिका निभाते हुए वे अपने से ज्यादा बड़ी शक्तियों के प्रतीक बन जाते हैं। इन दोनों को जोड़ने वाली चीज एक ही है, और वह है भारत, जो पराये अथवा अन्य के रूप में मौजूद है। भावातीत रूप से लामा इस अन्य से परे जा चुका है, और किम उसका इस्तेमाल एक आवरण के तौर पर कर रहा है। सहज ढंग से कहें तो किम किपलिंग की उस इयत्ता की नुमाइंदगी कर रहा है जो शायद भारत की विविधता, उसके अनगढ़पन और हिंसा के प्रति अपना संदेह स्थगित करने के लिए तैयार हो जाती। भारत के इन्हीं पहलुओं में उसका मोहक अर्धनारीश्वर आकर्षण भी शामिल है। दूसरी तरफ लामा है जिसे एक आलोचक ने किपलिंग द्वारा 'प्रति-इयत्ता की एक कामयाब उपलब्धि' करार दिया है। यह प्रति-इयत्ता इतनी ताकतवर होकर उभरती है कि 'शेष सभी चीजों की कसौटी' बन जाती है।[७२] लामा अपनी बालसुलभ आध्यात्मिकता के साथ किपलिंग की प्रत्येक राजनीतिक मुद्रा का नकार है। यह लामा का चरित्र ही था जिसके जरिये किपलिंग को जिंदगी में केवल एक बार अपनी उस साम्राज्यिक इयत्ता से छुटकारा मिल सका जिसकी एक-एक ईंट उन्होंने बड़ी

मेहनत से जोड़ी थी।

किम को एक ऐसी रचना के रूप में भी पढ़ा जा सकता है जिसमें दो इयत्ताओं का आपसी खेल चल रहा है, पर जिसके आखिर में कोई इयत्ता नहीं जीतती। दोनों परंपरागत राज्य की सेवा में संलग्न एक तीसरी इयत्ता की अधीनता में चली जाती हैं। लेकिन, इसी प्रक्रिया में उपन्यास दो खारिज इयत्ताओं के पक्ष में एक प्रभावशाली तर्क भी उपलब्ध करा देता है। इनमें एक खारिज इयत्ता किपलिंग के खोये हुए अतीत में और दूसरी पूर्व द्वारा परित्यक्त वर्तमान में स्थित है। खारिज, परित्यक्त और पराजित के साथ यही तदनुभूति **किम** को किपलिंग की अन्य कृतियों से अलग करती है। इस स्तर की सांस्कृतिक और मनोवैज्ञानिक संवेदनशीलता या नैतिक साहस किपलिंग ने फिर कभी नहीं दिखाया। वे पीड़ित के किसी भी तरह के तादात्म्य से डरने वाले व्यक्ति थे, खासकर ऐसे पीड़ित के साथ जिसने प्राधिकार को चुनौती दी हो। वे हमेशा हिंसा के अधिकृत रूपों के पक्ष में कोई न कोई संस्तुति ढूँढ़ ही लेते थे। अपनी एक अन्य रचना में मैंने किपलिंग के इस डर का संबंध उनके एक अधिक गहरें डर से जोड़ा है जिसके तहत उन्हें अपने भीतर झाँकने से भय लगता था। वे अपने अस्तित्व की हकीकत का पता बताने वाली किसी भी दबी हुई चेतना को जाहिर करने के लिए तैयार नहीं थे। वे यह साफ नहीं करना चाहते थे कि वे असुरक्षा की भावना से ग्रस्त एक द्वि-सांस्कृतिक हस्ती हैं जिसकी सृजनशीलता का स्रोत उसकी एकल-सांस्कृतिकता में न होकर इसी द्वि-सांस्कृतिकता में निहित है। दरअसल, परवश और दुर्बल के साथ तादात्म्य स्थापित करने की नैतिक माँग से बचने के लिए प्रगति और सामाजिक विकासवाद के प्रचलित सिद्धांतों की मदद से किपलिंग ने अपनी एकल-सांस्कृतिकता कृत्रिम ढंग से गढ़ी थी।[७३]

भारत के अन्य एंग्लो-सेक्सन वासियों की निगाह में किपलिंग अपने हीरो किम की तरह अशिष्ट, कुछ कम मिलनसार और बेकाबू किस्म के थे। यहाँ तक कि उनकी त्वचा भी किम की ही तरह धूप में जल कर ज्यादा ही ताँबई हो गयी थी।[७४] किम रवींद्रनाथ के पात्र गोरा की ही तरह भारत के बाहर से आकर भारतीय दुनिया का अंग बन जाता है। उसकी जो खूबियाँ उसे अंग्रेजों के भारत में हाशिये पर धकेल देती हैं, उन्हीं के कारण उसे भारतीय समाज में अंतरंगी का दर्जा मिल पाता है। 'सभ्य' समाज जिसे आपत्तिजनक मान सकता है, 'लाहौर के देशज इलाकों' के लिए वही एक गुण है। किम भारतीय माहौल में बिना किसी मानसिक हिचक के सहजता और सुंदरता के

साथ घुल–मिल सकता है।

लेकिन, गोरा एक परंपरागत बंगाली परिवार में तूफान की तरह आता है और न केवल अपने, बल्कि अपने परिवार के दबे हुए अंतर्विरोधों और पाखंड को उघाड़कर रख देता है। वस्तुत: गोरा वही मिथकीय अंग्रेज है जिसके बारे में रवींद्रनाथ ने १८९८ में लिखा था कि उसे दैव ने हमारी दुनिया में एक दूत के रूप में भेजा है, ताकि वह 'हमारे जर्जर दरवाजे को धड़ाम से खोल कर हमारे घर की अंदरूनी सज्जा में प्रवेश कर सके।'[७५] ध्यान रहे कि भारतीय की तरह लालन–पालन होने के बावजूद गोरा के चरित्र में उसकी पश्चिमी इयत्ता के शारीरिक और मानसिक पहलू बरकरार रहते हैं। बोलते समय उसकी आवाज में 'गरज' होती है, वह गैरजरूरी किस्म की हठधर्मिता दिखाता रहता है और एक ऐसी दुनिया में रहता है जो सिर्फ काली और सफेद ही हो सकती है।

गोरा और किम में फर्क यह है कि गोरा अपनी ताँबई त्वचा के विपरीत अपनी गरजभरी आवाज और हठधर्मिता के कारण भारतीय समाज में अलग से दिखता है, पर किम स्थानीय परिदृश्य के प्रति अपनी संवेदनशीलता के कारण एक अंतरंगी की तरह है। गोरा के विपरीत किम को अपने मनोवैज्ञानिक बचाव के लिए अपने भारतीय होने का दावा नहीं करना पड़ता। वह तो अपनी भारतीयता को अपने सामाजिक कवच की तरह सहजता से इस्तेमाल करता है। दरअलस, किम वह है जो किपलिंग हो सकते थे या अपने पूर्व जीवन में वे खुद को जिस रूप में देखते थे।

गोरा और किम के चरित्रों के बीच इन फर्कों के पीछे एक गहन समरूपता भी है। रवींद्रनाथ ने भारतीय इयत्ता का एक अंश पश्चिमी पुरुष की तर्ज पर रचा था जिसे **गोरा** में वे संपूर्णता देना चाहते है, जबकि किपलिंग **किम** में अपनी पश्चिमी इयत्ता के भारतीय हिस्से को अपनाने की कोशिश करते हुए दिखते हैं। रवींद्रनाथ के मुकाबले किपलिंग का संघर्ष अधिक तीव्र और तकलीफदेह है। उन्हें भारतीयता के प्रति अपने मन के अँधेरों से जूझना है, लेकिन वे न तो इस भारतीयता को अपना सकते हैं, और न ही उसे छोड़ सकते हैं। यह दुविधा उन्हें उनकी अंग्रेज इयत्ता से और चिपका देती है। ब्रिटिश राज के प्रति हद से ज्यादा वफादारी दिखाकर प्रजातीय श्रेष्ठता के विचार की दावेदारी करके भी वे अपने इस संकट को छिपा नहीं पाते।[७६]

यही कारण है कि दोनों उपन्यासों का अंत एक–दूसरे से बहुत अलग है। **गोरा** का नायक एक व्यापकतर आत्म–परिभाषा हासिल कर लेता है और उसकी पश्चिमी इयत्ता परित्यक्त न होकर जीवन के बृहत्तर दर्शन में सहभागी

बन जाती है :

> यहाँ पर महत्त्वपूर्ण बात है पुनर्जन्म होना। ठीक उस वक्त जब गोरा की हालत त्रिशंकु जैसी है और उसके लिए कहीं कोई आसरा नहीं है, वह एक नये तरह की दीक्षा के जरिये एक नयी दुनिया में प्रवेश पाता है। जब हिंदू धर्म उसके लिए अपने दरवाजे बंद कर लेता है, तो सारा देश अपनी संपूर्ण विविधता के साथ उसके लिए अपने द्वार खोल देता है। वहाँ एक नयी तलाश, एक नया भविष्य और संभवत: एक नयी जीत उसका इंतजार कर रही है।[७७]

किम में कोई पुनर्जन्म नहीं होता। **जंगल बुक** के मोगली जैसे इस नायक के पास पहले से ही रोजाना की जिंदगी का एक दर्शन है जिसकी वजह से उसे भारतीय संस्कृति में आधार मिल गया है। उपन्यास के आखिर में किपलिंग अपने नायक को ब्रिटिश राज के साथ एक नौकरशाहाना सूत्र से जोड़ देते हैं, लेकिन यह क्लाइमेक्स स्वाभाविक कम और गढ़ा हुआ ज्यादा लगता है। उसके पीछे उपन्यासकार की निजी चिंताओं की भूमिका अधिक है। लगता है कि किम की भारतीय इयत्ता को एक स्वीकारयोग्य अर्थ और वैधता प्रदान करना किपलिंग की भीतरी जरूरत रही होगी। शायद यह साहित्य का सबसे बड़ा एंटी-क्लाइमेक्स है जब किम साम्राज्य की खुफिया सर्विस का सदस्य बनकर अपनी आत्म-परिभाषा का दायरा बहुत छोटा कर लेता है। अपने रचनाकार की दुनिया में खपने के लिए उसे अपनी सांस्कृतिक इयत्ता के प्रति बहिर्जात बन जाना पड़ता है।[७८]

असहमति की राजनीति

इस लंबे विश्लेषण पर मुड़कर एक निगाह डालने से साफ हो जाता है कि रवींद्रनाथ के तीनों उपन्यासों में दरअसल किन प्रश्नों पर चर्चा की गयी है। उनकी दिलचस्पी राजनीतिक प्राधिकार की उन संरचनाओं में है जो वैसे तो आसानी से दरक जाती हैं, पर उनमें कठिनाइयों के मुकाबले वापसी की क्षमता भी होती है। रवींद्रनाथ राजनीतिक प्राधिकार के इन दोनों पहलुओं के साथ-साथ नैतिक असहमति के जन्म, उसकी उत्तरजीविता और उसकी मृत्यु से जुड़े सवालों पर विचार करते हैं। तीनों उपन्यास दिखाते हैं कि किस प्रकार नैतिकता का निजी और सार्वजनिक में विभाजन अंतत: नैतिकता के खिलाफ ही जाता है। परिणामस्वरूप उसके सेकुलर और गैर-सेकुलर विभाजन का भी यही हश्र होता है। सार्वजनिक जीवन में नैतिकता के उच्छेदन से कुछ समय बाद मानवीय रिश्तों के बुनियादी रूप विकृत हो जाते हैं। व्यक्ति की सांस्कृतिक इयत्ता के मर्म पर ही आघात होने लगता है।

तीनों उपन्यासों की बनावट पेचीदा है। उनमें इयत्ता की राजनीति का गहन चित्रण है। रवींद्रनाथ प्राधिकार और असहमति के बारे में बहुलतावादी समझ रखते हैं, और यही उनकी खूबियों की वजह है। उनकी निगाह राजनीतिक प्राधिकार को तीन अलग-अलग धाराओं की तरह देखती है। पहली धारा प्राधिकार की प्रचलित और मानक संरचनाओं की है। दूसरी धारा तब पैदा होती है जब पहली धारा के खिलाफ बगावत करने वाले उत्पीड़ितों के नैतिक दायरे को प्राधिकार के नये दावेदार हड़पने की कोशिश करते हैं। तीसरी धारा का ताल्लुक उन लोगों से है जो अपनी परंपरा से जुड़े हैं और पीड़ितों को असहमति की किसी अमूर्त विचारधारा की श्रेणी भर मानने के बजाय जीवित, कष्टभोगी, और हाड़-मांस का इनसान मानते हैं। तीसरी श्रेणी के अंश पहली दो श्रेणियों में भी पाए जा सकते हैं। इसी तीसरी श्रेणी में भविष्य के सच्चे विद्रोह के बीज हैं, जिनसे अतीत के दमनकारी पहलुओं और वर्तमान के असहिष्णु आयामों को चुनौती दी जा सकती है। इस धारा में वे लोग भी शामिल हैं जिनके परंपरा से रिश्ते कहीं गहरे हैं और इसी कारण से उन्होंने बहिर्जात के प्रति अपने दरवाजे बंद नहीं कर लिये हैं। निखिल की दादी, गोरा की माँ और परेश बाबू जैसे पात्र परंपरा के आक्रामक रक्षकों के मुकाबले भारतीय परंपरा की इसी आंतरिक शक्ति की मिसाल हैं।

उपन्यासों में प्राधिकार की जिस संरचना के खिलाफ विद्रोह की शुरुआत की जाती है, वह कमजोर, समझौतापरस्त और पराजय के लिए अभिशप्त है। इस प्राधिकार के दावेदार हेकड़ और अधिनायकवादी हैं। हिंसा बरपाने में महारत रखने वाले इन लोगों ने हाल ही सत्ता हासिल की है। इस सत्ता और इतिहास के जरिये मिली वैधता के प्रति उनमें बड़ा आश्वस्तिभाव है। उपन्यासों में पितृसत्तात्मक प्राधिकार की जिस दमनकारी सत्ता के रहस्य से पर्दा उठाया गया है, उसके दो पहलू हैं: पहला आयाम सामाजिक परंपरानिष्ठता का है, और दूसरा अवैध औपनिवेशिक सत्ता का है। लेकिन, जैसे ही इस प्राधिकार की सींवनें साफ होती हैं, वैसे ही लगता है जैसे रवींद्रनाथ की कृतियाँ एक बिरादराना किस्म के नवीन प्रति-प्राधिकार का भी साक्षात्कार करा रही हैं। एक ऐसे प्राधिकार का जो संपूर्ण निष्ठा की माँग इस आधार पर करता है कि जिन लोगों ने सत्ता के खिलाफ अभी तक बगावत की है, वे न तो पर्याप्त रूप से बागी थे और न ही असहमति की पेचीदगियों पर उनका हाथ पूरी तरह साफ था।[७९] वस्तुतः रवींद्रनाथ अपना मुख्य आक्रमण इसी प्रति-प्राधिकार पर केंद्रित करते हैं। उनका खयाल है कि व्यवस्था चाहे विदेशियों द्वारा संचालित

हो या देशी लोगों द्वारा, उसका नैतिक दिवालियापन पहले ही स्पष्ट हो चुका है, और अब उसके लिए चिंतित होने की कोई जरूरत नहीं है।

इन रचनाओं में दिखाया गया है कि परम्परानिष्ठता की सामाजिक ताकत और उपनिवेशवाद की शक्ति घट रही है। कथानकों में परम्परानिष्ठता की उपस्थिति पार्श्वीय ही रहती है, और मुकाबले में खड़ी ब्रिटिश राज की ताकत के रूप में कभी-कभार कोई अंग्रेज मजिस्ट्रेट, कोई पुलिस अधिकारी अथवा मुखबिर दिख जाता है। लेकिन, उपनिवेशवाद की मौजूदगी का एहसास हर जगह किया जा सकता है। हर स्तर पर उपनिवेशवाद ही कथानक की शक्ल-सूरत तय कर रहा है। राष्ट्र-राज्य, प्रगति और इतिहास के पश्चिमी विचार हर मुकाम पर उपन्यासों के प्रमुख अंतर्विरोधों में अपनी भूमिका निभाते हुए दिखते हैं। रचनाकार बताता है कि इन्हीं विचारों के जरिये भारतीय संस्कृति की आत्म-परिभाषा फिर से गढ़ने की कोशिश की जा रही है। भारतवासियों के बीच होने वाला राजनीतिक विमर्श भी इन्हीं विचारों द्वारा निर्धारित शर्तों की मातहती में जा चुका है। उपनिवेशवाद की इस कामयाबी का जोड़ अगर कहीं है तो राष्ट्रवाद की महत्त्वाकांक्षाओं में ही प्राप्त हो सकता है। वे महत्त्वाकांक्षाएँ जो औपनिवेशिक विश्व-दृष्टिकोण को समूचा जज़्ब कर लेने के बाद निर्माणाधीन भारतीय राष्ट्र के सर्वथा नवीन, आयातित और प्रगतिवादी इतिहास की वेदी पर देशवासियों को कुर्बान करने के लिए तैयार हैं।

घर और बाहर और **चार अध्याय** के नायकों की भाव-भूमि पर हिंदू सामाजिक परम्परानिष्ठता की नुमाइंदगी करने वाले खोखले पितृसत्तात्मक प्राधिकार का शुरुआती प्रभाव दिख सकता है, पर दरअसल ये ताकतें कमजोर और मृतप्राय: ही हैं। उनकी आत्मनाशक सामंती परंपराओं को तोड़ना कोई समस्या नहीं है। रवींद्रनाथ की समस्या तो यह है कि असहमति के उन मुखर पैरोकारों के नये तबके को चुनौती कैसे दी जाए जो एक ओर परम्परानिष्ठ सामाजिकता की जर्जर और ध्वस्तप्राय: शक्तियों से लोहा ले रहा है, और दूसरी ओर ब्रिटिश साम्राज्यवाद से भिड़ रहा है। संदीप और इंद्रनाथ, दोनों को ही लगता है कि भारतीय परम्परानिष्ठता ब्रिटिश राज के खिलाफ पूरी तरह बगावत नहीं कर पा रही है। लेकिन, एक पेचीदा मनोवैज्ञानिक प्रक्रिया के तहत अपने अस्तित्व की शर्तें अपने ही शत्रु यानी औपनिवेशिक प्राधिकार के आधीन कर देते हैं। ऐसा होने के पीछे उनकी सामान्य अवधारणात्मक समझ ही नहीं है, बल्कि आधुनिक यूरोप से उधार लिए गये उन सिद्धांतों की भूमिका भी है जिनके जरिये उन्हें राजनीतिक नैतिकता और विज्ञानीकृत हिंसा की

संरचनाएँ हासिल हुई हैं। अंत में संदीप और इंद्रनाथ के अनुयायी भी इसी जाल में फँस जाते हैं। उन्हें पता लगता है कि राजनीति मुक्त तो करती है, पर साथ में आत्म-छलना का एक रूप उसकी आड़ में छिप भी जाता है जिसके कारण पराधीनता के कम स्पष्ट रूप नजरों से बचते रहते हैं।

निखिल एक ऐसा पात्र है जो प्राधिकार की पहली धारा यानी सामाजिक परंपरानिष्ठता और उपनिवेशवाद के खिलाफ विद्रोह करता है। वह प्राधिकार की दूसरी धारा के खिलाफ भी झंडा उठाता है। इसी दौरान उसे महसूस होता है कि उसकी दूसरी लड़ाई यानी उदीयमान प्रति-प्राधिकार के खिलाफ संघर्ष का मैदान तो मुख्यतः पीड़ितों का दिमाग है। वह लड़ाई तो उसी रणस्थल में लड़नी होगी। निखिल यह संघर्ष न केवल स्थानीय समुदाय के स्तर पर करता है, बल्कि अपनी पत्नी के धरातल पर भी उसे लड़ना पड़ता है। विमला भी इसी बौद्धिक निष्कर्ष पर पहुँचती है, लेकिन एक कठिन-कठोर और आत्म-नाशक यात्रा के बाद।

इसी तरह एला भी परिवार पर हावी रहने वाली अपनी माँ की ताकत के खोखलेपन और अपने अकादमीशियन पिता द्वारा खुद को पुंसत्वहीन बना लेने की हकीकत भाँपने में देर नहीं लगाती। घर के नाखुशगवार माहौल से बाहर अपने लिए एक आत्मनिर्भर पेशागत आधार तलाश करने में वह अपेक्षाकृत आसानी से कामयाब होती है। लेकिन, इंद्रनाथ का नैतिक सर्वसत्तावाद लुभावना होने के साथ-साथ एला के लिए दमघोंटू भी है। निखिल की भाँति अतीन के लिए भी अपने खानदानी घर की कुलीन और निरर्थक विलासिता से नफरत करना आसान है, पर वह इंद्रनाथ के प्राधिकार और सांघातिक आकर्षण का मुकाबला नहीं कर पाता। उसकी यही अक्षमता आखिर में उसे नष्ट कर देती है। हालाँकि इंद्रनाथ एक बेहतरीन आत्मकेंद्रित रणनीतिकार है, पर अंत में उसे अतीन के मुकाबले एला के मानस पर कब्जे की लड़ाई में हारना पड़ता है। लेकिन, यह जीत अतीन से भी ज्यादा एला की भी है, क्योंकि इंद्रनाथ का मोहजाल वही तोड़ पाती है, अतीन नहीं।

गोरा में नायक ने इस नये प्राधिकार को अपनी खंडित इयत्ता के एक हिस्से के तौर पर आत्मसात कर लिया है। पिता के प्राधिकार की असलियत उसके सामने खुल चुकी है। बुढ़ापे में उनके परंपरावादी बन जाने से बेटा प्रभावित नहीं है। लेकिन, उस राष्ट्रवाद और उसके पक्ष में दिये जाने वाले मनोवैज्ञानिक तर्कों को अस्वीकार करना गोरा के लिए कहीं तकलीफदेह है जो उसने अपने ऊपर खुद ही थोपे थे। गोरा की इयत्ता किसी भी साम्राज्यवादी

ताकत के मुकाबले राष्ट्रवाद के हाथों अधिक कामयाबी से उपनिवेशीकृत हो जाती है। रवींद्रनाथ का तात्पर्य है कि राष्ट्रवाद की जीत अंततः भारतीय सभ्यता पर पश्चिम की जीत है।

विश्लेषण के अंत में रवींद्रनाथ के महिला पात्रों की भूमिका पर एक टिप्पणी की जा सकती है। संदीप और इंद्रनाथ के चरित्रों को उनकी ताकतवर संरचना, और गोरा को उसका हिंदू राष्ट्रवाद अपनी संस्कृति के कई पहलुओं को नकारने के जरिये हासिल होता है। उन्हें अपने व्यक्तित्व के स्त्रीमूलक पहलुओं, विशेषकर ममता का गुण खारिज करना पड़ता है। लेकिन, आखिर में उपन्यासों के महिला पात्र ही सबसे ताकतवर प्रतिरोध करते नजर आते हैं। उन्हीं के जरिये संस्कृति अपने स्वधर्म की रक्षा करने के लिए मनोवैज्ञानिक नाकेबंदी करती है। इसीलिए, इन उपन्यासों में महिला पात्र जब भी प्राधिकार को पुष्ट करने या उसके साथ सहयोग करने की तरफ जाते हैं तो उनकी यह कार्रवाई उन्हें उनके ही व्यंग्यचित्रों में बदल देती है। बरदासुंदरी एक ऐसा ही व्यंग्यचित्र है।

रूढ़िवाद, उपनिवेशवाद के साथ गठजोड़ और रक्षात्मक किस्म की परंपरानिष्ठता के नये रूपों की प्रतियोगिता के बीच जो स्त्री इन विचारधाराओं के खिलाफ सर्वाधिक गहन और सर्वाधिक 'स्वाभाविक' संघर्ष चलाती है वह आनंदमयी है। गोरा के राष्ट्रवाद की अप्रामाणिकता की थाह उसे शुरू में ही लग जाती है। लेकिन, एक व्यक्ति के रूप में संदीप के प्रति प्रारंभिक संदेह के बावजूद विमला का मोहभंग तभी होता है जब उसके विनाश की प्रक्रिया शुरू हो चुकी होती है। एला तो यह शुरुआती संदेह कर पाने में भी अक्षम है। अपने प्रेमियों के साथ संबंधों के माध्यम से ही ये दोनों महिलाएँ राष्ट्रवाद के मनोरोगों के प्रति सचेत हो पाती हैं। रवींद्रनाथ की दुनिया में चेतना के प्रभुत्वशाली रूपों पर बुनियादी सवाल उठने और उनका प्रभावी प्रतिरोध करने में दाम्पत्य के मुकाबले मातृत्व अधिक सक्षम दिखता है। यही कारण है कि जब क्लाइमेक्स में गोरा का चरित्र रूपांतरित होकर एक ऐसे राजनीतिक मुकाम पर पहुँचता है जिसमें गाँधीवादी विश्व-दृष्टि की महत्त्वपूर्ण आहटें हैं तो उसका पहला मेल-मिलाप उसकी माँ और बचपन की दाई से ही होता है।

रवींद्रनाथ की दुनिया में मातृत्व द्वारा किए जाने वाले इस प्रतिरोध में राष्ट्रवाद की अनकही मोहक दावेदारियों का प्रतिवर्त तर्क निहित है। इन उपन्यासों में राष्ट्रवाद भी मातृमनोग्रंथि के जरिये ही पुंसत्वहीन समझ ली गयी स्वदेशी पितृसत्ता के कारण उत्पन्न चिंताओं के अचूक इलाज का दावा करता

नजर आता है। राष्ट्रवाद उम्मीद थमाता है कि अगर स्वदेशी प्राधिकार की नपुंसकता का पर्दाफाश कर देने वाले बहिर्जात प्राधिकार को स्वीकार कर लिया जाए तो दोनों किस्म के प्राधिकारों को पराजित किया जा सकता है। राष्ट्रवाद के ये पहलू स्पष्ट रूप से अपने-आप में राष्ट्र-राज्य की भू-क्षेत्रीय अवधारणा समेटे हुए हैं जिसके जरिये राष्ट्र अपना सर्वप्रथम परिचय देता है। राष्ट्रवाद का दूसरा और तीसरा पहलू इतिहास और प्रगति के विचारों से जुड़ा है। वह इतिहास के पैने औजार से अतीत का इकहरा आख्यान तराशता चला जाता है, और राष्ट्रवाद की जमीन पर एक की हार किसी न किसी दूसरे की हार का पर्याय बन जाती है। प्रगति के सिद्धांत के जरिये वह हिंसा का उत्तरोत्तर निर्वैयक्तीकरण करता है। यह हिंसा इयत्ता के सांस्कृतिक पुनर्निर्माण और उसकी संरक्षा की विधि की तरह स्वीकृति प्राप्त करती चली जाती है। निखिल और अतीन के बुजुर्गों और गोरा के पिता की जर्जर जीवन-शैली में यौन असंयम के इशारे तो हैं, पर इसके बावजूद ये पात्र स्वयं को पुंसत्वहीन बनाने और अपने सामाजिक अपसरण के कारण बेचैनियाँ पैदा करते हैं। राष्ट्रवाद इन पात्रों के पराजित प्राधिकार के मुकाबले एक विद्रोही किस्म के प्राधिकार की दावेदारी लेकर आता है। इस पुरुष प्राधिकार की छवि अलग तरह, अधिक ताकतवर और सार्वदेशिक किस्म की है। संदीप और इंद्रनाथ के पात्र और गोरा की राष्ट्रवादी इयत्ता रवींद्रनाथ के लिए भारतीय सांस्कृतिक परिदृश्य में एक हिंसक घुसपैठ की तरह है। साम्राज्य के खिलाफ विद्रोह कर रहे हों या उसका समर्थन, प्राधिकार के ये नये दावेदार अपना साम्राज्यवादी पितृत्व ही प्रदर्शित कर रहे हैं। पितृसत्तात्मक प्राधिकार के दो रूप मौजूद हैं। एक पूर्वी है और दूसरा पश्चिमी। इन दोनों की मौजूदगी के कारण मातृमनोग्रंथि से ताल्लुक रखने वाली एक तकलीफदेह स्थिति बन जाती है। इसके मुकाबले निखिल की द्वि-सांस्कृतिकता और गोरा का 'पुनर्जन्म' सांस्कृतिक नैरंतर्य के दो नये प्रकार उपलब्ध कराता है। ये दोनों प्रकार दो तरह की अवमाननाओं से गुजरे हैं। उन्होंने उपनिवेशवादी गुलामी की अवमानना के साथ-साथ उस ज्यादा गहरी अवमानना का अनुभव भी किया है जिसके तहत उपनिवेशवाद से लड़ने के लिए उपनिवेशवादी संपर्कों से ही प्राप्त विधियों और विचारधाराओं का इस्तेमाल किया जाता है। रवींद्रनाथ बताते हैं कि सांस्कृतिक नैरंतर्य के ये नये वाहक दोनों तरह के अवमाननाकारी अनुभव झेलने के बावजूद अपेक्षाकृत अक्षुण्ण रह गये हैं।

संदर्भ और टिप्पणियाँ

१. रवींद्रनाथ ठाकुर, *बऊठकुरानीर हाट* और *राजर्षि*, संकलित : *रवींद्र रचनावली*, पुनर्मुद्रण : विश्वभारती, कलकत्ता, १९८८, खंड-एक, पृष्ठ ६०७-९८, ७०३-८३

२. रवींद्रनाथ ठाकुर, *गोरा*, संकलित : रवींद्र रचनावली, पुनर्मुद्रण : विश्वभारती, कलकत्ता, १९८८, खंड-नौ, पृष्ठ १-३५०; हिंदी अनुवाद : धन्यकुमार जैन, पहला पुनर्मुद्रण, २००४, हिंद पाकेट बुक्स, दिल्ली (सभी उद्धरण इसी संस्करण से)।

३. रवींद्रनाथ ठाकुर, *घरे-बायरे*, संकलित : रवींद्र रचनावली, पुनर्मुद्रण : विश्वभारती, कलकत्ता, १९८८, खंड-नौ, पृष्ठ ४०५-५५०; हिंदी अनुवाद : *घर और संसार*, डॉ. माहेश्वर, नवीन संस्करण, २००२, हिंद पाकेट बुक्स, दिल्ली (सभी उद्धरण इसी संस्करण से)।

४. रवींद्रनाथ ठाकुर, *चार अध्याय*, संकलित : रवींद्र रचनावली, पुनर्मुद्रण : विश्वभारती, कलकत्ता, १९८८, खंड-सात, पृष्ठ ३७५-४१८; हिंदी अनुवाद : प्रबोध कुमार मजूमदार, नवीन संस्करण, २००२, हिंद पाकेट बुक्स, दिल्ली (सभी उद्धरण इसी संस्करण से)। तुलनात्मक अध्ययन के लिए शरतचंद्र चट्टोपाध्याय के उपन्यास *पाथेर दाबी* के उद्धरण सुरेंद्रपाल सिंह, बी.ए. द्वारा किये गये हिंदी अनुवाद से दिये गये हैं जिसे पचास के दशक में अजय प्रकाशन, प्रयाग ने छापा था।

५. *घर और संसार*, वही, पृष्ठ २८-२९

६. *घर और संसार*, वही, पृष्ठ ३०

७. *घर और संसार*, वही, पृष्ठ ४५

८. *घर और संसार*, वही, पृष्ठ ३३

९. *घर और संसार*, वही, पृष्ठ ५२

१०. *घर और संसार*, वही, पृष्ठ ५२-५३

११. *घर और संसार*, वही, पृष्ठ ३७-३८, ५३

१२. *घर और संसार*, वही, पृष्ठ ३५-३६

१३. *घर और संसार*, वही, पृष्ठ ३५-३६

१४. *घर और संसार*, वही, पृष्ठ ३५-३६

१५. *घर और संसार*, वही, पृष्ठ १८२-८८; विचारधारा के रूप में धर्म और आस्था के रूप में धर्म के बीच विभाजन पर विस्तृत चर्चा के लिए देखें : आशिस नंदी, 'पॉलिटिक्स ऑव सेकुलरिज़्म एंड दि रिकवरी ऑव रिलीजस टॉलरेंस', आल्टर्नेटिव्ज़, १९८८, १३(३), पृष्ठ १७१-९४

१६. जार्ज लुकास, 'टैगोर्स गाँधी नावेल : रिव्यू ऑव रवींद्रनाथ ठाकुर, दि होम एंड दि वर्ल्ड', *रिव्यूज़ एंड आर्टिकिल्स*, अनुवाद : पीटर पामर, मर्लिन, लंदन, १९८३, पृष्ठ ८-११

१७. कल्याण कुमार चटर्जी, लुकास ऑन रवींद्रनाथ : आइडियॉलॉजी एंड लिटरेरी क्रिटिसिज़्म' इंडियन लिटरेचर, १९८८, ३१(३), पृष्ठ १५३-६०; इस आलेख में बड़े बेहतरीन ढंग से रवींद्रनाथ के उपन्यास को उसके सांस्कृतिक संदर्भ में समझने की चेष्टा की गयी है। चटर्जी ने इस कृति को एक सामाजिक-राजनीतिक दस्तावेज के

रूप में उसके देश-काल सापेक्ष शैलीगत तत्त्वों से अलग करके देखने की कोशिश की है।

१८. लुकास, पृष्ठ ८-११

१९. चटर्जी में उद्धृत, पृष्ठ १५६

२०. इन सरोकारों के विश्लेषण के लिए बंकिमचंद्र चट्टोपाध्याय पर सुदीप्त कविराज की विख्यात रचना देखें।

२१. अध्याय के इस भाग का पहला हिस्सा पूरी तरह से वीणा दास और आशिस नंदी की रचना 'वायलेंस, विक्टिमहुड एंड लेंग्वेज ऑव साइलेंस' पर आधारित है; *कंट्रीब्यूशन टु इंडियन सोशियोलॉजी,* १९८५, १९, पृष्ठ १७७-९५

२२. रवींद्रनाथ ठाकुर, 'पारस्ये', *रवींद्र रचनावली,* पश्चिम बंगाल सरकार, कलकत्ता, खंड-दस, पृष्ठ ७४८-८०२, देखें पृष्ठ ७४९-५६; नयी विज्ञानीकृत हिंसा के सांस्कृतिक संदर्भ पर चर्चा के लिए देखें : आशिस नंदी 'साइंस, अथॉरिटेरियनिज्म एंड वायलेंस : ऑन दि स्कोप एंड लिमिट्स ऑव आइसोलेशन आउटसाइड दि क्लिनिक', संकलित : *ट्रेडीशन, टायरनी एंड यूटोपियाज़,* ऑक्सफोर्ड, नयी दिल्ली, १९८७, पुनर्मुद्रण, १९९२, पृष्ठ ९५-१२६

२३. आशिस नंदी, *दि इंटीमेट इनेमी : लॉस एंड रिकवरी ऑव सेल्फ अंडर कॉलोनियलिज्म,* ऑक्सफोर्ड, नयी दिल्ली, १९८३, पुनर्मुद्रण, १९९२

२४. शुद्धसत्व बसु, *रवींद्रनाथेर चार अध्याय,* भारती पब्लिकेशंस, कलकत्ता, १९७९, पृष्ठ ६-७

२५. यहाँ मेरे दिमाग में ओट्टो रैंक द्वारा क्लिनिकल मनोविज्ञान की रीति से खींची गयी तस्वीर है। देखें रैंक की रचना, *दि डबल : दि साइकोएनालैटिक स्टडी,* अनु. और संपा. एच. टकर जूनियर, यूनिवर्सिटी ऑव नॉर्थ कैरोलिना प्रेस, १९७१

२६. रवींद्रनाथ, *चार अध्याय,* वही, पृष्ठ ४९-५०; इस कथन के पीछे काम कर रही धारणा यह है कि इंद्रनाथ जैसे लोगों द्वारा विकसित असहमति का सिद्धांत दरअसल राज्य की उस नयी भाषा के आत्मसातीकरण की देन है जिसे भारतीय राजनीतिक विमर्श में औपनिवेशिक सत्ता ने प्रचलित किया था। अतीन का यह संवाद उन विधियों की तरफ भी इशारा करता है जो शासित प्रजा को नियंत्रित करने और प्रौद्योगिकी द्वारा राज्य के पक्ष में करने के लिए इस्तेमाल की जाती हैं।

हिंसक प्रतिरोध की राजनीति के बारे में *चार अध्याय* के विमर्श की तुलना बंकिमचंद्र चट्टोपाध्याय के *आनंदमठ* और शरतचंद्र चट्टोपाध्याय के *पाथेर दाबी* इस मुद्दे पर प्रस्तुत विमर्श से करना दिलचस्प रहेगी। ये दोनों उपन्यास एक हद तक विचारधारात्मक रूप से रवि बाबू की रचना के विपरीत खड़े हैं। एमे सिज़ैर ने जिस प्रक्रिया को अपनी रचना *डिस्कोर्स ऑन कॉलोनियलिज्म,* मंथली रिव्यू प्रेस, न्यूयार्क, १९७२ में 'थिंगीफिकेशन' कहा है, *पाथेर दाबी* में उससे कतराकर निकलने की कोशिश की गयी है। शरत बाबू ने प्रति-हिंसा को या तो प्रतिरोध की संज्ञा देकर वैध साबित करने की कोशिश की है, या फिर ऐसी अभिव्यक्तियों का इस्तेमाल किया है

जो आम तौर से पुश्तैनी दुश्मनी के लिए प्रयुक्त की जाती हैं। यहाँ शरत बाबू की कृति ऐसा प्रयास करते हुए लगती है जैसे कि वे *चार अध्याय* के दायरे से बाहर इंद्रनाथ द्वारा स्वयं को न्यायसंगत ठहराने के तर्कों का समर्थन कर रहे हों। लेकिन, जैसा कि हम आगे देखते हैं, *पाथेर दाबी* की नायिका भारती उपन्यासकार द्वारा प्रति-हिंसा के प्रश्न को दूसरा रूप देने की कोशिशों को कामयाब नहीं होने देती।

२७. दास और नंदी, वही।

२८. वीणा दास, 'दि लेंग्वेज ऑव सेक्रीफाइस' *मेन,* १९८३, १८, पृष्ठ ४४-६२

२९. शरतचंद्र चट्टोपाध्याय, *पाथेर दाबी,* अनुवाद : सुरेंद्रपाल सिंह, बी.ए., अजय प्रकाशन, प्रयाग।

३०. सरोजमोहन मित्र, *शरतसाहित्ये समाजचेतना,* ग्रंथालय, कलकत्ता, १९८१, पृष्ठ १५३-५४

३१. उपरोक्त, पृष्ठ १५४; रवि बाबू और शरत बाबू के बीच की यह तल्खी गहरी थी और बहुत दिनों तक चली। देखें, शरत बाबू का राधारानी देवी को १० अक्टूबर १९२७ को लिखा गया पत्र, उमाप्रसाद मुखोपाध्याय को १० भाद्र १३३४ (१९२७) को लिखा गया पत्र। ये चिट्ठियाँ गोपालचंद्र राय की पुस्तक *शरतचंद्रेर पत्रावली,* भारती, कलकत्ता, १९८६, पृष्ठ २९१-९३, ३२० में संकलित हैं।

३२. चट्टोपाध्याय, *पाथेर दाबी,* वही, पृष्ठ ४३-४४

३३. चट्टोपाध्याय, *पाथेर दाबी,* वही, पृष्ठ ४५

३४. ठाकुर, *चार अध्याय, वही,* पृष्ठ १९

३५. सरोजमोहन मित्र की पुस्तक में उद्धृत, पृष्ठ १५५

३६. उपरोक्त।

३७. चट्टोपाध्याय, *पाथेर दाबी,* वही।

३८. चट्टोपाध्याय, *पाथेर दाबी,* वही।

३९. ठाकुर, *चार अध्याय, वही,* पृष्ठ ३२-३३

४०. चट्टोपाध्याय, *पाथेर दाबी,* वही, पृष्ठ २३०-२३१

४१. चट्टोपाध्याय, *पाथेर दाबी,* वही, पृष्ठ २६५-६७

४२. चट्टोपाध्याय, *पाथेर दाबी,* वही, पृष्ठ २२९

४३. चट्टोपाध्याय, *पाथेर दाबी,* वही, पृष्ठ २२९

४४. चट्टोपाध्याय, *पाथेर दाबी,* वही, पृष्ठ २४१, २४८, २६६-६७

४५. चट्टोपाध्याय, *पाथेर दाबी,* वही, पृष्ठ २९१

४६. चट्टोपाध्याय, *पाथेर दाबी,* वही, पृष्ठ २६५-६६

४७. चट्टोपाध्याय, *पाथेर दाबी,* वही, पृष्ठ २३५

४८. चट्टोपाध्याय, *पाथेर दाबी,* वही, पृष्ठ २३९

४९. चट्टोपाध्याय, *पाथेर दाबी,* वही, पृष्ठ २६९

५०. चट्टोपाध्याय, *पाथेर दाबी,* वही, पृष्ठ २७३

५१. रवींद्रनाथ, *गोरा,* वही, पृष्ठ ४१

५२. रवींद्रनाथ, *गोरा,* वही, पृष्ठ ३३५
५३. रवींद्रनाथ, *गोरा,* वही, पृष्ठ ६८
५४. रवींद्रनाथ, *गोरा,* वही, पृष्ठ ९५; जीवनीपरक ब्योरों के आधार पर एक आलोचक का कहना है कि गोरा के चरित्र की संकल्पना मुख्यत: निवेदिता से ली गयी है, क्योंकि अपने जीवन के ज्यादातर हिस्से में वह आयरिश मूल के भारतीय उग्र-राष्ट्रवादी की तरह आचरण करता है। देखें, विमानबिहारी मजूमदार, *दि हीरोइंस ऑव रवींद्रनाथ : ए स्टडी इन दि ट्रांसफार्मेशन ऑव इंडियन सोसाइटी,* फर्मा के.एल. मुखोपाध्याय, कलकत्ता, १९६८, पृष्ठ २२५
५५. रवींद्रनाथ, *गोरा,* वही, पृष्ठ १२२
५६. रवींद्रनाथ, *गोरा,* वही, पृष्ठ १४३
५७. रवींद्रनाथ, *गोरा,* वही, पृष्ठ ४३
५८. रवींद्रनाथ, *गोरा,* वही, पृष्ठ ३३८
५९. रवींद्रनाथ, *गोरा,* वही, पृष्ठ ३३९
६०. रवींद्रनाथ, *गोरा,* वही, पृष्ठ ३४०
६१. रवींद्रनाथ, *गोरा,* वही, पृष्ठ १२४-२५
६२. रवींद्रनाथ, *गोरा,* वही, पृष्ठ ३६६-६७
६३. शुद्धसत्व बसु, *रवींद्रेर चार अध्याय,* भारती पब्लिकेशंस, कलकत्ता, १९७९, पृष्ठ ३६
६४. रवींद्रनाथ ठाकुर, *नेशनलिज्म,* पुनर्मुद्रण, मेकमिलन, मद्रास, १९८५, पृष्ठ २
६५. उपरोक्त।
६६. उपरोक्त।
६७. रुडयार्ड किपलिंग, *किम,* न्यूयार्क, डेल, पुनर्मुद्रण, १९७४
६८. कल्याण कुमार चटर्जी, 'इन कोग्निटोज़ एंड सीक्रेट शेयरर्स : पैटर्न्स ऑव आइडेंटिटी, रवींद्रनाथ, किपलिंग एंड फोस्टर', *इंडियन लिटरेचर,* मई-जून १९८९, पृष्ठ ११-१३०
६९. के. भास्कर राव, *रुडयार्ड किपलिंग्स इंडिया,* यूनिवर्सिटी ऑव ओकाहोमा प्रेस, नार्मन, १९६७
७०. ब्रिटिश-भारतीय संदर्भ के तहत आइरिश होने के मनोवैज्ञानिक महत्त्व का अनुसंधान न अभी तक न तो रचनात्मक साहित्य में किया गया है, न ही सामाजिक विश्लेषण में। वैसे आम तौर पर आइरिश होना एक तरह की अस्पष्ट और संक्रमणकालीन स्थिति समझी जाती है। आइरिश होना एक ऐसा पश्चिमवासी होना है जो सांस्कृतिक रूप से अधिक खुला हुआ होगा, जो प्रभुता का दावा नहीं करता होगा और जो पश्चिमी जगत की मुख्यधारा का अंग नहीं होगा। वह भारत की ही तरह ब्रिटिश साम्राज्यवाद से उत्पीड़ित भू-क्षेत्रीयता का प्रतिनिधित्व करता हुआ लगेगा। वह ईसाइयत के कैथोलिक रूप से जुड़ा होने के कारण उस धर्म को मानने वाला होगा जो साम्राज्य का धर्म नहीं है और जो भारतवासियों के पारंपरिक धार्मिक विश्वासों और सांस्कृतिक शैलियों के प्रति साफ तौर से खुला रवैया रखता होगा। देखें, इसी पुस्तक का तीसरा अध्याय।

७१. किपलिंग, किम, पृष्ठ २७, ३०-१, ३६ ·
७२. मार्क किंकीड-वीव्स, लॉर्ड बर्केनहेड में उद्धृत, *रुडयार्ड किपलिंग,* वीडनफेल्ड एंड निकल्सन, १९७८ पृष्ठ २२२
७३. नंदी, *दि इंटीमेट इनेमी,* पृष्ठ ३५-९, ६४-७३
७४. बर्केनहेड, *किपलिंग,* पृष्ठ ६२-३
७५. रवींद्रनाथ ठाकुर, कल्याण कुमार चटर्जी में उद्धृत, पृष्ठ ११३
७६. नंदी, *दि इंटीमेट इनेमी,* देखें एडमंड विल्सन भी, 'दि किपलिंग दैट नोबडी रीड', संकलित : एंड्रू रदरफोर्ड (सं.), *किपलिंग्स माइंड एंड आर्ट,* स्टेनफोर्ड यूनिवर्सिटी प्रेस, १९६४, पृष्ठ १७-६९
७७. कल्याण कुमार चटर्जी, वही, पृष्ठ ११८
७८. किम की इयत्ता के संकीर्ण होते चले जाने की प्रक्रिया की सफाई देते हुए एंगुस विल्सन तर्क देते हैं कि वह जिस शासन के प्रति निष्ठा व्यक्त करता है वह दरअसल उसके और लामा की मासूमियत को बचाने वाला शासन है। विल्सन के अनुसार, 'पुस्तक में चित्रित दोनों उच्चतर मूल्यों—भारतीय जीवन की समृद्धि व विविधता एवं लामा के दैवी व आध्यात्मिक बौड़मपन—को अराजकतापूर्ण अव्यवस्था और अधिनायकवादी निरंकुशता से केवल वही (ब्रिटिश) शासन बचा सकता था।' एंगुस विल्सन, *दि स्ट्रेंज राइड्स ऑव रुडयार्ड किपलिंग : हिज लाइफ एंड वर्क्स,* सेकर एंड वारबर्ग, लंदन, १९७७, पृष्ठ १३०; विल्सन यह देख पाने में नाकाम रहते हैं कि संकटों से बच निकलने की होशियारी और आत्मरक्षा की विविध कलाओं पर किम की महारत उसकी भारतीय इयत्ता की देन है। लामा की सुरक्षा भी ब्रिटिश राज कम और किम ज्यादा करता है। अपने इस दावे के आगे कुछ पंक्तियों के बाद ही विल्सन खुद मानते हैं कि 'किम के व्यक्तित्व में डॉजर के हरफनमौलापन, चालाकी, हास्यबोध और आकर्षण के साथ ओलीवर ट्विस्ट की भद्रता और भलमनसाहत का तकरीबन नामुमकिन सा मिश्रण है।' उपरोक्त, पृष्ठ १२९
७९. एरिक एरिकसन, 'दि लीजेंड ऑव हिटलर्स चाइल्डहुड', संकलित : *चाइल्डहुड एंड सोसाइटी,* नॉर्टन, न्यूयार्क, १९६१, दूसरा संस्करण, अध्याय ९

तीन

जीवनकथाएँ

ब्रह्मबांधव उपाध्याय : रवींद्रनाथ का राजनीतिक प्रतिरूप

रवींद्रनाथ के तीनों उपन्यासों को कई तरह से पढ़ा जा सकता है। पिछले अध्याय में हमने उनका अध्ययन कुछ इस प्रकार किया कि जैसे वे रचनाकार की राजनीतिक आस्थाओं के इच्छापत्र हों। इन उपन्यासों को एक और रोशनी में देखा जा सकता है कि ब्रह्मबांधव उपाध्याय (१८६१-१९०७) के जटिल और नाटकीय व्यक्तित्व के प्रति अपने द्वैध के साथ रवींद्रनाथ ने संघर्ष कैसे किया। समकालीन होने के साथ-साथ उपाध्याय राष्ट्रवादी राजनीति के मामले में रवींद्रनाथ की अन्य इयत्ता की तरह थे। इस दृष्टि से उपन्यासों का अध्ययन करने की प्रक्रिया में मैं देशभक्ति के उस रूप का अनुसंधान करूँगा जिसकी संस्तुति अपनी रचनाओं में रवींद्रनाथ करते नज़र आते हैं। देशभक्ति का यह रूप ऊपरी तौर से तो उपाध्याय द्वारा प्रवर्तित देशभक्ति के खिलाफ जाता है, पर असल में वह उपाध्याय की उस इयत्ता का सहयोगी निकलता है जिसे रवींद्रनाथ उनकी अन्य इयत्ता मानते थे।

ब्रह्मबांधव उपाध्याय उन्नीसवीं सदी के आखिरी वर्षों के भारतीय इतिहास की एक बेहद विविधतापूर्ण शख्सियत थे। रवींद्रनाथ उन्हें 'जीवंत, निडर, आत्म-त्याग से परिपूर्ण ...और असाधारणरूप से प्रतिभाशाली' मानते थे। रवींद्रनाथ

ने माना है कि उपाध्याय द्वारा स्थापित और संपादित दैनिक पत्र **संध्या** के जरिये ही 'बंगाल में आतंकवाद की पहली मद्धम आहट' सुनायी पड़ी थी।[१] शायद रवींद्रनाथ को अंदाजा हो गया था कि आतंकवाद की ये आहटें उपाध्याय की राजनीति का अनायास नतीजा न होकर उनके उन प्रयासों का प्रत्यक्ष परिणाम थीं जिनके तहत उन्होंने अपने कुछ अंतर्द्वंद्वों को हल करने की कोशिश की थी। खुद रवींद्रनाथ भी अपनी ज्यादातर जिंदगी में इन्हीं अंतर्द्वंद्वों से जूझते रहे थे।

ब्रह्मबांधव का जन्म कलकत्ता से ३५ मील उत्तर में स्थित हुगली जिले के खनियन गाँव में १८६१ के उसी वर्ष में हुआ था जो रवींद्रनाथ के जन्म का वर्ष भी था। वे अपने तीन भाइयों में सबसे छोटे थे। उनका असली नाम भवानीचंद्र बंद्योपाध्याय और घर का नाम भेदो था। उपाध्याय का कुलीन ब्राह्मण परिवार अपने ऊँचे सामाजिक दर्जे और शाक्त परंपरा पर गर्व करता था। उन दिनों कुलीनता का एक पैमाना अति-विवाह भी था। भवानी के परदादा मदनमोहन बंद्योपाध्याय ने तो इस कुलीनता की स्थापना के लिए दो-तीन बार नहीं, पूरी ५४ शादियाँ की थीं।

कहा जाता है कि मदनमोहन के बेटे और भवानी के दादा हरचंद्र बहुविवाह के खिलाफ थे, इसलिए उन्होंने केवल दो बार ही शादी की। शायद इसका एक कारण यह रहा होगा कि हरचंद्र अपने परिवार के पहले सदस्य थे जिन्होंने ब्रिटिश भारत की विस्तृत होती हुई उस दुनिया का साक्षात्कार किया जो ऊँची जातियों के शिक्षित बंगालियों को नये अवसर मुहैया करा रही थी। वे ठगी-उन्मूलन के अभियान में लगे हुए कर्नल स्लीमन के साथ पुलिस इंस्पेक्टर थे। भवानी के पिता देवीचरण भी पुलिस इंस्पेक्टर थे, हालाँकि वे अपने बुजुर्गों जितने रंगीन मिजाज साबित नहीं हुए। उनकी नौकरी तबादले वाली थी, इसलिए उन्हें देश भर में कई जगहों पर तैनाती का मौका मिला। अपने पिता की ही भाँति देवीचरण भी ब्रिटिश राज के प्रति वफादार थे।

भवानी के बचपन और परिवार के बारे में बहुत कम जानकारियाँ उपलब्ध हैं। उनके भाइयों के बारे में हमें बहुत कम पता है और उनके साथ भवानी के ताल्लुकातों के बारे में तो हम कुछ भी नहीं जानते। हम इतना भर जानते हैं कि जब वे एक साल से भी कम के थे, उनकी माता चल बसीं और उनका लालन-पालन उनकी दादी चंद्रमोनि ने किया था। परंपरानिष्ठ ब्राह्मण होने के बावजूद चंद्रमोनि ने सारे देश की यात्रा की थी, क्योंकि उनके पति स्लीमन के तहत काम करते थे। भवानी की दादी ने न केवल उन्हें अपनी

सांस्कृतिक परंपराओं की जीवंतता से परिचित कराया, बल्कि अपने कुछ अलग तरह के तजरुबों की जानकारी भी दी। परिवार के भीतर चंद्रमोनि के सामने कोई कुछ नही बोल सकता था, पर वे अपने माँ-विहीन प्रपौत्र से विशेष प्रेम करती थीं। उनके अनुशासनप्रिय और कड़े स्वभाव के बेटे के क्रोध से भवानी उनके कारण ही बचता था। भवानी की जीवनी ब्रह्मचारी अणिमानंद ने लिखी है। इस कृति में जीवनीकार की कोशिशों के बावजूद देवीचरण एक 'निरंकुश' और 'कठोर संकल्पवान व्यक्ति' की तरह उभरते हैं। पिता के रूप में देवीचरण इस विक्टोरियन कहावत पर बिना हिचक अमल करते थे कि डंडे के इस्तेमाल में कोताही की नहीं और बेटा बिगड़ा नहीं।[२] चूँकि देवीचरण अकसर घर से बाहर रहते थे, इसलिए अपने सामाजिक माहौल के बारे में भवानी की शुरुआती समझ अधिकांशत: चंद्रमोनि के जरिये ही बनी। अपने गुरु ब्रह्मबांधव की प्रारंभिक अंतर्वैयक्तिक दुनिया का सार-संकलन अणिमानंद ने इस प्रकार किया है :

> उनकी नाक के ठीक नीचे दो तरह की संस्कृतियाँ थीं ...ऐसा नहीं था कि घर के भीतर पुरानी शैली का ही जीवन रहा हो ...(पर) चंद्रमोनि में ...पुरातन *भारत* द्वारा प्रदत्त स्नेहाधीन आत्म-त्याग की भावना पूरी तरह समायी हुई थी। चंद्रमोनि की गोद में ही उन्होंने बंगाली गाँव की भाषा सीखी। **संध्या** में छपने वाली पारिवारिक जीवन संबंधी सामग्री जिन सुंदर अभिव्यक्तियों और चमकदार स्पर्शों से जीवंत बनती थी, वे चंद्रमोनि के साथ बिताये गये बचपन की ही उपलब्धियाँ थीं। चंद्रमोनि ने ही उन्हें भारतीय परिदृश्य को देखने की निगाह दी और वे काई लगे तालाब, वृक्ष, चहचहाती चिड़ियाँ और पवित्र नदी सरस्वती को देख पाये। ...चंद्रमोनि के धार्मिक भजन, उनकी धर्मकथाएँ, उनका समग्र जीवन ही पुरातन हिंदू आदर्श का मूर्तिमान स्वरूप था। भवानी उन्हें कभी नहीं भूल पाया।[३]

बंद्योपाध्याय परिवार की अधिष्ठात्री देवी काली थीं। जूलियस लिपनर के अनुसार 'ऐसा होना स्वाभाविक ही था', क्योंकि, 'रामकृष्ण परमहंस के उदात्त और ऐंद्रिक व्यक्तित्व की लोकप्रियता के पहले बंगाल में इसी विस्मयकारी देवी की पूजा प्रचलित थी। डरावनी मुखाकृति वाली यह देवी अपने शत्रुओं के लिए संहारक और अपने भक्तों के लिए कृपालु मानी जाती थी।'[४] लिपनर बताते हैं कि उपाध्याय बांग्ला में सजीव लेखन करते थे, जिसके जरिये बाद के वर्षों में वे 'भारत की स्वाधीनता के माध्यम के रूप में' 'काली के रौद्र रूप' का आह्वान करने लगे थे।[५] वे भारतीय राष्ट्रवाद में जिस हिंसक और बलिदानमूलक तत्त्व का समावेश करना चाहते थे, शायद उसी को वैध साबित

करने के लिए उन्हें इसकी जरूरत पड़ती थी। भारतीय राष्ट्रवाद को सांस्कृतिक रूप से परिभाषित करने के संदर्भ में ब्रह्मबांधव का यह सर्वप्रमुख नवाचार था। बंकिमचंद्र राष्ट्रवाद के मकसद से बंगाल की लोकप्रिय मातृदेवियों का सूक्ष्म आह्वान कर ही चुके थे। उसी आधार पर खड़े होकर इस नवाचार ने भारतमाता के पवित्र आह्वान को एक प्रतीकात्मक और प्रतिमानमूलक संदर्भ प्रदान किया।

संभवत: गाँव के स्कूल में हुई भवानी की प्राथमिक शिक्षा ने उनके मानस में व्यक्तियों की रूढ़ छवियों को और पुष्ट ही किया होगा। इस स्कूल में अनुशासन के नाम पर बहुत सख्ती की जाती थी। छात्रों की पिटाई होती रहती थी। अध्यापक केवल एक था। दसियों साल बाद उपाध्याय बड़ी तल्खी के साथ अपने इस अध्यापक 'पंगु पीताम्बर' को 'पक्के यमराज' की तरह याद करते नजर आये।[६] इस स्कूल के माहौल ने अन्य छात्रों के मुकाबले भवानी को कुछ ज्यादा ही तकलीफ पहुँचायी, क्योंकि बालक के रूप में उनकी प्रवृत्तियाँ खासतौर से बगावती किस्म की थीं। छात्र के रूप में भवानी की योग्यता भी उसे दण्ड से नहीं बचा पायी। उपाध्याय की जिंदगी के इस हिस्से को देखने से लगता है कि पिता देवीचरण और अध्यापक पीताम्बर के आधार पर ही भवानी ने संत्रस्तकारी पुरुष प्राधिकार का विचार सूत्रबद्ध किया होगा।

तेरह साल की उम्र में भवानी का यज्ञोपवीत संस्कार हुआ। साल भर के भीतर ही उसने मांस या मछली न खाने और शराब न पीने का प्रण ले लिया। एक शाक्त परिवार के लिए इस तरह का संकल्प कुछ अजीब था। इसका कारण खोजने के लिए एक अंदाज जरूर लगाया जा सकता है कि शायद किशोर वय के भवानी ने अपने अवचेतन में घर के पुरुषों के बजाय अपनी विधवा दादी के साथ तादात्म्य स्थापित कर लिया होगा। उसके मानस पर घर के मर्दों के चाल-चलन की जो छाप थी, हो सकता है कि उसे नापसंद हो और वह पुरातन और नवीन के उस संयोग के निकट जाना चाहता हो जिसकी नुमाइंदगी उसकी दादी करती थीं। यह भी हो सकता है कि भवानी की माँ राधाकुमारी वैष्णव रही हों। कम से कम लिपनर ने उनके नाम से यही अंदाजा लगाया है।[७] शायद अपनी माँ की धार्मिक आस्था के किसी असर के कारण ही भवानी इस नतीजे पर पहुँचा होगा कि परिवार में उपलब्ध पुरुष आदर्शों से दूर हटने और मांस-मदिरा का सेवन न करने के बीच कोई संबंध है।

संन्यासी बनने में जुटे बालक भवानी ने जल्दी ही शारीरिक व्यायाम की

संस्कृति अपना ली और दत्त चित्त से धार्मिक अध्ययन करने लगा। कुश्ती सीखने के लिए वह अखाड़ा जाने लगा। उसने जु-जित्सू सीखी और विख्यात पहलवान अम्बिका गुहा का प्रिय शिष्य बन गया। भवानी क्रिकेट के खेल में भी अच्छा निकला। धार्मिक शिक्षा के लिए उसने *तोल* नामक एक संस्कृत पाठशाला में दाखिला ले लिया ताकि भाटपारा के विख्यात पंडितों से संस्कृत के ग्रंथों की पढ़ाई कर सके। अपने जीवनीकारों में से एक के मुताबिक इसी उम्र में भवानी ने नेतृत्वकारी क्षमता दिखानी शुरू कर दी।[८]

तकरीबन इसी दौरान भवानी के पिता का तबादला कलकत्ता के पश्चिम में स्थित एक छोटे से शहर चिनसुरा में हो गया। भवानी को इससे कोई दिक्कत नहीं हुई, क्योंकि चिनसुरा में उसका दाखिला एक कम कड़े स्कूल में किया गया। लेकिन, पिता के एक और तबादले के बाद जब भवानी हुगली के एक स्कूल में दाखिल हुआ तो उसने एक छात्र के रूप में और अच्छा प्रदर्शन किया। उस स्कूल में वह अंग्रेज प्रधानाचार्य रॉबर्ट थ्वाइट और हेडमास्टर यज्ञेश्वर घोष का बेहद प्रिय विद्यार्थी बन गया। देवीचरण के एक और तबादले के बाद भवानी का दाखिला जनरल एसेंबली इंस्टीट्यूशन में कराया गया। इस स्कूल का नाम जरूर विचित्र था, पर कलकत्ता में उसकी ख्याति अच्छी थी। विवेकानंद इसी स्कूल में भवानी के सहपाठी थे। उन दिनों उनका नाम नरेंद्रनाथ हुआ करता था।

पिता के बार-बार तबादलों से भवानी को बंगाली बाबुओं की उस शहरी संस्कृति का परिचय प्राप्त हुआ जो उन्नीसवीं सदी के आखिरी वर्षों को अनुप्राणित कर रही थी। ये बाबू लोग औपनिवेशिक प्रभाव के तहत अपनी परंपरागत जीवन-शैली में बड़ी तब्दीलियाँ करने की कोशिश कर रहे थे। १८४० के दशक के मध्य से दिख रही भारतीय राष्ट्रवाद की हलचलें उस समय तक नया आवेग प्राप्त करने लगी थीं। साठ के दशक तक महानगरीय कलकत्ता और उसके आस-पास के इलाके जीवन-शैलियों, आस्थाओं और विचारधाराओं से संबंधित नये विचारों और नये प्रयोगों से खदबदाने लगे थे।

विचारों के इस रोमांच और सुधारवादी उत्साह के एक पहलू का भवानी की जिंदगी के लिए खास अर्थ था। जब भवानी केवल तीन साल का था, उसके चाचा कालीचरण बनर्जी (१८४७-१९०७) धर्मांतरण करके ईसाई बन गये थे। बंगाल का ईसाई समुदाय उन्हें अपने आधार स्तंभ के रूप में देखता था। कालीचरण एक शिक्षाविद् और राजनीतिक चिंतक होने के साथ-साथ सुरेंद्रमोहन बनर्जी (१८४८-१९२५) और आंनद मोहन बोस (१८४७-

१९०६) जैसे उदारतावादी और राष्ट्रवादी नेताओं के निकट सहयोगी भी थे।[९] कालीचरण के धर्मांतरण से पूरा परिवार हिल गया, लेकिन संबंध विच्छेद की नौबत नहीं आयी। सप्ताहांत पर वे अकसर खनियन आते थे। वे भवानी को पढ़ाते और उसे महाभारत की कथाएँ सुनाते जो जल्दी ही उसकी पसंदीदा कहानियाँ बन गयीं। उपलब्ध ब्योरों पर नजर डालने से ऐसे लगता है कि अपने बचपन में जितने भी पिता-तुल्य लोगों से भवानी का वास्ता पड़ा, उनमें शायद कालीचरण के सूत्र ही चंद्रमोनि की ममता भरी जादुई दुनिया से कहीं न कहीं जुड़े हुए थे। संभवतः अपने चाचा की वजह से ही बालक भवानी ने ईसाइयत और अपनी दादी के संसार के बीच एक संभावित संपर्क की अनुभूति की होगी।

उस जमाने में बंगाल का कोई भी युवा, प्रतिष्ठित, ऊँची जाति का सुधारवादी हिंदू ईसाइयत के प्रति कई वजहों से आकर्षित हो सकता था। इन आयामों पर यहाँ विचार करने की जरूरत नहीं है। लेकिन, उपाध्याय के जीवन के संदर्भ भूपेंद्रनाथ दत्त (१८८०-१९६१) की टिप्पणी खास तौर से प्रासंगिक होगी। उपाध्याय और उनके परिवार से अच्छी तरह परिचित भूपेंद्रनाथ स्वदेशी आंदोलन के दौर के प्रतिष्ठित स्वाधीनता सेनानी और साम्राज्यवाद विरोधी हिंसा के पैरोकार थे। उनकी मान्यता थी कि पश्चिमी सभ्यता के जाने-माने वैभव और शक्ति के कारण ही उन्नीसवीं सदी के उत्तरार्ध में बंगाली समाज को ईसाइयत लुभावनी लगने लगी थी। आधुनिक क्षेत्र के संपर्क में रहने वाले कई युवा भारतवासी इसी वैभव और शक्ति से चकाचौंध हो जाते थे और फिर ईसाई मिशनरियों द्वारा उनकी इसी मानसिकता को उत्प्रेरित किया जाता था। वे 'नयी पश्चिमी सभ्यता और ईसाइयत को समानार्थक बता कर अपनी सभ्यता और धर्म की श्रेष्ठता स्थापित कर देते थे ...परिमामस्वरूप, अपने धर्म और प्रजाति की बुरी हालत देख कर कई हिंदुओं का मन ईसाइयत की तरफ झुक जाता था ...।'[१०]

भवानी की जीवन-कथा के संदर्भ में हम इस मसले पर बाद में भी गौर करेंगे, पर यहाँ इतना बताना जरूरी है कि कालीचरण ने जब ईसाई धर्म ग्रहण किया तो उस समय तक भारत के ईसाई मिशनों में भारतीय संस्कृति के प्रति एक-दूसरे के खिलाफ तन कर खड़ी दो प्रवृत्तियाँ विकसित हो चुकी थीं : इनमें एक प्रवृत्ति का 'स्वर निस्संकोच धर्मप्रचारवादी था जो मान कर चलता था कि मानवीय प्रकृति ईश्वर द्वारा दिखाये गये रास्ते से हट जाने के कारण बुरी तरह भ्रष्ट हो गयी है।' यह प्रवृत्ति भारतीय परंपराओं और हिंदू धर्म के

प्रति समझौताहीन संघर्ष का रवैया अपनाती थी। दूसरी प्रवृत्ति किसी धर्म की भर्त्सना केवल गैर-ईसाई होने के कारण करने के लिए तैयार नहीं थी। इस प्रकार की मिशनरी गतिविधियाँ धर्मांतरण पर जोर कम देती थीं और हिंदू श्रेणियों के प्रति खुला रवैया अपनाती थीं।[११] मोटे तौर पर पहली प्रवृत्ति के पैरोकार प्रोटेस्टेंट मतावलम्बी, खासकर बैप्टिस्ट लोग थे। दूसरी प्रवृत्ति कैथोलिकों में पायी जाती थी।[१२] इन प्रवृत्तियों के अनपेक्षित नतीजे निकले। राममोहन राय के जमाने से ही शहरी और ऊँची जाति के बंगाली प्रोटेस्टेंट मत को औपनिवेशिक राज्य के संपर्क में आये बाबुओं के सुखवादी रवैये के खिलाफ प्रतिरोध के रूप में देखने लगे। दूसरी तरफ कैथोलिक मत सांस्कृतिक रूप से अधिक सहिष्णु और इसीलिए कम महत्त्वपूर्ण समझा जाता था।

आज पीछे मुड़कर देखने पर यह बात कुछ अजीब लग सकती है, पर उस जमाने में बाबुओं के बीच सक्रिय समाज के आलोचकों और सुधारकों को कैथोलिक मत कम आकर्षक लगता था। ये लोग सामाजिक आलोचना के नये आधारों और भारत के लिए पश्चिमी संस्कृति के विभिन्न आयामों का उपयोग करने के तरीकों की खोज में थे। यही कारण है कि शहरी भद्रलोक बंगालियों की एक छोटी-सी संख्या ही कैथोलिक बनी। बहरहाल, इस मुद्दे पर हम बाद में लौटेंगे।

पंद्रह साल की उम्र तक भवानीचरण ने अपनी स्कूली शिक्षा पूरी कर ली और हुगली मोहसिन कालेज में दाखिला ले लिया। अपनी जिंदगी के अगले दौर के बारे में उपाध्याय ने बाद में खुद ही एक विनोदपूर्ण आत्मकथात्मक निबंध लिखा। उनकी जीवन-कथा का ब्योरा देने के लिए मैं अगले कुछ पृष्ठों में इसी निबंध का सहारा लूँगा।

छात्र जीवन में भवानी एक साल से ज्यादा नहीं टिक पाया (१८७६-७)। चाचा कालीचरण जिन राष्ट्रवादी नेताओं का अनुकरण करते थे, उनके विचारों का असर भवानी पर भी था, खासकर सुरेंद्रनाथ बनर्जी का। इसी प्रभाव में भवानी ने अपना पूरा समय स्वाधीनता संग्राम में लगाने का फैसला कर लिया।

लेकिन, उदारतावादी राष्ट्रवादियों के संविधानपरक तौर-तरीके उसे एक सीमा के बाद संतुष्ट करने में नाकाम रहे। उसे उदारतावादियों की मुद्रा बेअसर और व्यर्थ लगी। हालाँकि भवानी बनर्जी और आनंद मोहन बोस के सार्वजनिक भाषणों से एक समय इतना प्रभावित था कि बाद में उसने अपनी उस हालत की तुलना कृष्ण की बाँसुरी सुन कर दीवानी हो गयी गोपियों से कर डाली थी।[१३] लेकिन, भवानी पर अपनी दादी के इस कटाक्ष का भी काफी

असर था : 'भाषणों ने इस देश को तबाह कर दिया है।'[१४]

यही वह वक्त था जब भवानी के कल्पनाजगत में संन्यासी योद्धा के विचार ने एक व्यावहारिक निष्पत्ति प्राप्त की। बंकिमचंद्र के उपन्यास **आनंदमठ** के प्रकाशन के बाद से ही बंगाली भद्रलोक के मानस में संन्यासी योद्धा की लोकगाथा अपना स्थान बना चुकी थी। **गीता** का एक राजनीतिक ग्रंथ की तरह अध्ययन करने से भवानी के दिमाग में यह बात और जम गयी। अंत में एक साल बाद उसने तय किया कि वह पढ़ाई बिलकुल छोड़ देगा और युद्धविद्या सीखने के लिए ग्वालियर महाराज की सेना में भर्ती हो जाएगा। (भवानी ने जुलू युद्ध में भाग लेने के लिए अंग्रेजों की भारतीय सेना में भर्ती होने की कोशिश भी की। इसके लिए उसने अपने एक सौतेले चाचा की मदद लेने की कोशिश की जो भर्ती आयुक्त के लिए काम करते थे। लेकिन, चाचा अपने भतीजे को इतनी जोखिम भरी नौकरी में फँसने से बचाना चाहते थे, इसलिए उन्होंने सुनिश्चित किया कि अल्पवयस्क होने के नाते भवानी की अर्जी पर गौर ही न किया जाए।)

भवानी जेब में दस रुपए लेकर ग्वालियर की तरफ चल दिया। यह रकम उसके कालेज की दो महीने की फीस से ज्यादा नहीं थी। उसके साथ तीन दोस्तों ने भी ग्वालियर की राह पकड़ी। उनके पास भी तकरीबन इतने ही पैसे थे। जाहिर है कि यह यात्रा काफी घटनाप्रद साबित होने वाली थी। यह मित्रमंडली ट्रेन द्वारा पश्चिमी उत्तर प्रदेश में इटावा तक पहुँची, लेकिन ग्वालियर वहाँ से भी ७२ मील दूर था। भवानी और उसके दोस्तों को वहाँ तक पैदल यात्रा करनी पड़ी।

भवानी और उसके दोस्तों का यह कारनामा बहुत दिन तक नहीं चलने वाला था। तीन-तीन परिवार घर से भागे अपने बच्चों की तलाश में लगे थे। जल्दी ही उनका पता लगा लिया गया और वे कलकत्ता वापस लाये गये। इस बार भवानी को एक दूसरे कालेज में भर्ती कराया गया। यह मेट्रोपोलिटन इंस्टीट्यूट था जिसमें खुद सुरेंद्रनाथ बनर्जी अंग्रेजी पढ़ाते थे। लेकिन, अपने राजनीतिक आदर्शों में से एक की देखरेख में अध्ययन करने से भी भवानी की निराशा कम नहीं हुई। वह अवसाद का शिकार रहने लगा और हालत यहाँ तक बिगड़ी कि उसने नशीली दवाएँ खानी शुरू कर दीं।

लेकिन, भवानी बहुत दिनों तक इस स्थिति में रहने वाले लोगों में से

नहीं था। साल भर में ही उसने नशे की लत छोड़ दी। ग्वालियर में उसकी दिलचस्पी अभी भी खत्म नहीं हुई थी। भविष्य के क्रांतिकारी को वह शहर बुला रहा था। जल्दी ही वह घर से फिर भाग निकला। इस बार भवानी अकेला था, उसकी उम्र अट्ठारह वर्ष की थी और उसकी जेब में तीस रुपये की शानदार रकम थी जिसके दम पर वह आगरा और धौलपुर होते हुए ग्वालियर पहुँच गया। रास्ते में उसने एक भोजन संबंधी कारनामा भी कर डाला। खुद को वीर जाति का सच्चा सदस्य साबित करने के उत्साह में उसने मांसाहार न करने की शपथ तोड़ दी और एक बंगाली परिवार में गोश्त खा लिया। उसने खुद को यह भी समझा लिया कि क्षात्रधर्म में वापसी के लिए किया गया यह मांसाहार उसे आनंदमग्न कर गया है।[१५] अपने समय के कई समाज सुधारकों और राजनीतिक नेताओं की तरह भवानीचरण को भी यकीन था कि अंग्रेजों के सांस्कृतिक आचरण और उनकी राजनीतिक सफलता में सीधा ताल्लुक है। अगर भारतवासी खुद को अंग्रेजों की तर्ज पर बना लें तो राजनीतिक सफलता अपने-आप उनके कदम चूमने लगेगी। विवेकानंद की तरह और गाँधी के विपरीत भवानी की समझ अपने इस यकीन के परे कभी नहीं जा सकी।

बहरहाल, ग्वालियर की फौज में भर्ती होने का सपना एक बार फिर पूरा नहीं हो पाया, हालाँकि इस बार उसका कारण कुछ और ही था। हुआ यह कि ग्वालियर पहुँचने पर आजीविका चलाने के लिए पहले भवानी ने अंग्रेजी पढ़ाना शुरू किया। स्कूल के दिनों में वह अंग्रेजी में बहुत तेज था। इसी के बाद उसे सिंधिया की फौज के एक जनरल के पास जाकर यह सीधे-सीधे कहने की हिम्मत हुई कि वह सैनिक बनना चाहता है। इस वाकये के कई साल बाद जनरल से भवानी की बात कराने वाले व्यक्ति के संस्मरण बताते हैं कि रौबीले व्यक्तित्व का वह फौजी अफसर सहृदय, प्रशांत और विनम्र था जिससे भवानी के हृदय में उसके लिए आदर-भाव पैदा हो गया। उस राष्ट्रवादी नौजवान के सामने सिंधिया की फौज के जनरल ने अपनी हकीकत का बयान किया कि अंग्रेजों की मातहती में चलने वाली उन रियासतों की असली हालत क्या है। उसने बताया कि वह नाम का ही जनरल है, उसके पास वैसे अधिकार नहीं हैं। अधिकार छिनने के जो कारण उस जनरल ने बताये, भवानी को ज्यादा तकलीफ उनकी वजह से हुई। जनरल ने बताया कि कुछ अंग्रेज मेहमानों की मौजूदगी में एक फौजी अभ्यास के दौरान वह और ग्वालियर के महाराज एक-दूसरे के खिलाफ दो टुकड़ियों की अगुआई कर रहे थे। अभ्यास

के दौरान महाराज को भूख लगी और उन्होंने आदेश दिया कि उनका नाश्ता लाने के लिए एक रास्ते से विरोधी टुकड़ियाँ हटा ली जाएँ, पर जनरल ने अपनी टुकड़ी को संदेश भिजवाया कि नाश्ता सुरक्षित नहीं पहुँचना चाहिए। चूँकि उस समय महाराज की प्राथमिकता नाश्तां थी, इसलिए उन्होंने फौरन पराजय स्वीकार कर ली। इसी घटना से जनरल और महाराज के बीच ताल्लुकात खराब हो गये।[१६] कहानी सुनने के बाद भवानी के लिए इस हकीकत.की तरफ से-आँखें बंद करना नामुमकिन हो गया कि ग्वालियर का सिंधिया राज ब्रिटिश हुकूमत के शक्तिहीन ताबेदार के अलावा कुछ नहीं रह गया था। टूटे हुए दिल के साथ भवानी १८८०-८१ में कलकत्ता लौट गया।

अपने बहुत से समकालीनों की ही भाँति भवानी युद्धक राष्ट्रवाद में जितनी दिलचस्पी रखता था, उतनी ही तीव्र इच्छा उसमें धर्म को जानने की थी। कुछ समय तक छिट-पुट नौकरियाँ करते हुए वह एक के बाद एक उद्देश्यहीन तीर्थयात्राएँ करता रहा। रहस्यवादी दार्शनिक और गुरु रामकृष्ण परमहंस (१८३६-८६) के साथ भी उसने कुछ समय तक निकटता महसूस की। वह नवविधान ब्रह्म समाज के नेता केशवचंद्र सेन (१८३८-८४) के नजदीक भी रहा। सेन उस समय भारत के सबसे प्रमुख समाज सुधार आंदोलन के नेता थे।[१७] भवानी ने उत्साह से सेन द्वारा चलायी जाने वाली बाइबिल की कक्षाओं में भाग लिया। हालाँकि रामकृष्ण परमहंस से भवानी की मुलाकात सेन के माध्यम से हुई और उसमें उनके प्रति सराहना भाव भी जागृत हुआ, लेकिन मुख्यतौर पर वह सेन का ही अनुयायी था। सेन और अपने चाचा कालीचरण के प्रभाव में भवानी में ईसाइयत के प्रति रुझान पैदा हुआ।

१८८४ में सेन की मृत्यु के बाद भवानी को उनके उत्तराधिकारी प्रताप चंद्र मजूमदार का व्यक्तित्व भी प्रभावी और प्रेरक लगा। इसी के नतीजे में १८८७ में भवानी ब्रंह्म समाजी बनकर नवविंधान आंदोलन का औपचारिक सदस्य हो गया। इसी बीच में एक और घटना हुई। १८८३ में कलकत्ता विश्वविद्यालय के छात्रों ने ईगल्स नेस्ट नाम से एक विचार मंडली स्थापित की जिसमें भवानी भी बतौर संस्कृत अध्यापक सम्मिलित हो गया। ईगल्स नेस्ट के संस्थापकों में से हीरानंद नाम का एक सिंधी छात्र भी था जो आगे चल कर साधू हीरानंद के नाम से मशहूर हुआ। कलकत्ता विश्वविद्यालय से बी.ए. करने के बाद हीरानंद सिंध लौट गया और १८८८ में उसने सिंध के हैदराबाद में स्थापित अपना स्कूल चलाने के लिए भवानी की मदद माँगी।

यह निमंत्रण स्वीकार करके भवानी ने हैदराबाद जाकर हीरानंद के स्कूल में संस्कृत का अध्यापन शुरू कर दिया।

भवानी के जीवन के सभी ब्योरे बताते हैं कि वह अपने छात्रों के बीच काफी लोकप्रिय था। संस्कृत के शास्त्रीय ग्रंथ पढ़ाने वाला वह एक अलग तरह का अध्यापक था, क्योंकि उस जमाने में इस भाषा के शिक्षक समकालीन दुनिया से प्रायः कटे हुए रहते थे। भवानी अपने छात्रों के साथ क्रिकेट और फुटबाल खेलता, तैराकी करता, पतंग उड़ाने जाता। वह उनका अध्यापक भी था और दोस्त भी। साथ में वह सार्वजनिक भाषण भी देता, ब्रह्म समाज के प्रचारक का काम करता, यदा-कदा ब्रह्मसमाजी विवाह की रस्में पूरी कराने की भूमिका भी निभाता। स्थानीय समुदाय में भवानी पूरी तरह समरस हो गया था। अणिमानंद के वर्णन के अनुसार सिंध में भवानी की हैसियत सिंधियों के बीच एक असरदार सिंधी जैसी ही थी।[१८]

जहाँ तक अंतर्वैयक्तिक संबंधों का प्रश्न था, भवानी अपने समकक्षों पर किसी पुरुष अधिकारी की तरह सख्ती करने के बजाय खुशनुमा ताल्लुकात रखता था। संभवतः पिता देवीचरण के साथ अपने संबंधों को वह भूल नहीं पाया था। चूँकि परिस्थितियाँ खुद भवानी को एक तरह के पुरुष अधिकारी की हैसियत में लाती जा रही थीं, इसलिए वह इस बात के प्रति खास तौर से सतर्क हो गया था कि कहीं वह भी अपने पिता या अध्यापक की तरह एक संत्रस्तकारी अधिकारी में न बदल जाए। वह समकक्षों के बीच प्रथम हैसियत रखने वाले अधिकारी की तरह ही रहना चाहता था।

भवानी के कुछ शुभेच्छुओं को लगा होगा कि शायद सिंध के सुखद प्रवास ने उसकी जिंदगी को एक तरह की स्थिरता प्रदान कर दी है। लेकिन, ये लोग जल्दी ही गलत साबित हो गये। भवानी तो एक ऐसा इनसान था जो लगातार कुछ न कुछ खोजता रहता था। उसके बाह्य जीवन की स्थिरता उसे नये सवालों और अनजाने जज़्बात की दुनिया में ले जाती थी। इस बार नयी दुनिया के द्वार उसके पिता की अचानक बीमारी ने खोले। देवीचरण पश्चिमी पंजाब के मुल्तान में तैनात थे। खबर मिलते ही भवानी मुल्तान गया और बड़ी लगन के साथ पिता की तीमारदारी की, पर देवीचरण नहीं बच सके।

अपने बीमार पिता की सेवा करते हुए भवानी को जोसेफ फादी ब्रूनो का क्लासिक ग्रंथ **कैथोलिक फेथ** पढ़ने का मौका मिला। ईसाइयत में उसकी दिलचस्पी पहले से थी। केशवचंद्र सेन की ब्रह्मसमाजी शिक्षाओं पर भी ईसाइयत का भारी असर था। अणिमानंद के अनुसार, 'भवानी जीसस क्राइस्ट

के साथ बचपन से ही तादात्म्य महसूस करता था। ईसा मसीह उसे अपने निजी दोस्त की तरह लगते थे।'[११] ब्रूनो की पुस्तक के अध्ययन ने भवानी को धर्म के मामले में और भी दुस्साहसी बना दिया। उसे ईसाइयत के एक ऐसे रूप का साक्षात्कार होने लगा जो शायद उसकी निगाह में ब्रिटिश राज से असंपृक्त और भारतीय शैली की आध्यात्मिकता के प्रति अधिक खुला हुआ था। अफ्रीका और दक्षिण अमेरिका में कैथोलिकों के साम्राज्यवादी संपर्कों ने उसे ज्यादा व्यथित नहीं किया।

हीरानंद को कुछ-कुछ एहसास था कि उसके दोस्त का दिमाग किस तरह काम़ कर रहा है। उसने भवानी के बड़े भाई को चिट्ठी लिख कर उसके इरादों की चेतावनी दी। हीरानंद से कहा गया कि वह भवानी को ईसाई बनने से रोके। उसका आग्रह मानकर भवानी अपना धर्मांतरण पंद्रह दिन तक स्थगित करने के लिए राजी हो गया। लेकिन, उसने अपना मन बना लिया था। जैसे ही पखवाड़ा खत्म हुआ, २६ फरवरी १८९१ को उसने प्रोटेस्टेंट चर्च की सदस्यता स्वीकार कर ली। उसके चाचा कालीचरण पहले से ही इस चर्च की प्रमुख हस्ती थे। छः महीने बाद एक सितंबर को भवानी कैथोलिक होकर कराची चला गया।

सिंध के अपने दस साल लंबे प्रवास में भवानी ने एक सामाजिक कार्यकर्ता की सफल जिंदगी गुजारी। उसने कई धार्मिक परंपराओं में सक्रिय दिलचस्पी ली। इनमें प्रमुख था खालसा पंथ और इस्लाम, खासकर शाह लतीफ की इस्लामी परंपरा जो एक मशहूर सिंधी रहस्यवादी दार्शनिक थे। १८९३ में कराची में ही भवानी ने अपना नया नाम ब्रह्मबांधव उपाध्याय ग्रहण किया। इस नाम में भवानी के हीरो केशवचंद्र सेन को उनके प्रशंसकों द्वारा दी गयी 'ब्रह्मानंद' नामक अनौपचारिक उपाधि की झलक थी। इस नाम से भवानी के ब्राह्मण मूल का भी पता लगता था। यह नाम भवानी की एक आजीवन कोशिश का भी प्रतीक था। उसका प्रयास था कि ब्रह्म समाज और ईसाइयत में समान रूप से व्याप्त पितृसत्तात्मक आस्तिक प्राधिकार के साथ ऐसा रिश्ता कायम किया जाए जिस पर श्रेणीबद्धता का असर कुछ कम हो।

यह नाम उसके पुश्तैनी पेशे यानी अध्यापन की तरफ संकेत भी करता था। अध्यापन में भवानी की रुचि कभी कम नहीं हुई :

> मैंने एक भिक्षु संन्यासी का जीवन स्वीकार किया है। हमारे देश में प्रचलन है कि नया धर्म ग्रहण करने के साथ-साथ नया नाम भी ग्रहण करना चाहिए। इसीलिए मैंने अपना नया नाम रखा है। मेरा पारिवारिक उपनाम वंद्य (यानी प्रशंसनीय) और उपाध्याय (यानी उप-शिक्षक) है। बैप्तिस्मा के समय मुझे

ब्रह्मबंधु (तियोफिलिस) का नाम दिया गया है। मैंने अपने पारिवारिक उपनाम के पहले हिस्से को त्याग दिया है, क्योंकि मैं दुख और तुच्छता के मूर्तिमान जीसस क्राइस्ट का अनुयायी बन गया हूँ। इसलिए मेरा नया नाम उपाध्याय ब्रह्मबंधु होगा।[२०]

बाद में जब यह लगा कि 'ब्रह्मबंधु' पर्याप्त रूप से आदरसूचक नहीं है तो बिना उसका तात्पर्य बदले उसे थोड़ा-सा बदल कर 'ब्रह्मबांधव' कर दिया गया।[२१] भवानी से ब्रह्मबांधव बने उपाध्याय पहले से कहीं ज्यादा आत्मविश्वस्त हो चुके थे। उन्होंने १८९४ में **सोफिया** नामक कैथोलिक पत्रिका शुरू की। बजाय इसके कि वे इसे कैथोलिक मत का मुखपत्र बना देते, उन्होंने **सोफिया** को तुलनात्मक और आलोचनात्मक धर्मशास्त्र की पत्रिका बनाने का प्रयास किया ताकि उसके जरिये सत्य की खोज की जा सके। साथ ही उन्होंने घोषित किया कि पत्रिका में राजनीति पर चर्चा नहीं होगी।[२२]

अब तक साफ हो चुका था कि उपाध्याय खुद को एक नायक के रूप में देखते थे और सिंध में उनका जीवन उन्हें खुद को हीरो साबित करने का मौका नहीं दे रहा था। इसका एक छोटा-सा मौका उन्हें १८९६ में जरूर मिला जब एनी बेसेंट (१८४७-१९३३) कराची आयीं और उपाध्याय की उनसे सार्वजनिक बहस हो गयी। खास बात यह थी कि यह बहस ईश्वर की प्रकृति के बारे में थी। सार्वजनिक शास्त्रार्थ का एक अपना तर्क होता है। जब दो विद्वान और सुप्रेरित, लेकिन हद से ज्यादा आवेशमय और खुद को पूरी तरह से सही मानने वाले व्यक्ति टकराते हैं तो चमक और उत्तेजना पैदा होती है। लेकिन, आखिर में हमेशा होता यही है कि दोनों को ही अपनी-अपनी जीत का यकीन हो जाता है। इस बहस का भी यही नतीजा निकला। पर, विवाद का अंतिम तर्क देने का श्रेय एनी बेसेंट को ही गया। १४ दिसंबर १८९६ को उन्होंने उपाध्याय को पत्र लिखा जिससे ३५ वर्ष के उस भगवाधारी कैथोलिक को ठेस लगना स्वाभाविक ही था :

प्रिय श्रीमान ...मुझे यकीन है कि एक न एक दिन आपको भी यही एहसास होगा कि ईश्वर बहस का विषय न होकर प्रेम की चीज है। उसकी सेवा सत्य और सदिच्छा से ज्यादा हो सकती है न कि संघर्ष भड़काने से।[२३]

यहीं पर विनय की गोरा के बारे में टिप्पणी याद आती है। विनय ने कहा था कि मन की सहज और आश्वस्त शांति गोरा को नसीब नहीं है। यह कथन उपाध्याय पर भी उतना ही लागू होता था। परंतु बाद की एक घटना से ऐसा लगा कि एनी बेसेंट की नसीहत ने उन्हें कहीं न कहीं छुआ जरूर था। जनवरी

१८९७ में कराची पर प्लेग का आक्रमण हुआ। उपाध्याय और उनके अनुयायी असाधारण साहस और समर्पण के साथ शहर के प्लेग पीड़ित गरीबों की सेवा में जुट गये जिन्हें मरने के लिए छोड़ दिया गया था। वे बीमारों के बीच में ही रहे और उनके लिए खाना पकाया। उपाध्याय के एक समर्पित अनुयायी दौलतसिंह रामसिंह की जान प्लेग ने ही ले ली। यह ताज्जुब की बात थी कि प्लेग उपाध्याय के बहुत कम साथियों को अपना शिकार बना पाया।

अपने विश्वासों के बावजूद उपाध्याय का कैथोलिकवाद एक अलग तरह की धार्मिक आस्था की संरचना पेश करता था। उन्हें उम्मीद थी कि एक दिन यह आस्था भारतीय संस्कृति का अंग बन जाएगी। नियो-थॉमिस्टों और अन्य मतों के अपने अध्ययन के आधार पर संभवत: उपाध्याय की राय यह बनी थी कि अगर हिंदू धर्म उनका प्राकृतिक धर्म और ईसाइयत उनका अति-प्राकृतिक धर्म है तो वे एक साथ हिंदू और ईसाई क्यों नहीं हो सकते। अर्थात हिंदू धर्म की निंदा किये बिना अथवा खुद का परसंस्कृतिकरण किये बिना एक भारतीय ईसाई हो सकता है। उपाध्याय ने दलील दी कि तर्कबुद्धि से परे जाने की कोशिश करने वाला कोई भी धर्म हिंदू धर्म जैसे प्रकृति और तर्कबुद्धि पर आधारित धर्म पर आक्रमण करके अपने ही आधार को नष्ट कर देता है। इससे अंदाजा लगता है कि शायद उपाध्याय अपने दैनंदिन आचरण में हिंदू बने रहना चाहते थे और जीसस क्राइस्ट को इष्ट देवता बनाकर कैथोलिकवाद को अपनी निजी आध्यात्मिक खोज की तरह इस्तेमाल करना चाहते थे।[२४] लेकिन, अपने दिमाग में वे अपनी धार्मिक आस्थाओं के प्रति स्पष्ट भी थे : 'चाहे किसी भी नाम से हमें पुकारिये। हम तो क्राइस्ट में सभी धर्मों के मेल-मिलाप का उपदेश देना चाहते हैं, उस क्राइस्ट में जिसे हमारी आस्था संपूर्णत: दैवी और संपूर्ण मानव मानती है।'[२५]

दरअसल, सांस्कृतिक की राजनीति में उपाध्याय की सदैव प्रच्छन्न दिलचस्पी बनी रही। अपने नये धर्म की परिभाषा में भी उनकी इस राजनीति का छोंक था :

> जन्म से हम हिंदू हैं और मृत्यु तक हिंदू ही रहेंगे ...लेकिन एक द्विज के रूप में अपने सांस्कारिक पुनर्जन्म के कारण हम कैथोलिक हैं। जहाँ तक शारीरिक-मानसिक रचना का सवाल है हम हिंदू हैं, लेकिन अपनी अजर-अमर आत्मा के संदर्भ में हम कैथोलिक हैं। हम हिंदू-कैथोलिक हैं।[२६]

हिंदू धर्म और ईसाइयत के बीच रिश्तों के प्रति यह नजरिया उस जमाने के मिशनरियों के टकरावपूर्ण रवैये के खिलाफ जाता था। इससे भी महत्त्वपूर्ण

बात यह था कि यह दृष्टिकोण धर्मांतरण करके ईसाई हुए बंगालियों के नजरिये के खिलाफ भी खड़ा था। ऊँची जाति के बंगाली ईसाइयत की जिन बातों को मुख्यत: पसंद करते थे उनमें से एक थी मिशनरियों का हिंदू परंपराओं के प्रति बेलौस शत्रु-भाव। इस मामले में प्रोटेस्टेंट मतावलम्बी और उनमें भी बैप्टिस्ट मिशनरी सबसे आगे थे। राम मोहन राय के जमाने से ही बंगाली युवक नए धर्मों और विचारधाराओं की खोज कर रहे थे, ताकि उन्हें शहरी बंगालियों के सुखवादी और नैतिक मानकों से वंचित तौर-तरीकों के संदर्भ में एक स्पष्ट दृष्टिकोण प्राप्त हो सके। यह प्रवृत्ति औपनिवेशिक राजनीतिक अर्थशास्त्र द्वारा पैदा किये गये बड़े पैमाने के सामाजिक विघटन के कारण पैदा हुई थी। इनमें से कई नौजवान विद्रोहियों का खयाल था कि हिंदू धर्म से उनकी जरूरत पूरी नहीं होगी क्योंकि उसे अंदर से सुधारना नामुमकिन है। कैथोलिक मिशनरियों की कोशिशों के बावजूद इन युवकों को लगता था कि कर्मकांडों, मूर्तिपूजा, बहुदेववाद और सुखवाद के प्रति कैथोलिक मत नरम है। उसके मुकाबले प्रोटेस्टेंट मत अपने कड़े एकेश्वरवाद और शुद्धतावादी मूल्यों के कारण बंगाली मध्यवर्ग की सामाजिक समस्याओं का अधिक उपयुक्त हल प्रतीत होता था।

उस जमाने के कैथोलिक चर्च को भी इस बात का एहसास था, शायद इसीलिए वह ब्रह्मबांधव के धार्मिक उद्यम के प्रति सहानुभूति दिखाने से बचना चाहता था। वैसे भी ब्रह्मबांधव की ईसाइयत में वेदांत की अच्छी-खासी मिलावट थी। इसीलिए चर्च ने जल्दी ही **सोफिया** का कैथोलिकों के बीच वितरण बंद कर दिया और १९०० में यह पत्रिका बंद हो गयी। जब ब्रह्मबांधव ने यह पत्रिका मासिक के रूप में फिर से शुरू की तो चर्च अपनी नाराजगी के साथ खुलकर सामने आ गया, क्योंकि इस बार तो उसकी दिशा साफ तौर से राजनीतिक थी। बाद में उसी वर्ष पत्रिका का प्रकाशन अंतिम रूप से बंद हो गया।

सोफिया का संपादन करने के दौरान ही उपाध्याय ने पहली बार विश्व की प्रमुख राजनीतिक हस्ती के रूप में रवींद्रनाथ की शिनाख्त की। १९०१ में **ट्वैंटियथ सेंचुरी** के सह-संस्थापक और संपादक के रूप में शुरुआत करते हुए उन्होंने रवींद्रनाथ की एक पुस्तक की प्रशंसात्मक समीक्षा प्रकाशित की। **चार अध्याय** की भूमिका में रवींद्रनाथ ने स्वीकार किया है कि इस समीक्षा में पहली बार उनकी 'बेहिचक' आलोचनात्मक प्रशंसा की गयी थी। तकरीबन इसी दौरान रवींद्रनाथ ने अपना ग्रामीण विश्वविद्यालय शांतिनिकेतन

में शुरू किया जिसके लिए उन्होंने अपने नये दोस्त से मदद भी माँगी, क्योंकि वह पहले भी इसी प्रकार के शिक्षा संबंधी तजरुबे कर चुका था।

उपाध्याय ने रवींद्रनाथ की मदद तो की, पर वे शांतिनिकेतन में बहुत दिनों तक नहीं रुके। वे कलकत्ता जाकर वेदांत के जबरदस्त प्रचारक बन गये और अपने इस नये अवतार में उन्होंने वर्णाश्रम धर्म की जोशीली पैरोकारी शुरू कर दी। १९०२-३ में हिंदू दर्शन और समाज पर व्याख्यान देने के लिए उन्होंने इंग्लैंड की यात्रा भी की। उनके बचपन के दोस्त विवेकानंद का हाल ही में देहांत हो चुका था, और पश्चिम में वेदांत के दर्शन का प्रसार करने की प्रेरणा के पीछे आंशिक रूप से उन देशों में विवेकानंद की सफलताओं की भूमिका भी थी। कभी उपाध्याय ने विवेकानंद और उनके वेदांत के संस्करण की आलोचना की थी, लेकिन उनकी मृत्यु से विगलित होकर उन्होंने अपने मित्र के अधूरे काम को पूरा करने का बीड़ा उठा लिया। उपाध्याय मानते थे कि विवेकानंद की मुहिम के केंद्र में *फिरंगीजयव्रत* अथवा अंग्रेजों को जीतने का संस्कार है और उन्हें यह कार्यभार पूरा करना चाहिए।[२७]

इंग्लैंड जाते समय उपाध्याय की जेब में केवल २७ रुपए की रकम थी। बाद में उन्होंने अपनी इस यात्रा का वर्णन अपने खास आत्म-निंदा वाले अंदाज में करते हुए स्वीकार किया कि वे अपने लिए गोरों से वही सराहना प्राप्त करना चाहते थे जो उन्हें कलकत्ता, बंबई और मद्रास में मिल चुकी थी।[२८] उन्हें अपने इस मकसद में काफी कामयाबी मिली। ऑक्सफोर्ड और केम्ब्रिज में उनके व्याख्यानों का बहुत अच्छा मूल्यांकन किया गया। केम्ब्रिज विश्वविद्यालय ने तो न केवल उनसे किसी पारंपरिक वेदांतिक विद्वान का नाम बताने का आग्रह किया जिसे प्रवक्ता के पद पर नियुक्त किया जा सके, बल्कि वेदांतिक अध्ययन के लिए एक पीठ स्थापित करने के लिए कोष की जुगाड़ भी कर डाली। जहाँ तक उपाध्याय का सवाल है, पश्चिमी जीवन-शैली के चश्मदीद तजरुबे से उन्हें अरुचि ही हुई। वहाँ का अंधाधुंध उपभोक्तावाद, स्व-हित पर आधारित प्रतियोगिता की प्रवृत्ति और सबसे ज्यादा वहाँ की 'मुक्त' नारियाँ उन्हें नहीं भायीं।

पश्चिमी नारियों के प्रति उपाध्याय की प्रतिक्रिया आश्चर्यजनक थी। अतीत में ब्रह्मसमाजी रह चुके उपाध्याय उस समय भी ईसाई थे। इन दोनों धार्मिक आंदोलनों ने बंगाल में स्त्रियों से जुड़े प्रश्नों को जम कर उठाया था। एक ब्रह्मचारी और संन्यासी के रूप में उपाध्याय अपनी यौनिकता से लगातार संघर्षरत रहते थे। शायद इसीलिए उन्हें तत्कालीन इंग्लैंड में स्त्री-पुरुष संबंध

कुछ अधिक ही ऐंद्रिक और कामनाओं को भड़का कर चिंताकुल करने वाले लगे होंगे।

यह भी हो सकता है कि इंग्लैंड में उन्हें उस माहौल की याद आयी हो जिसके तहत उन्नीसवीं सदी के बंगाल में ब्रह्म समाज और ईसाइयत ने स्त्री-हितों और यौनिक शुद्धतावाद को जोड़ दिया गया था। उन्होंने लिखा कि अंग्रेज *प्रकृति* को लेकर कुछ ज्यादा ही चिंतित रहते हैं (संस्कृत और बांग्ला भाषा के अनुसार प्रकृति का अर्थ स्त्री भी होता है और मानवीय प्रकृति समेत प्रकृति भी)। उपाध्याय के अनुसार अंग्रेज *निवृत्ति* और *निष्काम* अथवा *प्रकृति से कामनारहित स्वायत्तता* जैसे हिंदू आदर्शों को समझने में असमर्थ थे। लगता है कि अनजाने में ही उपाध्याय उस वैचारिक मुकाम की तरफ बढ़ने लगे थे जिसे बाद में गाँधी ने ब्रह्मचर्य के माध्यम से पितृसत्ता से परे जाने के सिद्धांत के रूप में सूत्रबद्ध किया।[२९]

१९०४ में इंग्लैंड से लौटने के बाद उपाध्याय ने एक नया बांग्ला दैनिक **संध्या** प्रकाशित करना शुरू किया। १९०५ में बँटवारे के समय यह दैनिक बंग-भंग के खिलाफ संघर्ष में अगाऊ भूमिका निभा रहा था। उसके कालमों में ब्रिटिश हुकूमत के खिलाफ हिंसक संघर्ष की उत्तरोत्तर पैरोकारी की जा रही थी। बताया जाता है कि इस दौरान उपाध्याय को बार-बार हिंदू राष्ट्रवादियों की नाराजगी का सामना करना पड़ा। इससे उन्हें बड़ी ठेस लगी। इसका एक कारण अतीत में उनका ब्रह्मसमाजी और प्रोटेस्टेंट मतावलम्बी होना रहा होगा। पर मुख्यतौर पर इसका कारण यह था कि उस समय भी उपाध्याय कैथोलिक मत के अनुसार आचरण करने वाले ईसाई थे। अंत में हिंदू राष्ट्रवादियों की गलतफहमियाँ दूर करने के लिए उपाध्याय ने मिताक्षरा संहिता के तहत प्रायश्चित्त का संस्कार किया और दोबारा हिंदू बने। उनके ईसाई शिष्य रेवाचंद के अनुसार पंडित पंचानन तारकरत्न ने उपाध्याय के लिए प्रायश्चित्त विधान बनाया। लेकिन, भूपेंद्रनाथ दत्त के अनुसार, प्रायश्चित संस्कार करने से पहले ही उपाध्याय हिंदू धर्म की तरफ झुकने लगे थे। तकरीबन उसी तरह जैसे कभी स्पेनी राष्ट्रवादी एल सिड ईसाइयत की तरफ आकर्षित हुए थे।[३०]

१९०७ में उपाध्याय ने **संध्या** का साप्ताहिक परिशिष्ट निकालना शुरू किया। इस परिशिष्ट में प्रकाशित होने वाली सामग्री का एक पहलू यह था कि उसमें आर्यों की देशज संस्कृति खोजने की कोशिश होती थी और नोर्डिक संस्कृति और उसके विभिन्न रूपों, खासकर उसके सौंदर्यशास्त्र पर हमला

होता था।

इस अवधि में उपाध्याय द्वारा किये गये लेखन पर सरसरी नजर डालने से ही साफ हो जाता है कि वे पश्चिम को पूरी तरह खारिज करने और भारतीय इयत्ता को एकदम स्पष्ट, सुगठित और देशज ढंग से परिभाषित करना चाहते थे। इसका नतीजा अंग्रेजों को भारत से हिंसक प्रतिरोध और आतंकवाद के जरिये खदेड़ देने के विचार में ही निकल सकता था। १९०७ में जब एक बार भूपेंद्रनाथ दत्त ने उन्हें आद्य ईसाइयों द्वारा किये गये अहिंसक प्रतिरोध की याद दिलायी तो उपाध्याय ने सीधा जवाब दिया, 'उससे हमारा काम नहीं चलेगा।'[३१]

जाहिर था कि उपाध्याय अपनी गिरफ्तारी को निमंत्रण दे रहे थे। वही हुआ। उन्हें पकड़ कर राजद्रोह का मुकद्दमा चलाया गया। उपाध्याय ने अदालत में हाजिर होने से यह कह कर इनकार कर दिया कि :

> मैं मुकद्दमे की कार्यवाही में इसलिए हिस्सा नहीं लेना चाहता कि स्वराज प्राप्ति के जिस ईश्वर प्रदत्त दायित्व में मैं अपना विनम्र हाथ बँटा रहा हूँ उसके लिए हम पर शासन करने वाले विजातीय राष्ट्र के प्रति मैं किसी भी तरीके से जवाबदेह महसूस नहीं करता।[३२]

जब मुकद्दमा चल ही रहा था कि उपाध्याय अचानक बीमार पड़ गये और इलाज के लिए कलकत्ता के कैम्पबेल मेडिकल कॉलेज ले जाए गये जहाँ उनकी हार्निया ऑपरेशन के दौरान टिटनेस हो जाने के कारण २७ अकटूबर १९०७ को काफी तकलीफदेह हालात में मृत्यु हो गयी। संभवतः सरकारी अस्पताल होने के कारण अस्पताल के अधिकारियों ने उपाध्याय के रिश्तेदारों और दोस्तों का भी इंतजार नहीं किया। उनका शव अस्पताल से बाहर सड़क पर खुले आसमान के नीचे धूप में छोड़ दिया गया।[३३] लेकिन, उम्र के इस दौर तक आते-आते उपाध्याय के प्रशंसकों की संख्या बहुत हो चुकी थी। उन्होंने अपने हीरो का शव उठाया और स्वतःस्फूर्त ढंग से उनकी शवयात्रा में लोग शामिल होते चले गये। श्मशान तक करीब दस हजार लोग उनकी अर्थी के साथ चल रहे थे। अंग्रेज समर्थक भारतीय प्रेस उपाध्याय की मृत्यु से मिली राहत को नहीं छिपा पाया। लेकिन, भारतीयों का हृदय विदीर्ण हो गया। कई लोगों का मानना था कि उपाध्याय ने इच्छामृत्यु वरण की है ताकि अंग्रेज उन पर मुकद्दमा न चला सकें।

ब्रह्मबांधव उपाध्याय के जीवन का यह छोटा-सा वृत्तांत उनकी जिंदगी की

नाटकीयता और भावावेश को छू भी नहीं सकता। (सौभाग्य से कुछ ऐसी जीवनियाँ हैं जो उनके साथ न्याय करती हैं। इनमें स्वामी अणिमानंद, हरीदास और उमा मुखोपाध्याय[३४] द्वारा रचित जीवन-वृत्त उल्लेखनीय कहे जाएँगे।) मुझे इतनी उम्मीद जरूर है कि शायद मेरे ब्योरे से उनके समृद्ध और जटिल जीवन की एक झलक जरूर मिली होगी। उपाध्याय राष्ट्रवादी और समाज सुधार आंदोलनों की कुछ प्रमुख धाराओं का प्रतिनिधित्व करते थे। मैंने यह दिखाने की कोशिश भी की है कि ये सारी बहसें और विवाद उनकी जिंदगी के लिए केवल बाहरी मोर्चे ही न होकर उनके अंतर्द्वंद्व का कारण भी थे।

एक-दूसरे को काटतीं सामाजिक-राजनीतिक धाराओं को अपने अंतरमन का वाहक बना लेने वाले लोगों में उपाध्याय अकेले नहीं थे। उनके दोस्त विवेकानंद का छोटा-सा जीवन भी इसी तरह से तूफानी गति और नाटकीय ढंग से गुजरा था। उनके जीवन में भी गहरे अंतर्विरोध थे।[३५] ऐसी ही एक और हस्ती थे नरमद के नाम से मशहूर गुजराती कवि नर्मदाशंकर लालशंकर दवे (१८३३-८६)। उपाध्याय उन्हें नहीं जानते थे, पर नरमद ने भी अपने समय के सार्वजनिक प्रश्नों को अपने भीतर जज़्ब कर लिया था, जिनका परिणाम अत्यंत निजी और चौंकाने वाली अभिव्यक्तियों में निकला।[३६] लेकिन, उपाध्याय के जमाने का बंगाल कुछ अलग तरह का था। वहाँ की सामाजिक धाराओं के विरोधाभास और भी तीखे थे। हम देख चुके हैं कि किस प्रकार उपाध्याय पर निजी और सार्वजनिक समस्याएं अतिरंजित ढंग से किसी पराक्रमी योद्धा की शैली में हल करने की प्रवृत्तियाँ हावी रहती थीं। इसीलिए उनकी आस्थाएँ और लक्ष्यों में होने वाली तब्दीलियाँ अपने आप में दर्शनीय बन जाती थीं और इसीलिए शायद उनकी नाकामियाँ अधिक हृदय विदारक लगने लगती थीं। संभवत: रवींद्रनाथ को भी यही लगा होगा। लेकिन, कुल मिलाकर उपाध्याय का नाटकीय जीवन किसी भी उपन्यासकार की रचनाशीलता के लिए आमंत्रण की तरह था। रवींद्रनाथ भला इस बुलावे को कैसे ठुकरा सकते थे।

अपने तीनों उपन्यासों में उपाध्याय के आधार पर ही रवींद्रनाथ ने अपने नायकों और साथ में खलनायकों का भी चरित्रचित्रण किया। **चार अध्याय** और **गोरा** के तो नायक अपने-आप में प्रति-नायक भी हैं, इसलिए उन्हें खलनायक भी कहा जा सकता है। **घर और बाहर** के संदीप की विकृत शख्सियत शायद उपाध्याय की सीधी नुमाइंदगी नहीं कर सकती, पर अगर संदीप उन शक्तियों का विकृत उत्पाद नहीं तो और क्या था जिन्हें उपाध्याय

ने अपनी जिंदगी के आखिरी दिनों में की गयी राजनीति के दौरान मजबूत करने में मदद की थी? रवींद्रनाथ यह तर्क दे सकते थे कि संदीप उपाध्याय का मानस पुत्र था। दूसरी तरफ, निखिल को उपाध्याय की ही उस दूसरी इयत्ता का प्रतिनिधि माना जा सकता है जो सामाजिक रूप से सृजनकारी थी। या फिर निखिल स्वयं रवींद्रनाथ ठाकुर की इयत्ता का प्रतिनिधि था जो उपाध्याय की स्वदेशी-पूर्व इयत्ता से तादात्म्य महसूस करती थी। बहरहाल, पहले दोनों उपन्यासों के नायकों और खलनायकों पर उपाध्याय की छाप तो पूरी तरह साफ ही है। दोनों रचनाओं में संस्कृति और इयत्ता के प्रश्नों के इर्द-गिर्द होने वाली सामाजिक जद्दोजहद का बड़ा मार्मिक चित्रण किया गया है। इसी प्रक्रिया में राष्ट्रवाद की सींवनें बेदर्दी से उधेड़ दी गयी हैं। यह काम रवींद्रनाथ जैसा ही आत्मविश्वस्त सिद्धांतवेत्ता और भारतीय आत्म-परिभाषा का निर्माता कर सकता था। अगर ये उपन्यास किसी और ने लिखे होते तो शायद बहुत से भारतवासी उसे साम्राज्यवाद का पिट्ठू समझते। इनमें से एक उपन्यास को तो लुकास ने इसी तरीके से समझा था। (संभवत: रवींद्रनाथ को एक नैतिक तकलीफ का एहसास था कि कभी उनके भीतर भी संदीप और शुरुआती गोरा के अंश थे। अध्याय के अगले हिस्से में हम देखेंगे कि शायद यही अनुभूति रवींद्रनाथ के आत्म-विश्वास की चालक शक्ति का आधार थी।)

प्राधिकार और चुनौती : आत्मकथा लेखक के रूप में कलाकार

सवाल यह है कि रवींद्रनाथ जैसे रोमानी और साम्राज्यवाद विरोधी कवि उपाध्याय जैसे ओजस्वी राष्ट्रवादी क्रांतिकारी के प्रति क्यों आकर्षित हुए? यह प्रश्न उसी प्रश्न की एक किस्म है जिसे न तो हमने और न ही रवींद्रनाथ ने अपने तीनों राजनीतिक उपन्यासों के संदर्भ में स्पष्ट रूप से उठाया है : आखिर अतीन इंद्रनाथ की तरफ या विनय गोरा की तरफ क्यों आकर्षित हुआ? इसी बात को और भी साफ तरीके से पूछा जा सकता है कि निखिल और संदीप को दोस्ती के बंधन में बाँधने वाले तत्त्व कौन से थे? आखिरकार निखिल संदीप को अच्छी तरह समझता था और उसे यह एहसास भी हो गया था कि विमला उसके मोहजाल में फँस सकती है। आखिर निष्कपटता कहाँ खत्म

होती है और दुरभिसंधि कहाँ से शुरू होती है?

इन सवालों का जवाब एक हद तक खुद रवींद्रनाथ की जिंदगी की पेचीदा कहानी से मिल सकता है। थोड़े-बहुत सुराग यह देखने से भी मिल सकते हैं उनकी शख्सियत किस प्रकार उपाध्याय की शख्सियत से गुँथी हुई थी। हालाँकि यह विषय इस निबंध की सीमाओं से कहीं विस्तृत है, पर इसके बावजूद मैं रवींद्रनाथ की दो आत्मकथात्मक रचनाओं **जीवनस्मृति** और **छेलेबेलाय** की मदद से संक्षेप में यह जानने की कोशिश करूँगा कि अपने शुरुआती जीवन में सामाजिक और राजनीतिक प्राधिकार के साथ उनका ताल्लुक कैसा था। मैं यह दिखाऊँगा कि बचपन में प्राधिकार के साथ रवींद्रनाथ का संबंध उपाध्याय जितना द्वंद्वात्मक नहीं था। इससे भी ज्यादा अहम बात यह थी कि रवींद्रनाथ अकसर अपने ऊपर प्राधिकार जताने वाली संरचनाओं की अंतर्निहित कमजोरी और क्षणिकता भाँप जाते थे। यही वजह थी कि उनकी विद्रोही प्रवृत्तियाँ पुत्रोचित दायित्व के गहरे एहसास और अपनी निजी क्षमताओं के कारण अधिक संयमित और गहन हो गयी थीं।

कवि के रूप में रवींद्रनाथ आत्मकथाओं और ऐतिहासिक अनुभववाद पर अधिक समय खर्च करने के पक्ष में कभी नहीं थे। उनकी मान्यता थी कि एक कवि के जीवन और इयत्ता के लिए उसके जीवन का इतिहास कोई मायने नहीं रखता। १९०१ में अल्फ्रेड टेनीसन पर उन्हीं के बेटे द्वारा लिखी गयी जीवनी के दो खंडों की समीक्षा करते हुए उन्होंने कहा था कि कवि अपनी कविता की भाँति अपने जीवन की रचना नहीं करता।[३७] वे मानते थे कि कवि की जीवन-कथा में आमतौर पर छोटे-मोटे दैनंदिन ब्योरे ही हो सकते हैं, जबकि कर्मवीर हस्तियों की जीवनी में काव्यात्मकता और महानता का स्पर्श होता है। सफल सामाजिक कार्यकर्ता के तौर पर ये हस्तियाँ जीवन में हस्तक्षेप करती हैं और उसे पुनर्परिभाषित करने की प्रक्रिया में अपने जीवन को उल्लेखनीय बना लेती हैं।[३८] हालाँकि रवींद्रनाथ में प्राचीन भारत के कवियों के जीवन के प्रति उत्सुकता थी, पर उनमें से किसी की जीवनी उपलब्ध न होने का उन्हें कोई दुख नहीं था। उन्होंने लिखा था, 'वाल्मीकि के बारे में प्रचलित कहानियों को कोई इतिहास की तरह स्वीकार नहीं करेगा। हमारे खयाल से उन पर कवि की रचनाओं के आधार पर गढ़े गए यथार्थ का ही ज्यादा असर है।'[३९] रवींद्रनाथ की इस चेतावनी के बावजूद हम यहाँ उनके निजी जीवन में झाँकने की कोशिश करेंगे। इसलिए नहीं कि हम उनके बचपन के तथ्यात्मक यथार्थ की बिना पर उन्हें पुन:परिभाषित करना चाहते हैं।

बल्कि, इसलिए ताकि उनकी ही निगाह से देखे गये उन्हीं के अतीत की संरचना के साथ उनके युग की अन्योन्यक्रिया का एक जायजा लिया जा सके।

रवींद्रनाथ ठाकुर और भवानीचंद्र बंद्योपाध्याय उर्फ ब्रह्मबांधव उपाध्याय के जीवनानुभवों के बीच भारी फर्क था। कुछ समानताएँ थीं, जैसे कि दोनों का जन्म-वर्ष एक ही था। रवींद्रनाथ की पैदाइश कलकत्ता की थी जो उस गाँव से ३५ मील दूर था जहाँ भवानी ने अपने बचपन के ज्यादातर साल गुजारे थे। वे भी भवानी की ही तरह अपने माता-पिता के सबसे छोटे बेटे थे। पर, दोनों के बीच की समानताएँ यहीं खत्म हो जाती थीं। रवींद्रनाथ का जन्म एक ऐसे सामंती, धनी और ब्रह्मसमाजी परिवार में हुआ था जो भारत के राजनीतिक, आर्थिक और सांस्कृतिक जीवन में अपने योगदान के लिए जाना जाता था। उनके दादा द्वारकानाथ ठाकुर (१७९४-१८४६) उन्नीसवीं सदी के महानतम भारतीयों में से एक माने जाते थे। द्वारकानाथ विद्वान, समाज सुधारक और धार्मिक नेता राममोहन राय (१७७२-१८३३) के निकट सहयोगी और ब्रह्मसमाजी बनने वाले पहले व्यक्तियों में से एक थे। द्वारकानाथ ने अपने जीवन की शुरुआत ब्रिटिश ईस्ट इंडिया कंपनी के एक अधिकारी के रूप में की और आखिर में एक सफल उद्यमी बने। उन्हें भारत में खनन उद्योग, जहाजरानी और बैंकिंग की शुरुआत करने का श्रेय जाता है। साथ में वे एक प्रमुख समाज सुधारक भी थे।

द्वारकानाथ भारत में रहने वाले अंग्रेज समुदाय के प्रति सामाजिक रूप से सहज थे। अपने समाज सुधारक आवेगों के बावजूद वे जीवनपर्यंत बंगाली समाज के स्तम्भ बने रहे। उन्होंने सती प्रथा के खिलाफ आंदोलन में अग्रणी भूमिका निभाई और अपना संपूर्ण वयस्क जीवन पश्चिमी शिक्षा के प्रसार के लिए काम करते हुए बिताया। उन्होंने खास तौर से आधुनिक आयुर्विज्ञान के प्रसार में योगदान किया। अपने हीरो राममोहन राय की ही तरह उनके आखिरी दिन भी लंदन में बीते। उनका देहांत सरे में हुआ।[४०]

द्वारकानाथ के पुत्र और रवींद्रनाथ के पिता देवेन्द्रनाथ ठाकुर (१८१७-१९०५) ने व्यवसाय में जबरदस्त आर्थिक घाटा उठाया। उनकी सामाजिक प्रतिष्ठा संतों जैसी थी, जिसने आर्थिक अवनति के बावजूद उनकी सामाजिक हैसियत बनाए रखी। देवेंद्रनाथ बहुत कम उम्र में ही संन्यासी हो गये थे। उनकी बेहद दिलचस्प जीवनी से अंदाजा लग सकता है कि अपने पिता की भोग-विलास से भरी जिंदगी की प्रतिक्रिया में उन्होंने ऐसा किया होगा। वे अपने आध्यात्मिक जीवन में इस कदर रमे हुए थे कि बाद में उन्हें महर्षि ही

मान लिया गया।[४१] उनकी आध्यात्मिकता का आलम यह था कि शुद्धतावादी मूल्यों से भरी हुई बेंजामिन फ्रेंकलिन की आध्यात्मिकता उन्हें अपनी 'दुनियादार' प्रकृति के कारण विचलित कर देती थी।[४२] लेकिन, संन्यासी जीवन के कारण देवेंद्रनाथ की सांगठनिक क्षमताएँ प्रभावित नहीं हुईं। उन्होंने ब्रह्मसमाज आंदोलन के ढाँचे को टिकाऊ बनाने के लिए सबसे ज्यादा काम किया। १८६४ में जब केशवचंद्र सेन (जिन्होंने युवक भवानी की कल्पनाशीलता को आवेग प्रदान किया था) उनसे अलग हो गये, तो भी देवेंद्रनाथ ब्रह्म समाज के एक प्रमुख धड़े का नेतृत्व करते रहे।

१८७० के दशक तक ठाकुर परिवार पश्चिमी बौद्धिक परंपराओं और सामाजिक रीति-रिवाजों से और भी ज्यादा प्रभावित हो चुका था। शहरी और उच्च जातीय बंगाली समाज में इस द्विसांस्कृतिक परिवार को खासी प्रतिष्ठा प्राप्त थी। निश्चित रूप से इस वैधता के पीछे उन व्यापक सामाजिक जरूरतों का एहसास रहा होगा जो उस जमाने में काफी महसूस की जाती थीं। शायद बाबुओं को द्विसांस्कृतिक किस्म की जीवन-शैली के प्रयोगों की अहमियत का एहसास हो गया था। प्रचलित विश्वास के विपरीत वे ठाकुर परिवार के पश्चिमी तौर-तरीकों को देशज समाज के लिए क्षतिकारक नहीं मानते थे। यही कारण है कि सांस्कृतिक और धार्मिक लीक छोड़ देने के बावजूद ठाकुर परिवार बंगाली सांस्कृतिक परिदृश्य पर करीब सौ साल तक छाया रहा। उसने न केवल साहित्य, संगीत और ललित कलाओं के क्षेत्रों का नेतृत्व किया, बल्कि फैशन और जीवन-शैली के मामले में भी वह अनुकरणीय बन गया। बीसवीं सदी में ४० के दशक तक ठाकुर परिवार उन सर्वाधिक महत्त्वपूर्ण परिवारों में से एक था जिसके मानकों की तरफ ऊँची जाति के शहरी बंगाली यह जानने के लिए देखते थे कि गौरांग प्रभुओं की संस्कृति से क्या लेना चाहिए और क्या नहीं।

ठाकुर परिवार द्वारा स्थापित मानक ही तय करते थे कि अखिल भारतीय समकालीनता के नये रूपों का आधार क्या हो सकता है और क्या नहीं। (इसकी इससे बेहतर मिसाल और क्या हो सकती है कि आज साड़ी पहनने की प्रमुख शैली वही है जिसे ठाकुर परिवार की स्त्रियों ने विकसित किया था। साड़ी पहनने की पारंपरिक बंगाली शैली और कुछ-कुछ दक्षिण भारतीय शैली से प्रेरणा लेकर ठाकुर परिवार की औरतों ने जो शैली विकसित की, वह जल्दी ही अधिकतर शहरी भारतवासियों के बीच लोकप्रिय हो गयी। यह माना जाने लगा कि बंगाली ढंग से साड़ी पहनने का औपचारिक, सर्वभारतीय और

'परंपरागत' तरीका यही है। 'परंपरा के इस आविष्कार' की तुलना करने पर मुझे केवल गाँधी के चरखे का ध्यान आता है जो था तो परंपरागत चरखे का ही एक संस्करण, पर जिसे गाँधी द्वारा प्रोत्साहित एक शहरी पारसी मिस्त्री ने विकसित किया था।)

रवींद्रनाथ ने अपनी आत्मकथा में दावा किया है कि उनके परिवार ने कई पश्चिमी प्रथाएँ जरूर अपनायीं पर अपने देश के प्रति उनकी गौरवानुभूति सदैव अक्षुण्ण रही।[४३] बंगाल का सुविज्ञ समाज अधिकांशतः इस दावे से सहमत होगा। पर, यह गौरवानुभूति ब्रिटिश हुकूमत की कुछ-कुछ बचकानी और रोमानी किस्म की अवज्ञा में व्यक्त होती थी। अंग्रेज अधिकारी भी अपने स्तर पर इसे गंभीरता से न लेने या दबा देने की समझदारी रखते थे। **जीवनस्मृति** में रवींद्रनाथ ने इस संबंध में एक टिप्पणी की है जिसमें व्यंग्य, आत्म-निंदा और औपनिवेशिक सत्ता की नफासत के प्रति प्रशंसा के मिले-जुले भाव मिलते हैं। रवींद्रनाथ ने लिखा है कि लंदन के *टाइम्स* को किसी ने यह शिकायत नहीं भेजी कि युवा कवि का रवैया कितना हठीला और अवज्ञापूर्ण है और फिर भी उसके कारण ब्रिटिश राज के लिए हो सकने वाले खतरे को भारत की अंग्रेज सरकार कितनी लापरवाही से देखती है।[४४]

जीवनस्मृति में रवींद्रनाथ बताते हैं कि किस प्रकार उन्होंने कुछ खुफिया बैठकों में भाग लेने का कारनामा भी किया था। ये बैठकें उनके चचाजात भाई ज्योतिरिंद्रनाथ ठाकुर यानी ज्योति ने आयोजित की थीं। इनकी खास बात केवल इतनी थी कि इनका आयोजन कलकत्ता की एक सड़क पर स्थित एक वीरान घर में किया गया था और इनके खतरनाक होने का एकमात्र पहलू इनका खुफिया होना था।[४५] इस घटना के जरिये रवींद्रनाथ कहना चाहते हैं :

> साहस से तसल्ली मिले या बेचैनी, पर उससे आदरभाव तो पैदा होता ही है। इसीलिए किसी भी परिस्थिति में वीरोचित कार्यों की अभिव्यक्ति के लिए संभावनाएँ खुली रखनी चाहिए। ऐसा न होने पर इनकी अभिव्यक्ति कुछ अलग ढंग से होती है और तब उसके नतीजे कल्पनातीत होते हैं।[४६]

अपनी कुशाग्रता का परिचय देते हुए रवींद्रनाथ ने यह भी लिखा है कि अगर सरकार को किसी वास्तविक खतरे का संदेह होता तो साहस के इस प्रहसन को त्रासदी बनने में देर नहीं होती।[४७] वे बताते हैं कि किस प्रकार ज्योति ने राष्ट्रीय वेशभूषा के नाम पर एक हास्यजनक पोशाक की तजवीज

की जो न धोती जैसी थी न पाजामे जैसी। ज्योति ने एक स्वदेशी माचिस फैक्ट्री और एक कपड़ा मिल शुरू करने का प्रयास भी किया। दोनों कोशिशें बुरी तरह नाकाम हो गयीं। उनके गुट में शामिल हुए एक-दो यथार्थवादी और 'संतुलित' लोगों ने उन्हें असलियत का एहसास कराया।[४८] लेकिन, तब तक रवींद्रनाथ के मन पर ज्योतिरिंद्रनाथ की छवि देशभक्त नायकत्व के एक संभावित आदर्श के रूप में पड़ चुकी थी। एक ऐसा हीरो जो रोमानी था और जिसका नायकत्व हास्यजनक सीमाओं तक चला जाता था पर जो साहसी और नैतिक होने के साथ-साथ संबल भी देता था। अगर कोई चाहे तो **घर और बाहर** के निखिल में इन गुणों की झलक देख सकता है।

ज्योति और उन जैसे लोगों ने भले ही भारतीय राष्ट्रवाद के राजनीतिक इतिहास पर कोई छाप न छोड़ी हो, पर उनके ज़रिये रवींद्रनाथ को देशभक्ति का एक मॉडल जरूर मिल गया। यह देशभक्ति अभिजातवर्गीय खिलवाड़ जैसी थी। यह इतनी गंभीर नहीं थी कि उपनिवेशवाद के साथ वास्तविक संघर्ष में बदल जाती और खेल से पराक्रम, रोमांस और मजेदारी की गुंजाइशें ही खत्म हो जातीं। अवनींद्रनाथ ठाकुर की आत्मकथा में ज्योति के राष्ट्रवाद पर कुछ चलताऊ टिप्पणियाँ की गयी हैं। इनसे भी रवींद्रनाथ के संस्मरणों की पुष्टि होती है। इससे यह भी पता चलता कि ठाकुर परिवार को उत्तर-स्वदेशी राष्ट्रवाद की तनावग्रस्त संरचनाएँ दिक्कततलब लगती थीं, क्योंकि उनमें सच्चे भारतीय राष्ट्रवाद की युवकोचित मासूमियत और प्रामाणिकता नहीं थी।[४९]

अवनींद्रनाथ जिस राष्ट्रवाद का वर्णन करते हैं वह कंटकाकीर्ण मार्ग और रक्तरंजित पराक्रम वाला राष्ट्रवाद न था। वह तो खुशनुमा कामयाबियों और क्षमायोग्य नाकामियों वाला राष्ट्रवाद था। ज्योतिरिंद्रनाथ की अगुआई में ठाकुर परिवार के युवा सदस्य जिस राष्ट्रवादी डगर पर चले, उसके तहत स्वदेशी व्यापार का कारनामा किया गया जिसका अंत नाकामी में हुआ। बंगाली संस्कृति, पोशाक और भाषा की पुन:स्थापना की कोशिशें की गयीं जो यदाकदा कामयाब भी रहीं।

राष्ट्रवादी कार्रवाइयों के लिए जमा किये गये चंदे से आयोजित जुलूसों और प्रदर्शनों का अंत शोर-शराबे और उत्सवधर्मिता में हुआ। इस राष्ट्रवाद ने किसी को नहीं डराया, अंग्रेजों को तो बिलकुल नहीं। अवनींद्रनाथ ने एक घटना का वर्णन किया है जिसमें कलकत्ता के अंग्रेज भी अपने हैट लहराते हुए वंदेमातरम का राष्ट्रवादी नारा लगाते हुए दिखे थे। इस राष्ट्रवाद की हालत यह थी कि जब अवनींद्रनाथ की माँ ने चरखा कातना चाहा तो एक मिस्टर

हावेल (जो शायद कलकत्ता के गवर्नमेंट आर्ट्स कालेज के प्रिंसिपल थे) ने उनके लिए इंग्लैंड से एक चरखा मँगा दिया।[५०]

जीवनस्मृति के शुरू में रवींद्रनाथ कहते हैं, 'किसी के जीवन की यादें उसके जीवन के इतिहास का पर्याय नहीं होतीं। स्मृति के आधार पर किसी के जीवन का चित्र बनाने वाला अदृश्य कलाकार एक आईने की तरह उसका अक्स बनाने में दिलचस्पी नहीं रखता। वह तस्वीर में अपने रंग भरता है।'[५१] अगर किसी रचनाकार की जिंदगी की कहानी का मतलब उसका जीवन-इतिहास अथवा उसकी औपचारिक जीवनी नहीं है, और अगर इस तरह की कहानी का मतलब अंततः एक स्वैरकल्पना ही है, तो निश्चित रूप से उसका संबंध कहीं न कहीं उस रचनाकार की साहित्यिक कृतियों से अवश्य होगा। कहीं न कहीं उस रचनाकार की कल्पनाशीलता की बनावट भी उसमें झलकती होगी। यहाँ हम रवींद्रनाथ की अपनी जिंदगी में शुरू से आखिर तक व्याप्त एक धारा का संक्षिप्त परिचय देने तक ही सीमित रहेंगे जो उनके राजनीतिक उपन्यासों में मिलती है और जिससे उपाध्याय की राष्ट्रवादी राजनीति के प्रति उनके मन की उलझनों का सुराग मिल सकता है। इस धारा का ताल्लुक पुरुष प्राधिकार की उस प्रकृति से है जिससे रवींद्रनाथ का साबका अपने शुरुआती वर्षों में ही पड़ा और जिससे निबटने के तौर-तरीके उन्होंने विकसित किये। इस धारा का संबंध इस दौरान रवींद्रनाथ में पैदा हुई उन खूबियों और खामियों से भी है जिनकी रोशनी में उन्होंने अपना विचार बनाया कि राजनीतिक नेता कैसा होना चाहिए। ज्योति को अपने मॉडल के तौर पर रवींद्रनाथ ने अनायास ही नहीं चुन लिया था।

जीवनस्मृति से पता चलता है कि रवींद्रनाथ के बचपन में उनके पिता अकसर घर से बाहर रहा करते थे। जब वे घर में होते थे तो उन्हीं की चलती थी, लेकिन उनके बाहर जाते ही नौकर-चाकरों का अमला बालक रवींद्रनाथ के लिए प्राधिकार का स्रोत बन जाता था। चूँकि उनकी माँ बच्चों की एक पूरी पलटन को सँभालने में फँसी रहती थीं, इसलिए प्रेम और लालन-पालन के मामले में रवींद्रनाथ को उनके साथ बहुत निकटता कभी महसूस नहीं हुई।

उस समय तक कलकत्ता के शहरी उच्च-मध्यवर्गीय बंगालियों की दुनिया में एक ऐसी संस्कृति विकसित हो चुकी थी जिसे अगले सौ साल तक अहम सामाजिक भूमिका का निर्वाह करना था। यह नौकरों की संस्कृति थी

जिसका बच्चों के पालन-पोषण और बचपन में होने वाले उनके समाजीकरण में महत्त्वपूर्ण स्थान था। इन घरों में नौकर-चाकर द्वितीय विश्व युद्ध के अंत तक यह भूमिका निभाते रहे। इसी के तहत नौकर बच्चों को अनुशासित करने के अधिकार का उपभोग भी करते थे। शायद इससे नौकरों को कम तनख्वाह देने और मालिकों के साथ उनके सामाजिक संबंधों की आंशिक भरपाई हो जाती होगी। बच्चों पर नौकरों का यह अधिकार नौकर और मालिक के बीच एक आपसी समझौते की तरह काम करता था जिससे संभवत: इस सामाजिक संबंध की गैर-संविदात्मक प्रकृति पुष्ट हो जाती होगी। **जीवनस्मृति** में रवींद्रनाथ ने इस व्यवस्था को *भृत्यरजक तंत्र* का नाम देकर इसके मुखियाओं की तुलना मध्ययुग में भारत पर हुकूमत करने वाले गुलाम वंश के हुक्मरानों से की है।[५२]

ठाकुर परिवार के कई संस्मरणों से अंदाजा लगाया जा सकता है कि उसमें नौकरों का किस कदर दबदबा रहता होगा।[५३] बच्चों का खान-पान, पोशाक और खेलकूद उन्हीं की निगरानी में चलता था। हालाँकि घर का मालिक ही उन्हें ये अधिकार देता था, पर बच्चे उनका रुतबा पूरी तरह मानते थे। घर के भीतर प्राधिकार की यह दूसरे नंबर की संरचना अपनी प्रकृति में दुर्बल पर फौरी तौर पर दमनकारी किस्म की थी। बच्चे के रूप में रवींद्रनाथ ने पहली बार प्राधिकार की इसी संरचना से निबटना सीखा। जल्दी ही उन्होंने भाँप लिया कि अकसर मिलने वाले शारीरिक दंड से बचने के लिए किस तरह थोड़ी चतुराई से काम चल सकता है। मसलन, अगर बच्चा घर के मालिक द्वारा निर्धारित नाश्ते के मुकाबले कुछ सस्ता किस्म का नाश्ता करने पर राजी हो जाए तो नौकरों को कुछ ऊपरी कमाई का मौका मिल जाता था। अगर नौकर को अफीम खाने की लत है और इसीलिए वह अतिरिक्त पोषण चाहता है तो रवींद्रनाथ जैसे बच्चे बहुत जल्दी ही समझ जाते थे कि दूध पीने में आनाकानी करने से नौकर का मूड अच्छा रहेगा।[५४]

बच्चे इस तरह का हथकंडा आजमाने के साथ यह भी जानते थे कि नौकर का उन पर प्राधिकार कितने कमजोर किस्म का है। असली अधिकार तो परिवार के वयस्क सदस्यों के हाथ में था और एक बड़े कुनबे में तरह-तरह के सदस्य होते थे। बच्चों के दैनंदिन जीवन से ज्यादातर कोई ताल्लुक न रखने वाले ये वयस्क सदस्य अपनी ही दुनिया में रहते थे जिसके साथ बच्चों का रिश्ता बहुत ही सीमित होता था।[५५] उपाध्याय अपने बचपन का वर्णन करते हुए प्राधिकार के प्रति जिस तरह के तनाव और तल्खी का जिक्र

करते हैं, रवींद्रनाथ द्वारा लिखे गये अपने बचपन के ब्योरों में वह कहीं नहीं दिखायी पड़ती। उनकी दोनों आत्मकथात्मक कृतियों में कड़ाई बरतने वाले दमनकारी स्कूलों और ठस बुद्धि अध्यापकों का जिक्र तो है, पर साथ ही स्नेही स्वभाव के धनी और बच्चों के साथ सोच-समझ कर पेश आने वाले अधिकारियों का उल्लेख भी है। इसी कारण उनके बचपन की तस्वीर में गंभीरता और हास्य के मिले-जुले रंग दिखते हैं। कम से कम दो आत्मकथात्मक विवरण बताते हैं कि देवेंद्रनाथ ने अपने बेटे की स्वायत्तता में कभी कोई गंभीर दखलंदाजी नहीं की। उस समय भी नहीं जब पुत्र की स्वायत्तता से पिता की रुचियों और विचारों का उल्लंघन होने की नौबत आयी हो।[५६] केवल अपनी एक बात को वे कड़ाई से लागू जरूर करते थे कि ठंडे पानी से नहाना चाहिए। हिमालय की गोद में बनी पहाड़ी सैरगाह डलहौजी में भी रवींद्रनाथ को बर्फीले पानी से स्नान करना पड़ता था।[५७]

जिस समय बालक रवींद्रनाथ अपने फौरी अधिकारियों (यानी नौकर-चाकरों) से निबटने के रहस्यों की खोज कर रहा था, उसी समय उसका परिवार उसे स्थापित प्राधिकार के खिलाफ असहमति के नए रूपों के रहस्यों का परिचय दे रहा था। इस काम में ज्योतिरिंद्रनाथ की एक बार फिर महत्त्वपूर्ण भूमिका थी। ज्योति के रूप में रवींद्रनाथ को न केवल असहमति का एक मॉडल मिला, बल्कि उनमें पुरुष प्राधिकार का भी एक ऐसा मॉडल निहित था जो प्रबल देशभक्त होने के साथ-साथ कलात्मक अभिव्यक्ति की गहन क्षमताओं का भी धनी था। ज्योति की सृजनशीलता पूर्व ही नहीं पश्चिम से भी निस्संकोच प्रेरणा लेती थी। रवींद्रनाथ ने ज्योति का योगदान इन शब्दों में याद किया है :

> साहित्य का अध्ययन हो या कलात्मक परिष्कार, बचपन के बाद मेरे मुख्य संबल ज्योतिदा ही थे ...मैं किसी भी भावात्मक या संज्ञानात्मक विषय पर उनसे बेखटके बहस करता था और वे बच्चा समझ कर मेरी उपेक्षा नहीं करते थे।
>
> उन्होंने मुझे जो आजादी दी वह बहुत व्यापक किस्म की थी। उनकी सोहबत में मेरी भीतरी हिचक निकल गयी। उनके अलावा किसी और में मुझे इस प्रकार की छूट देने की हिम्मत नहीं थी। ...अगर मैं उस वक्त अपनी बेड़ियों से मुक्त नहीं हुआ होता तो सारी जिंदगी के लिए विकलांग हो जाता।[५८]

बाल्यावस्था में रवींद्रनाथ पर पड़े ज्योति के प्रभाव के कारण ही उनमें सामाजिक विकासवाद और सोशल इंजीनियरिंग के जरिये नया इनसान गढ़ने के विचारों के प्रति द्वैध की बुनियाद पड़ी। अपने जीवन पर ज्योति की चर्चा करते हुए रवींद्रनाथ ने कहा है :

> अधिकारसंपन्न लोग हमेशा स्वाधीनता के दुरुपयोग की तरफ ध्यान दिलाकर उसे सीमित करने की कोशिश करते हैं। पर स्वाधीनता तब तक स्वाधीनता कैसे हो सकती है जब तक उसका दुरुपयोग करने का अधिकार न हो। ...केवल ज्योतिदा ने ही बिना किसी हिचक के सभी अच्छाइयों और बुराइयों के साथ मुझे आत्म-साक्षात्कार के रास्ते पर चलाया। ...इसी अनुभव के कारण मैंने बुराइयों से भी ज्यादा ऐसी सभी अच्छी बातों से डरना सीखा जो दूसरों को सुधारने के नाम पर थोपी जाती हैं।[५९]

ज्योति की पत्नी कादंबरी देवी के प्रति रवींद्रनाथ के प्रेम और यहाँ तक कि दोनों के बीच ताल्लुकातों को लेकर कई तरह की अफवाहें उड़ती रही हैं। इनका आधार चाहे जो भी रहा हो, पर इससे यह तो प्रमाणित होता ही है कि अपनी भाभी के साथ उनके संबंध बहुत गहन थे। अगर ज्योति ने रवींद्रनाथ को राजनीति और कला के क्षेत्र से परिचित कराया, तो कादंबरी देवी ठाकुर परिवार और उसकी मित्रमंडली की पहली सदस्य थीं जिन्होंने रवींद्रनाथ की अद्भुत सृजनात्मक प्रतिभा को पहचाना। वे शुरू में अपने लेखन के प्रति काफी अनिश्चित थे, पर कादंबरी देवी ने ही सबसे पहले उन्हें इस सिलसिले में आत्म-विश्वस्त बनाया।

रवींद्रनाथ के विवाह के कुछ महीने बाद ही कादंबरी देवी ने आत्महत्या कर ली। इसके पीछे रवींद्रनाथ के बजाय ज्योति और उनका रंगमंच की दुनिया से ताल्लुक ज्याद था। लेकिन, युवा कवि को इस आत्महत्या से गहरा सदमा लगा। जीवन के अंतिम क्षणों तक उन्हें उस महिला की यादें सताती रहीं जो न केवल अपने आँचल में छिपाकर उनका ध्यान रखती थी, बल्कि जिसमें बौद्धिक साहस और सामाजिक प्रतिबद्धता भी थी। सत्तर की उम्र पार करने के बाद जब रवींद्रनाथ ने चित्रकारी शुरू की तो कादंबरी देवी का चेहरा उनकी कृतियों में बार-बार झलका। इस प्रकरण से अंदाजा लगाया जा सकता है कि **घर और बाहर** समेत उनके कई उल्लेखनीय उपन्यासों में पत्नियाँ अपराधबोध के बावजूद ऐसे पुरुषों से प्रेम क्यों करने लगती हैं जो युवा रवींद्रनाथ की तरह प्रतिभासम्पन्न और कवि व्यक्तित्व के धनी होने के साथ-साथ भावोत्तेजक और हिंसक राष्ट्रवाद से भी प्रेरित हों। हालाँकि, उपन्यासों में इन महिलाओं

के पतियों को भी उतना ही भद्र, समाजोन्मुख और साहसी दिखाया गया है, फिर भी पत्नियाँ उनके भरोसे को तोड़ती हैं।[६०] इन पतियों की एक खास बात यह है कि उनके नजरिये में अन्य संस्कृतियों के प्रति खुलापन है और भारतीयता की पुष्टि करते समय वे अकसर सांस्कृतिक इयत्ता के विश्वजनीन रूपों की पुष्टि ही करते दिखते हैं। संभवत: निखिल के चरित्र की प्रेरणा रवींद्रनाथ को ज्योति से ही मिली होगी। हालाँकि, यह निखिल और संदीप को ब्रह्मबांधव उपाध्याय के व्यक्तित्व के दो पहलुओं का प्रतिनिधित्व करते हुए देखना आसान है, पर एक दूसरे धरातल पर उनमें खुद रवींद्रनाथ के व्यक्तित्व के दो पहलू भी झलकते हैं। उपन्यासकार ने संभवत: अपनी इयत्ता का अपराधबोध से ग्रस्त रूप एक तरह के प्रति-भय के अधीन संदीप के खलनायकत्व में रच दिया है।

जीवनस्मृति के पृष्ठ रवींद्रनाथ और ब्रह्मबांधव के जीवनानुभवों के बीच एक और स्पष्ट अंतर का सुराग देते हैं। पश्चिम रवींद्रनाथ के लिए कभी एक बाध्यकारी समस्या नहीं रहा, क्योंकि उससे उनका परिचय बहुत शुरू में ही हो गया था।[६१] उन्हें पश्चिमी दुनिया की सांस्कृतिक और सामाजिक विविधता की समझ थी। वे जानते थे कि पश्चिम में भी गरीबी से पीड़ित लोग हैं, विनम्रता और आदर्शवाद है। **जीवनस्मृति** में वे इंग्लैंड के अपने लैटिन अध्यापक की याद करते हैं जो संकोची था, जिसके पास अच्छी पोशाकें नहीं थीं और जो अच्छा भोजन न मिलने के कारण वक्त से पहले बूढ़ा और दुर्बल हो गया था।[६२] वे अपने अंग्रेजी स्कूल का जिक्र करते हैं जहाँ उन्हें दोस्ताना उत्सुकता की निगाहों से देखा जाता था और उनके सहपाठी अकसर शर्माते हुए उनकी जेबों में सेब और संतरे डाल कर भाग जाते थे।[६३] ध्यान रहे कि रवींद्रनाथ का इंग्लैंड-प्रवास उस जमाने में हुआ था जब औद्योगिक क्रांति की अमानवीयताओं के सामने उसकी साम्राज्यिक चमक कुछ फीकी भी लग सकती थी। इंग्लैंड से लिखे गए अपने दूसरे पत्र में उन्होंने वहाँ निम्न वर्ग के गंदगीपूर्ण, हिंसाग्रस्त और इनसानी दर्जे से गिरी हुई जिंदगी के प्रति अरुचि व्यक्त की है।[६४] उन्हें साफ दिख रहा था कि इंग्लैंडवासियों का दैनंदिन जीवन संस्कृति के धरातल पर किस तरह बंजर है। वहाँ स्त्रियों की हैसियत कितनी निम्नतर है और वे कितना खोखला जीवन गुजारने के लिए मजबूर हैं।[६५] जाहिर था कि इन तजरुबों के बाद वे कभी इंग्लैंड के रुआब में नहीं आ सकते थे। उनके लिए वह देश किसी भी अन्य देश की तरह अच्छे और बुरे का मिश्रण था। गाँधी की ही तरह रवींद्रनाथ भी इस अनुभूति से नहीं बच सकते

थे कि पश्चिम का प्रीतिकर चेहरा भी है जो कहीं अपनी खोज किये जाने का इंतजार कर रहा है।

इसकी तुलना में बंगाल से इतर भारत के प्रति रवींद्रनाथ की संवेदनशीलता कुछ मंद लगती है। मसलन, अहमदाबाद में बिताये गये दिनों के उनके वर्णन में सांस्कृतिक शून्यता है। हालाँकि इस शहर ने उन्हें *क्षुधित पाषाण* जैसी बेहतरीन कहानी लिखने के लिए प्रेरित किया, लेकिन उनकी इस प्रेरणा का स्रोत वह जगह ज्यादा थी जहाँ ब्रिटिश राज में अफसरी करने वाले उनके बड़े भाई रहते थे। इस कहानी में गुजरात कहीं नहीं दिखता। इसी तरह **जीवनस्मृति** के विवरणों में हिमालय की लघु-संस्कृतियों की झलक नहीं मिलती, हालाँकि डलहौजी में गुजरे दिनों के बारे में उन्होंने गहराई से लिखा है। भारत की अन्य परंपराओं से उनकी निकटता केवल एक जगह दिखती है जब वे स्वर्ण मंदिर में अपने पिता द्वारा गुरुबानी के गायन में हिस्सा लेने का वर्णन करते हैं।[६६]

रवींद्रनाथ और उपाध्याय के बीच इस सांस्कृतिक पहलू पर भी तुलना की जा सकती है। ब्रह्मबांधव भारत की महान शास्त्रीय संस्कृति के बहुत बड़े पैरोकार थे और यदाकदा लघु-संस्कृतियों के खिलाफ भौंडे किस्म का प्रलाप भी करते रहते थे, पर उनके ऊपर ग्वालियर और सिंध के अपने अनुभवों का गहरा असर था। दूसरी तरफ, रवींद्रनाथ की विश्वजनीनता में पूर्वी भारत से बाहर की लघु-संस्कृतियों के लिए बहुत कम जगह थी। शायद वे इन संस्कृतियों को बृहत्तर शास्त्रीय परंपराओं की छोटी-छोटी स्थानीय किस्मों के रूप में देखते थे। कुल मिलाकर रवींद्रनाथ और उपाध्याय समेत उस युग की सभी प्रमुख राजनीतिक और बौद्धिक हस्तियों के लिए वेदांत ही हिंदू धर्म का मर्म और समस्त सामाजिक-राजनीतिक कार्रवाइयों का आधार था। वेदांतवाद में निहित अभिजनवाद और रक्षात्मक मुद्रा की समझ रखने वालों की संख्या बहुत कम थी। दरअसल, भारतीय सार्वजनिक जीवन में गाँधी के कदम पड़ने के बाद ही संस्कृतियों की राजनीति के दायरे में एक नयी चेतना पैदा हो सकी और भारत का उपनिवेशीकरण कर रहे पश्चिम के खिलाफ लघु संस्कृतियों को आखिरी मोर्चे के रूप में देखने की शुरुआत हुई। रवींद्रनाथ जिस समस्या को राष्ट्रवाद की विकृतियों के रूप में देखते थे और भारत के आधुनिकीकरण में निहित जिस संगठित हिंसा की शिनाख्त करते थे, उसके खिलाफ ये लघु-संस्कृतियाँ प्रतिरोध का मुख्य स्रोत बन गयीं। गाँधी राष्ट्रवाद के दो रूपों के बीच अंतर्विरोध के आधार पर अपना आंदोलन खड़ा करना चाहते थे। उनकी

निगाह में एक राष्ट्रवाद वह था जो भारत में साम्राज्यवादी श्रेणी के रूप में आया था, एक वह था जिसका जन्म जनता की लोकतांत्रिक आकांक्षाओं से हुआ था। गाँधी को उम्मीद थी कि आगे चलकर यह दूसरा राष्ट्रवाद पहले के ऊपर हावी हो जाएगा। पहला राष्ट्रवाद साफ तौर पर शास्त्रीय परंपरा और ब्राह्मणवादी व्यवस्था से संबंध स्थापित कर चुका था, जबकि दूसरा राष्ट्रवाद गैर–शास्त्रीय और स्थानीय परंपराओं में जीवित था। राष्ट्रवाद के विचार के प्रति रवींद्रनाथ की शत्रुता में गाँधी भले ही सहभागी न हों, पर कवि के नैतिक सरोकारों के साथ वे अवश्य जुड़े हुए थे।

संभवत: उपाध्याय के नैतिक सरोकार भी गाँधी और उपाध्याय से भिन्न नहीं थे। कम से कम रवींद्रनाथ भी उस समय यही समझते रहे होंगे, जब उन्होंने १९०७ में उपाध्याय की मृत्यु के कुछ पहले उनके साथ आखिरी बातचीत का वर्णन किया है। एक सीमा तक रवींद्रनाथ उपाध्याय को अपनी संस्कृति के साथ समरस व्यक्ति के रूप में देखते थे। वे यह भी मानते थे कि उपाध्याय राष्ट्रवाद के नाम पर हिंसा के विज्ञानीकरण और निर्वैयक्तिकीकरण का प्रतिरोध करने की उनकी चिंताओं में भी साझेदार हैं। इतना तो कहा ही जा सकता है कि रवींद्रनाथ ने उपाध्याय के क्रांतिकारी मानस में चलने वाले गहरी तकलीफदेह जद्दोजहद को शायद देख लिया था। वे समझ गये थे कि वह क्रांतिकारी अपनी संस्कृति और राजनीतिक कार्य–पद्धति के बीच मेल बिठाने की कोशिशों में किस कदर बेचैनी का शिकार हो गया है।

इन दोनों हस्तियों के बीच हुई मुठभेड़ में एक नैतिक तनाव और दुखांत वैभव देखा जा सकता था। इसका स्रोत रवींद्रनाथ की वह आस्था थी जिसके मुताबिक उपाध्याय अपनी प्रामाणिकता के कारण उस दूसरे उपाध्याय के खिलाफ बगावत करने के लिए मजबूर थे जो अपनी सांस्कृतिक इयत्ता के ऊपर राष्ट्रवादी निष्ठाओं को प्राथमिकता देता था।

रवींद्रनाथ में उपाध्याय की राष्ट्रवादी शख्सियत के प्रति गहरा द्वैध था। दोनों के बीच तनाव का कारण भी इसी में निहित था, लेकिन इस तनाव को सिर्फ उन नैतिक सरोकारों की उपज नहीं माना जा सकता था जिनकी हमने ऊपर व्याख्या की है। हम इशारा कर चुके हैं कि *हिंदू मेले* में भागीदारी वाले कच्चे दिनों में रवींद्रनाथ उपाध्याय द्वारा प्रवर्तित 'सांस्कृतिक बहिष्कार की विचारधारा के कई पहलुओं से सहमत थे। कम से कम एक विद्वान ने तो

माना ही है कि अपने शुरुआती दिनों में रवींद्रनाथ न केवल मुसलमानों और ईसाइयों को मुख्यधारा से बाहर मानते थे, बल्कि उनकी दृष्टि में महाकाव्यों द्वारा वर्णित किसी धार्मिक खाँचे में न फिट होने वाली लघु संस्कृतियाँ भी बहिष्कार के योग्य थीं।[६७] हम यह भी देख चुके हैं कि भारत की लघु-संस्कृतियों के प्रति रवींद्रनाथ की संवेदनशीलता कोई खास उल्लेखनीय नहीं थी। १९०२ तक रवींद्रनाथ जोरदारी से दावा कर रहे थे कि शांतिनकेतन के ब्रह्मविद्यालय में ऐसी कोई बात नहीं पढ़ाई जाएगी जो हिंदू समाज के खिलाफ जाती हो।[६८] उस समय तक हिंदू धर्म की उनकी समझ उतनी विश्वजनीन नहीं हो पायी थी जैसी कि बाद में हमें दिखती है।

यह भी कहा जा सकता है कि बीसवीं सदी की शुरुआत से पहले रवींद्रनाथ की निगाहों में भारत का केवल ब्राह्मणवादी रूप ही संभव था।[६९] १९०५ के बाद ही वे सर्वसमावेशी भारत की अवधारणा की तरफ झुके और तभी वे इन तीन राजनीतिक उपन्यासों की रचना कर पाये जिनकी व्याख्या हमने इस निबंध में की है।

ये एक दूसरे रवींद्रनाथ थे जिनके लिए उपाध्याय की शख्सियत एक मनोवैज्ञानिक आशंका की तरह थी। इस उपाध्याय को उन्होंने, एक बार पूर्व और पश्चिम के बीच एवं हिंदू और गैर-हिंदू के बीच अंतर्विरोधों को हल करने के भारतीय प्रयास के रूप में भी देखा था। रवींद्रनाथ जिसे हासिल करने की जद्दोजहद में फँसे हुए थे, उपाध्याय ने व्यक्तिगत धरातल पर उसे हासिल कर लिया था। समझ में न आने वाली बात यह है कि इस उपलब्धि के बावजूद उपाध्याय बहिष्कारवाद और असहिष्णुता से सर्वसमावेश और सहिष्णुता की तरफ लौटने के लिए क्यों तैयार नहीं हुए? इसके उलट वे तो अपनी नयी विचारधारा पर अमल के लिए तत्पर लग रहे थे। रवींद्रनाथ को इस बात से और भी तकलीफ हुई होगी कि उपाध्याय की नयी विचारधारा दरअसल नयी नहीं थी, वह तो रवींद्रनाथ का वह पुराना राष्ट्रवादी नजरिया ही थी जिसके परे जाने में, कुछ मुश्किलों के साथ ही सही, पर रवींद्रनाथ को कामयाबी मिल गयी थी।

संदर्भ और टिप्पणियाँ

१. रवीन्द्रनाथ ठाकुर, शुद्धसत्व बसु में उद्धृत, *रवींद्रनाथेर चार अध्याय*, भारती पब्लिकेशंस, कलकत्ता, १९७९, पृष्ठ ६-७; जूलियस लिपनर का तर्क है कि रवींद्रनाथ को भले ही

लगता रहा हो, पर उपाध्याय ने भारत से अंग्रेजों को खदेड़ने के लिए हिंसा के इस्तेमाल की खुलकर पैरोकारी कभी नहीं की। यह जरूर है कि वे कई बार ऐसा करते रह गये। जो भी हो, महत्त्वपूर्ण बात यह नहीं है कि उपाध्याय ने क्या कहा था और रवींद्रनाथ के विचार से वे क्या कह रहे थे, बल्कि महत्त्वपूर्ण यह है कि क्या रवींद्रनाथ ने उपाध्याय के राजनीतिक लेखन को एक खास तरीके से पढ़ा था, देखें, जूलयिस लिपनर, 'ए केस स्टडी ऑव हिंदू कैथोलिसिज्म : ब्रह्मबांधव उपाध्याय (१८६१-१९६०)', *ज़ीट्सक्रिफ्ट फर मिशनस्विसेनशेफ्ट एंड रिलीजनस्विसेनशेफ्ट,* जनवरी १९८८, पृष्ठ ३३-५४

२. ब्रह्मचारी अणिमानंद, *दि ब्लेड : लाइफ एंड वर्क ऑव ब्रह्मबांधव उपाध्याय,* राय एंड सन, कलकत्ता, दिनांक नहीं, अनुमानित १९४०, पृष्ठ १०-११

३. उपरोक्त, पृष्ठ ९-१०

४. लिपनर, 'हिंदू कैथोलिसिज्म', पृष्ठ ३८

५. उपरोक्त।

६. उपरोक्त।

७. उपरोक्त, पृष्ठ ३८

८. अणिमानंद, *दि ब्लेड,* पृष्ठ ११

९. गाँधी के जीवन में कालीचरण बंद्योपाध्याय ने भी एक दिलचस्प भूमिका का निर्वाह किया था। देखें, मोहनदास कर्मचंद गाँधी, *दि मेसेज ऑव जीसस क्राइस्ट,* पुनर्मुद्रण, भारतीय विद्या भवन, बंबई, १९८६, पृष्ठ ९

१०. भूपेंद्रनाथ दत्त, 'भूमिका', संकलित : हरिदास मुखोपाध्याय और उमा मुखोपाध्याय, *उपाध्याय ब्रह्मबांधव,* फर्मा के.एल. मुखोपाध्याय, १९६१, कलकत्ता, पृष्ठ v-xix

११. लिपनर, 'हिंदू कैथोलिसिज्म', पृष्ठ ३७

१२. उपरोक्त।

१३. अणिमानंद, *दि ब्लेड,* पृष्ठ १३

१४. ब्रह्मबांधव उपाध्याय, 'आमार भारत उद्धार', *स्वराज,* २६ मई और २ जून १९०७; इस लेख के अंग्रेजी पाठ के लिए मैंने अणिमानंद की पुस्तक में दिये गये उद्धरणों की मदद ली है; पृष्ठ १३-२२

१५. उपरोक्त, पृष्ठ १९

१६. उपरोक्त, पृष्ठ २२

१७. मुखोपाध्याय और मुखोपाध्याय, *उपाध्याय ब्रह्मबांधव,,* पृष्ठ १५

१८. अणिमानंद, *दि ब्लेड,* पृष्ठ ३३

१९. उपरोक्त, पृष्ठ ३१

२०. *सोफिया* का संपादकीय, दिसंबर १८९४, लिपनर की पुस्तक में पृष्ठ ४३ पर उद्धृत।

२१. उपरोक्त।

२२. *सोफिया* का संपादकीय, जनवरी १८९४, मुखोपाध्याय और मुखोपाध्याय, *उपाध्याय ब्रह्मबांधव,,* पृष्ठ ३४

२३. एनी बेसेंट, अणिमानंद में उद्धृत, पृष्ठ ४

२४. जीसस के प्रति इष्टदेवता जैसी आस्था किस वैचारिक माहौल में जन्मी होगी, इस पर चर्चा के लिए देखें, जूलियस लिपनर, 'ए माडर्न इंडियन क्रिश्चियन रिस्पांस', संकलित : एच.जी. कावर्ड (सं.), *माडर्न इंडियन रिस्पांसिज टु रिलीजस प्लूरलिज्म,* दि स्टेट यूनिवर्सिटी ऑव न्यूयार्क प्रेस, १९८७, पृष्ठ २९१-३१४

भारतीय चर्च पर उपाध्याय के धर्मशास्त्र का प्रभाव तो अभी हाल में ही पड़ा है, पर ऐसा लगता है कि बहुत पहले ही उनके बुनियादी दार्शनिक नजरिये और भारतीय लोकाचार के बीच निरंतरता कायम हो चुकी थी। ज्योति शाही के कथनानुसार मैं जानता हूँ कि मद्रास में क्राइस्ट को इष्टदेवता मानने वाले लोगों का अनुपात ईसाइयों के अनुपात से पाँच गुना अधिक है।

२५. अणिमानंद, *दि ब्लेड,* पृष्ठ ३९

२६. ब्रह्मबांधव उपाध्याय, *सोफिया* में, जुलाई १८९८; चतुर्वेदी बद्रीनाथ की पुस्तक *धर्मा, इंडिया एंड वर्ल्ड ऑर्डर : ट्वेंटी एसेज़* में उद्धृत, सेंटर फार पालिसी रिसर्च, १९९१

२७. मुखोपाध्याय और मुखोपाध्याय, *उपाध्याय ब्रह्मबांधव,*, पृष्ठ ७५-७६; लिपनर ने अपनी पुस्तक में पृष्ठ ४८ पर दावा किया है कि अपने बाद के दिनों में उपाध्याय यूरोपियनों के लिए फिरंगी का अपमानजनक नाम इस्तेमाल करने लगे थे।

२८. मुखोपाध्याय और मुखोपाध्याय, *उपाध्याय ब्रह्मबांधव,*, पृष्ठ ७८

२९. ब्रह्मबांधव उपाध्याय, 'बिलत-जात्रि संन्यासिर चिठी', १९०६, मुखोपाध्याय और मुखोपाध्याय में उद्धृत, पृष्ठ ८२-४; पैट काप्लान भी देखें, 'सेलिबेसी एज ए सोल्यूशन : महात्मा गाँधी एंड ब्रह्मचर्य', संकलित : पैट काप्लान (सं.), *दि कल्चरल कंस्ट्रक्शन ऑव सेक्सुअलिटी,* टैविस्टॉक, लंदन , १९८७, पृष्ठ २७१-९५

३०. दत्त, 'भूमिका', पृष्ठ xii-xiv, xvii

३१. उपरोक्त, पृष्ठ xvii

३२. ब्रह्मबांधव उपाध्याय, योगेशचंद्र बागाल, *नेशनल बायोग्राफी,* गवर्नमेंट ऑव इंडिया, नयी दिल्ली, १९७४, खंड ४, पृष्ठ ३७२-७४ पर उद्धृत।

३३. दत्त, भूमिका, पृष्ठ xiv

३४. इन जीवनियों में भूपेंद्रनाथ दत्त द्वारा लिखी गई एक बेहतरीन भूमिका भी शामिल है। इस वृत्तांत में मैंने इसका इस्तेमाल किया है। जूलियस लिपनर और जार्ज गिसपर्ट-सांचेज उपाध्याय की रचनाओं के एक नए संकलन पर काम कर रहे हैं जो संभवतः उनके द्वारा विकसित विलक्षण विश्व-दृष्टिकोण और धर्मशास्त्र पर प्रकाश डालेगा। लिपनर के दो प्रकाशित आलेखों में भी उपाध्याय के जीवन और कृतित्व का बेहतरीन ब्योरा मिलता है। इन तथ्यों का भी मैंने इस वृत्तांत में इस्तेमाल किया है। लिपनर की ये रचनाएँ उन कारणों का खुलासा भी करती हैं जिनके कारण उपाध्याय भारत के समकालीन ईसाई धर्मशास्त्रियों के लिए एक अनुकरणीय हस्ती बन गए हैं।

३५. सुधीर कक्कड़, *दि इनर वर्ल्ड : चाइल्डहुड एंड सोसाइटी इन इंडिया,* ऑक्सफोर्ड, नयी दिल्ली, १९७९; पुनर्मुद्रण १९८१, पृष्ठ १६०-८१; कृष्ण प्रकाश गुप्ता, 'दि रोल-प्लेइंग ऑव ए रिलीजस ट्रेडीशन : विवेकानंद्स रिकंस्ट्रक्शन ऑव हिंदुइज्म', संकलित : डी.एल. शेठ और आशिस नंदी (सं.), *दि हिंदू विज़न : दि हेरिटेज,*

चैलेंज एंड रिडेफिनीशन, सेज, दिल्ली।

३६. नवलराम लक्ष्मीराम पांडेय, *कविजीवन,* संपादक : मोहनभाई शंकरभाई पटेल, गुजरात विद्यापीठ, अहमदाबाद, १९५५; गुलाबदास ब्रोकर, *नर्मदाशंकर,* साहित्य अकादेमी, नयी दिल्ली, १९७७

३७. रवींद्रनाथ ठाकुर, 'कविजीवनी', *रवींद्र रचनावली,* खंड ४, पृष्ठ ६८८-९०

३८. उपरोक्त, पृष्ठ ६८८

३९. उपरोक्त, पृष्ठ ६८९

४०. जाति के लिहाज से ठाकुर लोग पिराली ब्राह्मण थे जिन्हें बंगाल के साधारण ब्राह्मणों से भी नीचा माना जाता है। हुआ यह था कि दो पीढ़ियाँ पहले इस कुल के किसी व्यक्ति ने किसी मुसलमान के यहाँ गोश्त खा लिया था जिसके कारण उसे समुदाय का कोपभाजन बनना पड़ा। यहाँ तर्क दिया जा सकता है कि ब्राह्मण समुदाय में हाशिये पर धकेल दिये जाने के कारण ही इस परिवार के लिए नये तरह के व्यवसायों और उद्यमों की गुंजाइशें खुली होंगी। इन्हीं नवाचारों के जरिये उन्होंने समाज में अपने खोये हुए दर्जे को वापस पाया होगा। दरअसल, ब्रिटिश राज द्वारा पूर्वी भारत में लागू की गयी नयी राजनीतिक अर्थव्यवस्था के कारण उन्हें इस प्रकार के मौके मिले।

४१. देवेन्द्रनाथ ठाकुर, *आत्मजीवनी*।

४२. रवींद्रनाथ ठाकुर, *जीवनस्मृति, रवींद्र रचनावली,* खंड दस, पृष्ठ ३-१२५, देखें, पृष्ठ ४५

४३. उपरोक्त, पृष्ठ ६६

४४. उपरोक्त, पृष्ठ ६७

४५. उपरोक्त।

४६. उपरोक्त।

४७. उपरोक्त।

४८. उपरोक्त, पृष्ठ ६८-९

४९. अवनीन्द्रनाथ ठाकुर और रानी चंदा, *घरोआ,* विश्वभारती, कलकत्ता, १९७१

५०. उपरोक्त, देखें विशेषरूप से पृष्ठ २४-३४

५१. उपरोक्त, पृष्ठ ५

५२. उपरोक्त, पृष्ठ १६-१७; पहले भौतिकशास्त्री और बाद में पेड़-पौधों के शरीरशास्त्री बनकर मशहूर हुए एक अन्य महान कलकत्तावासी जगदीशचंद्र बोस (१८५७-१९३७) के जीवन में नौकरों की भूमिका के लिए देखें, आशिस नंदी, 'डिफेंस एंड कंफर्मिटी इन साइंस : दि वर्ल्ड ऑव जगदीश चंद्र बोस', संकलित : *आल्टर्नेटिव साइंसिज़ : क्रियेटिविटी एंड एथारिटी इन टू इंडियन साइंटिस्ट,* संशोधित संस्करण, ऑक्सफोर्ड, १९९३, भाग दो।

जीवन के उत्तरार्ध में लिखी गई अपनी एक बेहद मर्मस्पर्शी कहानी में रवींद्रनाथ ने इस संबंध को **जीवनस्मृति** में किये गये वर्णन से उलट कर चित्रित किया। देखें, रवींद्रनाथ ठाकुर, *कोखाबाबुर प्रत्यावर्तन, रवींद्र रचनावली,* खंड आठ, पृष्ठ ५१४-१९; यह कहानी संकेत करती है कि ठाकुर परिवार के नौकरों और बच्चों के बीच तनावपूर्ण संबंधों के पीछे वफादारी और स्नेह की चेतना रहती थी। टेकी लेबरा इसी

पहलू को दोनों पक्षों को आपस में बाँधने वाले इयत्ता और अन्य के बीच विनिमय की संज्ञा देती हैं।

५३. ठाकुर और चंदा द्वारा रचित *घरोआ* और *जोरासांकेर ढारे*, विश्वभारती, कलकत्ता, १९६० में चित्रित ठाकुर परिवार के घरेलू माहौल के दो विवरणों को मिसाल के तौर पर लिया जा सकता है। इसी तरह के अवलोकन जापान के बारे में टेकी एस. लेबरा के हैं, हालाँकि वे मानती हैं कि ऐसा केवल जापान में ही होता है। देखें, टेकी एस. लेबरा, 'सोशलाइजेशन ऑव अरिस्टोक्रेट चिल्ड्रंस बाई कॉमनर्स : रिकाल्ड एक्सपीरियेंसिज़ ऑव हेरेडिटरी इलीट इन जापान', कल्चरल एंथ्रोपोलोजी, 'मिगावारी : दि कल्चरल ईडियम ऑव सेल्फ-अदर एक्सचेंज इन जापान', १४-१८ अगस्त १९८९ को होनोलूलू में हुई इंटरनेशनल कांफ्रेंस ऑन पर्सेप्शंस ऑव सेल्फ इन चाइना, इंडिया एंड जापान में पेश आलेख।

५४. *जीवनस्मृति,* पृष्ठ १६-१७

५५. रवींद्रनाथ, *घरोआ,* पृष्ठ १०३-४

५६. उपरोक्त, पृष्ठ ४७

५७. उपरोक्त।

५८. उपरोक्त, पृष्ठ ६१

५९. उपरोक्त।

६०. देखें विशेषरूप से रवींद्रनाथ ठाकुर, *नष्टनीड़, रवींद्र रचनावली,* खंड नौ, पृष्ठ ३३७-७०; इसी पर सत्यजित राय ने **चारुलता** जैसी क्लासिक फिल्म बनायी थी।

६१. *जीवनस्मृति,* विशेष रूप से पृष्ठ १७३-८८

६२. उपरोक्त, पृष्ठ ७५

६३. उपरोक्त, पृष्ठ ७४

६४. रवींद्रनाथ ठाकुर, 'यूरोप प्रवासीर पत्र', *रवींद्र रचनावली,* खंड दस, पृष्ठ २४२-४६

६५. उपरोक्त।

६६. *जीवनस्मृति,* पृष्ठ ४३

६७. सुरजीतदास गुप्ता, 'देश ओ धर्म प्रसंगे रवींद्रचेतनार विवर्तन', संकलित : प्रेमेंद्र मित्र और अमिय कुमार मजूमदार (सं.), *रवींद्र प्रसंग,* बैतानिक, कलकत्ता, १९७६, पृष्ठ ३६-४०

६८. उपरोक्त, पृष्ठ ३८

६९. उपरोक्त, पृष्ठ ३७-९

चार

निष्कर्ष

एक बृहत्तर संकट

रवींद्रनाथ के राष्ट्रवाद के बारे में मेरे कई अवलोकन कुछ लोगों को अजीब लगे होंगे। दरअसल, भारतीय राष्ट्रवाद की शक्ल-सूरत बनाने में रवींद्रनाथ और उनकी रचनाओं की अहम भूमिका रही है। कई स्वाधीनता सेनानियों की यादों में वे घटनाएँ ताजा होंगी जब उन्होंने रवींद्रनाथ के गीत गाते हुए पुलिस की हिंसा का सामन किया था। योगेंद्रनाथ गुप्त बताते हैं कि किस तरह १९०६ में बुजुर्ग स्वाधीनता सेनानी विपिनचंद्र पाल डंडाधारी पुलिस की टुकड़ी की अगुआई कर रहे पुलिस अधीक्षक केम्प का घोड़ा पकड़कर लरजती हुई आवाज में रवींद्रनाध की ये पंक्तियाँ गा उठे थे :

ओदेर बाँधन यतोई शक्त हॉबे
मोदेर, ततोई बाँधन टूटबे ...[१]

सवाल यह है कि वह कौन-सी चेतना थी जिसे रवींद्रनाथ राष्ट्रवाद को खारिज करते हुए तराशने की कोशिश कर रहे थे?

इस प्रश्न का एक प्रकट उत्तर तो यह हो सकता है कि रवींद्रनाथ ने राष्ट्रवाद को खारिज तो किया, पर वे जिंदगी भर साम्राज्यवाद विरोध की राजनीति पर अमल करते रहे। पर, इस तर्क से तो एक नया सवाल पैदा हो जाता है कि उस जमाने में तो आम तौर पर राष्ट्रवाद, देशभक्ति और साम्राज्यवाद विरोध

को एक ही विचार माना जाता था। ऐसे युग में रवींद्रनाथ ने अपना यह नजरिया कैसे विकसित किया होगा? इसके जवाब का एक सुराग हम पहले ही दे चुके हैं कि रवींद्रनाथ की निगाह में भारत की एकता कोई हासिल किया जाने वाला राजनीतिक कार्यभार न होकर एक स्थापित सामाजिक हकीकत थी। १८७५ में नवें *हिंदू मेला* में भागीदारी करते हुए वे पहली बार सार्वजनिक जीवन से वाकिफ हुए। तब से १९१९ में जलियाँवाला बाग हत्याकांड के विरोध में सर की उपाधि त्यागते समय तक रवींद्रनाथ राजनीति को प्राथमिकता देने से इनकार करते रहे, हालाँकि बीच-बीच में वे राजनीति में भागीदारी करते रहते थे। गाँधी से उनके बुनियादी मतभेदों का आधार यही था। गाँधी मानते थे कि युग की मूल्यवत्ता को राजनीति की कसौटी पर खरा उतरना होगा। इसीलिए, गाँधी की नजरों में राजनीति व्यक्ति के नैतिक जीवन के लिए निर्णायक महत्त्व की बन गई थी। इसका मतलब यह नहीं कि गाँधी के लिए हर व्यक्ति का सक्रिय राजनीतिक होना जरूरी था, लेकिन वे यह जरूर चाहते थे कि हर व्यक्ति अपने मानस में राजनीतिक को विशेष महत्त्व देते हुए सक्रिय रहे।

इन दोनों महान विभूतियों को एक बात जोड़ती थी। दोनों ही एक नैतिक संसार की सृष्टि के समर्थक थे। दोनों ही चाहते थे कि व्यक्ति की राजनीति और सामाजिक विचारधारा की शिनाख्त इसी नैतिक दायरे में होनी चाहिए। परंतु, राजनीति की इस समझ का असर करीब दो सौ साल पहले ही घटना शुरू हो गया था। रवींद्रनाथ के मुताबिक राष्ट्र-राज्यों की भूमंडलीय व्यवस्था ने शासन-कला को विज्ञानीकृत कर डाला है। दरअसल, यह व्यवस्था राजनीति और नैतिकता के बीच तब तक किसी किस्म का रिश्ता उस समय तक मानने के लिए तैयार नहीं थी जब तक नैतिकता स्वयं को एक राजनीतिक शक्ति के रूप में व्यक्त करने के लिए तैयार न हो जाए। राजनीतिक जोड़-बाकी की दुनिया में नैतिकता अपना महत्त्व केवल इसी तरीके से दर्ज करा सकती थी। गाँधी इसे समझ गये थे। इसीलिए वे अपनी नैतिक मुद्रा का राजनीतिकरण करने के लिए तैयार थे, हालाँकि इस राजनीतिकरण का आधार वे नैतिक ही रखते थे, न कि राजनीतिक। अगर अर्नोल्ड टॉयनबी द्वारा गाँधी को दी जाने वाली श्रद्धांजलि के आईने में देखा जाए तो गाँधी 'राजनीति की झोंपड़-पट्टी' में रहने के लिए तैयार थे। जहाँ तक रवींद्रनाथ का सवाल है, वे गाँधी के विश्व-दृष्टिकोण का समर्थन एक सीमा तक ही कर पाते थे। दरअसल, रवींद्रनाथ की दुनिया दूसरी थी।

रवींद्रनाथ जिस नैतिक संसार की अभिपुष्टि करना चाहते थे, उसके केंद्र

में एक विशेष तरह की सार्वभौमिकता थी। एक ऐसी सार्वभौमिकता जो नैतिक और सांस्कृतिक सापेक्षतावाद को नकार कर भारत की विशाल और बहुलतावादी समझ को आगे बढ़ाती थी। रवींद्रनाथ बिना किसी लाग-लपेट के यह बात कहते भी हैं :

> चूँकि हम भारत के उस पहलू को देखने से चूक गए हैं जिसका संपूर्ण विश्व से तादात्म्य है, इसलिए हमारे कामों और चिंतन में एक ऐसा भारत बन गया है जो संकीर्ण और कुम्हलाया हुआ है। इसी भारत के कारण हमारा मतलबीपन अहमियत पाता जा रहा है जिससे कुछ भी बेहतर नहीं रचा जा सकता।[२]

रवींद्रनाथ जिस सार्वभौमिकता की वकालत कर रहे थे, वह भारतीय राजनीति के लिए कोई नयी चीज नहीं थी। (देशभक्ति की जो धारणा रवींद्रनाथ की सार्वभौमिकता के आधार में थी, उसे अरविंद पोद्दार और कुछ दूसरे विचारकों ने *भारतचिंता* या *स्वदेशचिंता* का नाम दिया है। ये दोनों शब्द राष्ट्रवाद का हवाला दिये बिना देशभक्ति की धारणा व्यक्त कर सकते हैं।) भारतीय 'राष्ट्रवाद' के विकास की शुरुआत से ही कई समाज सुधारक और राजनीतिक नेता *भारतचिंता* की अवधारणा का सचेत विकास करने का प्रयास करते रहे थे, ताकि भौगोलिक सीमाओं के परे जाने वाली एक भारतीय आत्म-परिभाषा बन सके। आधुनिक भारत के पहले गंभीर राजनीतिक चिंतक राममोहन राय ने भारत की समस्याओं को दुनिया से अलग करके देखने से इनकार कर दिया था। चिंतन की यह परंपरा रवींद्रनाथ के जमाने में भी सजीव बनी हुई थी। भारतीय राष्ट्रवाद को नितांत स्व-हित के आधार पर खड़ा करने की इक्का-दुक्का कोशिशें होती जरूर रही थीं, पर जिसे 'विशुद्ध' राष्ट्रवाद कहते हैं, वह संपूर्ण भारत को तो छोड़ ही दीजिए, कभी पूरे मध्यवर्ग को भी अपने पक्ष में नहीं खींच सका था। चाहे कितने ही बिगड़े हुए रूप में क्यों न हो, भारतीय राष्ट्रवाद में उस समय भी इस देश की वह परम सभ्यतामूलक महत्त्वाकांक्षा झलक रही थी जिसके मुताबिक भारत खुद को दुनिया के सांस्कृतिक सार के रूप में स्थापित करना चाहता था। और, इसीलिए वह अपनी इयत्ता और अन्य के बीच की सारी बहसों को अपनी ही दो इयत्ताओं के बीच की बहसों में बदल देना चाहता था।

रवींद्रनाथ में यही महत्त्वाकांक्षा उस समय और भी बलवती लगने लगती है जब वे भारत की समस्या का जायजा भूमंडलीय सभ्यता के संकट की रोशनी में लेते हैं। अपने देहांत से कुछ हफ्ते पहले अपने अस्सीवें जन्मदिन पर एक

पुरजोर वक्तव्य के जरिये रवींद्रनाथ ने इस संकट के लक्षणों का खुलासा किया था।[३] रवींद्रनाथ की यह वसीयत इतनी उपयुक्त है कि उसके उद्धरणों से इस निबंध का उपसंहार किया जा सकता है।

इस वक्तव्य में रवींद्रनाथ कहते हैं कि भारत विश्व की अन्य सभ्यताओं के प्रति हमेशा ही खुला नजरिया अपनाता रहा है, खासकर यूरोप के प्रति क्योंकि कुछ विशिष्ट घटनाओं के कारण भारत की किस्मत इंग्लैंड के इतिहास से बँध गयी है। यही कारण है कि भारतीय आजादी के लिए संघर्ष करते हुए भी ब्रिटिश राष्ट्र में भारतीय आस्था पूरी तरह समाप्त नहीं हुई है।[४] 'बर्क के वक्तृत्व और मैकॉले के भाषा-प्रवाह' ने ही नहीं, 'शेक्सपियर के नाटक और बायरन की कविता' के साथ-साथ दूसरे देशों के राजनीतिक शरणार्थियों के प्रति अंग्रेजों के खुलेपन ने भी इस आस्था को बचाने की भूमिका अदा की है।[५] रवींद्रनाथ बताते हैं कि किस प्रकार एक बालक के रूप में उन्होंने इंग्लैंड में जान ब्राइट को बोलते हुए सुना और उनकी 'विशाल-हृदयता और रेडिकल उदारतावाद' की उनके ऊपर इतनी गहरी छाप पड़ी कि अस्सी साल की उम्र में भी उसका असर बाकी है। रवींद्रनाथ कहते हैं कि उस जमाने में मनु का *सदाचार* (संस्कृत में जिसका तात्पर्य सभ्यता से ही होता है) नौजवानों को संहिताबद्ध सामाजिक निरंकुशता जैसा लगता था। सदाचार के बजाय अंग्रेजी के शब्द 'सिविलाइजेशन' या 'सभ्यता' को प्राथमिकता देने की वजह यही थी।[६]

लेकिन, धीरे-धीरे 'रास्ते अलग होते गए' और मोहभंग हुआ। रवींद्रनाथ को लगने लगा कि 'जो लोग चरित्र के मूल स्रोत से सभ्यता को ग्रहण करते हैं, वे भी प्रतिद्वंद्वियों के सामने आते ही बड़ी आसानी से सभ्यता का अतिक्रमण कर सकते हैं।'[७]

> एकांत में किए गए साहित्य-रसभोग के वेष्टन से एक दिन मुझे बाहर आना पड़ा। उस दिन भारतीय जनता का दारुण और हृदय विदारक दारिद्र्य मेरे सामने आया। खाने-पहनने के साधनों का और शिक्षा तथा आरोग्य की सुविधाओं का जैसा आत्यंतिक अभाव भारत में है, वैसा शायद पृथ्वी के किसी दूसरे देश में न होगा, जहाँ आधुनिक शासन व्यवस्था विद्यमान है। फिर भी यही देश दीर्घकाल तक अंग्रेजों के ऐश्वर्य का संवर्धन करता आया है। जब मैं सभ्य जगत की महिमा का एकांत चित्त से ध्यान करता था, उस दिन कभी कल्पना भी नहीं कर सकता था कि सभ्य कहलाने वाले मानव-आदर्श का ऐसा निष्ठुर और विकृत रूप भी संभव है। अंत में मैंने इसी विकृति के बीच कोटि-कोटि जन-साधारण के प्रति सभ्य देशों की असीम, अवज्ञापूर्ण उदासीनता देखी।[८]

यही थी वह राजनीतिक चेतना जिसके आधार पर रवींद्रनाथ इस निर्णय

पर पहुँचे कि 'पाश्चात्य जातियों को अपनी सभ्यता पर जो गर्व है उसके प्रति श्रद्धा रखना असंभव हो गया है।'[९]

> इसी बीच मैंने देखा कि यूरोप में मूर्तिमंत बर्बरता अपने नख-दंत निकाल कर विभीषिका की तरह बढ़ती जा रही है। मानव-जाति को पीड़ित करने वाली इस महामारी का पाश्चात्य सभ्यता में जन्म हुआ। ...जीवन के प्रथम भाग में मेरा हार्दिक विश्वास था कि सभ्यता-दान ही यूरोप की आंतरिक संपत्ति है। आज जब जीवन से विदा होने का दिन समीप आ गया है मेरे इस विश्वास का दिवाला निकल चुका है।
>
> जिन घाटों से गुजरा हूँ, वहाँ मैंने क्या-क्या देखा है, वहाँ क्या-क्या छोड़ आया हूँ! इतिहास के जुठारे हुए सभ्यताभिमान के कैसे भग्न स्तूप! लेकिन मनुष्य के प्रति विश्वास खो देना पाप है। अंतिम क्षण तक इस विश्वास की रक्षा करूँगा ...[१०]

रवींद्रनाथ की इन बातों को जिंदगी के अंतिम दौर से गुजर रहे ऐसे शांतिवादी के असंबद्ध विचारों के रूप में भी लिया जा सकता है जिसे अपने ही जीवन में में दो-दो विश्व युद्ध देखने पड़े थे। इसके अलावा, एक अंदाजा यह भी लगाया जा सकता है कि रवींद्रनाथ एक पूरा चक्कर काट कर गाँधी के मुकाम पर ही आ गये थे कि भारतीय राष्ट्रवाद की ही नहीं, सार्वभौमिकता की भित्ति भी आधुनिक पश्चिम की आलोचना पर खड़ी करनी होगी। पश्चिम को कठघरे में खड़ा करने से जिस संदर्भ की रचना होती है, रवींद्रनाथ अपनी नयी राजनीति को उसी संदर्भ में परिभाषित करना चाहते थे।

दूसरी तरफ, एक बात यह भी हो सकती है कि उन्हें भारतीय राष्ट्रवाद से ज्यादा उम्मीद न रह गयी हो। एक बार उन्होंने गाँधी की ही तरह सपना देखा था कि भारत की राष्ट्रीय आत्म-परिभाषा किसी न किसी दिन पश्चिमी राष्ट्रवाद की आलोचना पेश करेगी। उन्हें आशा रही होगी कि भारतीय सभ्यता अंतर्विरोधों और असंगतियों के साथ रहते हुए उनका रचनात्मक इस्तेमाल करने की अपनी क्षमता के कारण एक स्वयं राष्ट्रवाद से परे जाने वाली 'राष्ट्रवादी' विचारधारा पैदा कर सकेगी। लेकिन, हुआ यह कि रवींद्रनाथ की मृत्यु से पहले ही भारत में राष्ट्रवाद ने खुद को न सिर्फ अपने पश्चिमी प्रत्यय का प्रतिरूप साबित कर दिया, बल्कि वह जितना समझा गया था उससे भी ज्यादा हठीला निकला। आज रवींद्रनाथ और गाँधी का देहांत हुए आधी सदी ही गुजरी है और वे दोनों जिस देशभक्ति की चर्चा करते थे, उसका नामो-निशान तक नहीं दिख रहा है। खास बात यह है कि भारत और अधिकतर आधुनिक भारतवासियों के लिए यह दुख का विषय न होकर गर्व का विषय

है। मौजूदा भूमंडलीय व्यवस्था के पतन का एहसास कर सकने वाले भारतवासियों की संख्या बहुत कम है। केवल कुछ मुट्ठी भर भारतवासी ही समझ पा रहे हैं कि राजनीतिक चेतना की इस विशिष्ट परंपरा के क्षय का मतलब है वैकल्पिक मानवीय और राजनीतिक व्यवस्थाओं की संभावना का क्षय।

राष्ट्रवादी चिंतन के बारे में लिखते हुए अर्नेस्ट गेलनर टिप्पणी करते हैं कि राष्ट्रवादी सिद्धांतकार तो—

> ...विश्लेषण करने योग्य भी नहीं हैं। इसका कारण हमारे सामने मौजूद उस परिघटना में है जो प्रत्यक्षत: और अपरिहार्य रूप से हमारे साझे सामाजिक हालात में हुई तब्दीलियों के गर्भ से पैदा हुई है, यानी जो समाज, संस्कृति और राज्य-तंत्र के बीच समग्र संबंध बदल जाने से उत्पन्न हुई है। इस परिघटना की ठीक-ठीक शक्ल-सूरत और स्थानीय रूप निस्संदेह काफी हद तक स्थानीय परिस्थितियों पर निर्भर हैं जिसका अध्ययन किया जाना चाहिए। लेकिन, मुझे नहीं लगता कि राष्ट्रवादी सिद्धांत की बारीकियों ने इन हालात को बदलने में कोई खास भूमिका निभाई है।[११]

हो सकता है कि गेलनर की बात सही हो। पर वह सवाल अभी जैसे का तैसा मौजूद है : रवींद्रनाथ या फिर गाँधी राष्ट्रवाद के प्रचलित समाजशास्त्र की अवहेलना कैसे कर पाये? इससे भी बड़ा सवाल यह है कि राष्ट्रवाद के कठोर यूरोपीय संस्करण पर अपने संदेहों को उन्होंने भारतीय राष्ट्रीय आंदोलन के दायरों में संस्थाबद्ध रूप कैसे दिया? रवींद्रनाथ को भले ही यकीन रहा हो, लेकिन क्या वास्तव में भारतीय संस्कृति में अस्थायी रूप से ही सही, पर इस तरह की गुंजाइश देने वाले तत्त्व निहित थे?

इस निबंध में इन सवालों का पूरा जवाब नहीं है। लेकिन, तस्वीर को पूरा करने के लिए और आंशिक उत्तरों में कुछ और जोड़ने के लिए मैं राष्ट्रवाद से संबंधित प्रश्नों को पूरी तरह अलग धरातल पर पेश करना चाहूँगा। मैं एक ऐसे धरातल की बात कर रहा हूँ जहाँ सांस्कृतिक और मनोवैज्ञानिक मुद्दे गौण हो जाते हैं, और मानवीय विदग्धता अधिक महत्त्वपूर्ण हो जाती है। मुझसे पहले भी इस तरह की कोशिशें हुई हैं।

मसलन, एरिक एरिकसन ने यही प्रयास एडोल्फ हिटलर के बचपन का अध्ययन करते हुए किया था। सुधीर कक्कड़ ने स्वामी विवेकानंद के बचपन पर रोशनी डालते हुए यही काम किया था। सुज़ेन और लॉयड रुडोल्फ एवं

विक्टर व्रोल्फेंस्टीन द्वारा गाँधी पर लिखे अपने निबंधों में यही कोशिश मिलती है।[१२] हालाँकि गेलनर शायद ही सहमत हों, पर राष्ट्रवाद को इस नजर से देखने पर राष्ट्रवादी चिंतक के व्यक्तित्व और विचारों पर कुछ दूसरे ही ढंग से रोशनी पड़ सकती है।

रिचर्ड ए. कोइनिग्सबर्ग ने अपने सहज-बुद्धि विश्लेषण के जरिये इस मुद्दे को सीधे और सरल तरीके से सूत्रबद्ध किया है। **दि साइकोएनालैसिस ऑव रेसिज्म, रिवोल्यूशन और नेशनलिज्म** नामक अपनी कृति में कोइनिग्सबर्ग ने बताया है कि तीन अंत:संबंधित स्वैर-कल्पनाएँ मिलकर राष्ट्र को एक परम यथार्थ मानकर चलने वाली आस्था की रचना करती हैं। ये स्वैर-कल्पनाएँ हैं : राष्ट्र को दुखों की मारी हुई एक माँ के रूप में देखना, राष्ट्र को एक सर्वशक्तिमान माँ की तरह देखना और राष्ट्र में अपने बचकाने आत्म-मोह का बहिर्वेशन।[१३] कोइनिग्सबर्ग का तर्क है कि राष्ट्र को बचाने की इच्छा 'माँ की सर्वशक्तिमत्ता की पुन: स्थापना करने की इच्छा के बहिर्वेशन के समान होती है।'[१४] अपनी बात साबित करने के लिए वे अन्य उदाहरणों के साथ-साथ श्री अरविंद द्वारा माँ के आह्वान का भी इस्तेमाल करते हैं :

> जब तक राष्ट्रवादी को राष्ट्र की अनुभूति राष्ट्र में एक सर्वशक्तिमान माँ के बहिर्वेशन के रूप में होती रहती है तब तक उसे लगता रहता है कि राष्ट्र की सीमाओं के भीतर रहने के दौरान बाहरी दुनिया से उसकी सुरक्षा होती रहेगी, अर्थात उसके लिए राष्ट्र व्यक्ति और यथार्थ की कठोरता के बीच 'बफर' का काम करता रहेगा ...[१५]

यही है वह बहिर्वेशन जिसकी मदद से धार्मिक आवेग राष्ट्रवाद की विचारधारा में अभिव्यक्त होता है।

कोइनिग्सबर्ग की यह बात भारतीय संदर्भ में सही ठहरती है। खास तौर से अरविंद के विचारों के संदर्भ में कई विद्वानों ने मोटे तौर पर ऐसी ही व्याख्याएँ की हैं।[१६] लेकिन, कोइनिग्सबर्ग के जरिये गाँधी और रवींद्रनाथ को समझने के लिए हमें कुछ और देखना पड़ेगा। ये दोनों खुद को एक ऐसी सभ्यता का अंग मानते थे जो राजनीति को सिर्फ मानवीय पहल के सेकुलरीकृत दायरे की तरह देखने से इनकार करती है। ये लोग भी देश को मातृत्व और पवित्रता से जोड़ते थे, लेकिन यह करते हुए उनका जोर रहता था कि यह संबंध व्यक्ति के ऊपर उस पवित्रता को बरकरार रखने की जिम्मेदारी भी आरोपित करता है।

दोनों के ही विचारों की संरचना के भीतर न सिर्फ राष्ट्रवाद की आलोचना मौजूद थी, बल्कि वे राष्ट्र की सामाजिक और सांस्कृतिक हकीकतों

की आलोचना भी करते थे। इसकी एक मिसाल गाँधी की उस सलाह में मिल सकती है जिसके तहत उन्होंने प्रत्येक भारतीय को कैथरीन मेयो की पुस्तक **मदर इंडिया** पढ़ने की सलाह दी थी, बावजूद इसके कि वह पुस्तक भारत की नस्लवादी आलोचना करती थी जिसके कारण गाँधी ने उसे नाली इंस्पेक्टर की रपट कह कर खारिज कर दिया था।[१७]

इस प्रकार एक धरातल पर रवींद्रनाथ को भी कोइनिग्सबर्ग की थीसिस प्रमाणित करने वाले उदाहरण के रूप में देखा जा सकता है। अपने कई देशभक्तिपूर्ण गीतों और कविताओं की प्रतीक-योजना में देश को एक माँ के रूप में पेश करके रवींद्रनाथ ने उनमें जबरदस्त भावप्रवणता पैदा की है। लेकिन, इस प्रतीक-योजना की माँ में किसी खेतिहर अथवा आदिवासी समाज की उस माँ जैसे पहलू अधिक हैं जो पारंपरिक, पारिस्थितिकीय संवेदनशीलता और अहंकार को समस्वरित कर देने वाली क्षमताओं के साथ परिपोषण करती है। इस स्वैर-कल्पना में एक ऐसी माँ है जो अपनी संतान के प्रति कभी भी सख्ती से पेश आ सकती है। यहाँ माँ की सर्वशक्तिमत्तता को मान्यता भी है, और उसके प्रति एक डर भी है। न तो उसका रोमानीकरण किया गया है और न ही रक्षात्मक मुद्रा के साथ उसका महिमामंडन है। न ही यहाँ राष्ट्र के माध्यम से माँ के प्रतीक का इस्तेमाल किसी के बचकाने आत्म-मोह की पुनः स्थापना के लिए किया गया है। ऐसा तो उन समाजों के साथ होता है जो बहुत बड़े पैमाने पर विस्थापन की किसी भीषण दुर्घटना से गुजर कर अपने प्राक्-आधुनिक अतीत के साथ संबंध तोड़ बैठते हैं, या जो उस दुर्घटना के कारण बहुत ज्यादा उत्पीड़ित महसूस करते हैं।

यही कारण है कि एक ओर रवींद्रनाथ ने बड़ी संवेदनशीलता और आनंदातिरेक के साथ राष्ट्र को एक दुखी माँ के रूप में चित्रित किया है, पर साथ में वे राष्ट्रवाद के खिलाफ खड़े हुए भी दिखते हैं। उन्होंने जो राष्ट्रगान लिखे, वे भी किसी भी तरह की संकीर्णता से मुक्त हैं। (खास बात यह है रवींद्रनाथ को दो अलग-अलग राष्ट्र-राज्यों के राष्ट्रगान रचने का श्रेय जाता है और इस तरह मृत्योपरांत वे बहिष्कारवादी राष्ट्रवाद के पहले उसूल का ही उल्लंघन कर देते हैं। दूसरी खास बात है कि रवींद्रनाथ के लिखे राष्ट्रगान स्वीकार करने वाले इन दोनों देशों के बीच संबंध हमेशा ही मधुर नहीं रहते। इनमें से एक तो दुनिया का एकमात्र मुसलमान देश है, जिसका राष्ट्रगान किसी

हिंदू ने लिखा है।) एक राष्ट्रगान में धरती माता की ध्यान-पूजा है, तो दूसरे में जनमानस के हृदय सम्राट का अभिनंदन है। यह केवल दक्षिण एशिया में ही संभव था कि ऐसे गीतों को राष्ट्रगान बनाया जाता।

भारतीय राजनीति की मध्यवर्गीय संस्कृति का लगातार विकास हो रहा है और उसे रवींद्रनाथ की राष्ट्रवाद संबंधी समझ के ऊपर गंभीर आपत्तियाँ हैं। इस राजनीतिक संस्कृति में रवींद्रनाथ के प्रति शत्रु-भाव कम करके नहीं आँकना चाहिए। मैं पहले ही कह चुका हूँ कि आधुनिक भारतीय रवींद्रनाथ के देशभक्ति संबंधी विचार से कभी खुश नहीं रहे। उदाहरण के रूप में रवींद्रनाथ द्वारा रचित राष्ट्रगीत **जनगणमन** से जुड़े विवाद को लिया जा सकता है। जब-तब यह आरोप लगाया जाता रहता है कि यह गीत रवींद्रनाथ ने जार्ज पंचम के भारत दौरे के समय उनके कसीदे के रूप में लिखा था। साहित्यालोचक पुलिनबिहारी सेन को लिखे गये रवींद्रनाथ के एक मार्मिक पत्र का यहाँ जिक्र करना जरूरी है, क्योंकि इसमें संबंधित विवाद पर कवि का दुख व्यक्त हुआ है। रवींद्रनाथ को कहीं न कहीं यह एहसास हो गया था कि उनकी देशभक्ति पर सीधे-सीधे आक्षेप कर पाने में नाकाम कई भारतीय इस गीत के कथित मूल का सवाल उठा रहे हैं। १९३७ में सेन को लिखे पत्र में रवींद्रनाथ ने कहा था :

> तुमने पूछा है कि क्या मैंने **जनगणमन** गीत किसी खास मौके के लिए लिखा था। मैं समझ सकता हूँ कि यह सवाल तुम्हारे दिमाग में गीत के बारे में देश के कुछ हलकों में चल रहे विवाद के कारण उठा होगा ...इस विवाद को शांत करने के लिए नहीं, बल्कि तुम्हारी उत्सुकता शांत करने के लिए तुम्हारे प्रश्न का उत्तर दे रहा हूँ ...
>
> उस वर्ष भारत-सम्राट के दौरे के लिए बंदोबस्त किये जा रहे थे। सरकार में अच्छे पद पर काम करने वाले मेरे एक दोस्त ने मुझसे प्रार्थना की कि मैं सम्राट के लिए एक जयगान लिखूँ। मैं स्तब्ध रह गया और इसी के साथ मैं रोष से भी भर उठा। जबरदस्त प्रतिक्रिया के तहत मैंने **जनगणमन** गीत में उस *भारतभाग्यविधाता* का जयगान किया जो पतन और अभ्युदय के पथ पर युगों-युगों से चल रहे यात्रियों का *चिरसारथी* और *अंतर्यामी पथ-परिचायक* है। मानवीय भाग्य का वह युगांतर-रथचालक कोई पाचवाँ, छठा या किसी भी नंबर का जार्ज नहीं हो सकता। इस बात को अंग्रेजी हुकूमत के प्रति वफादारी रखने वाला मेरा कोई दोस्त भी समझ सकता है। (साम्राज्य के प्रति) उसकी वफादारी कितनी भी पक्की क्यों न हो, उसमें समझ की कमी तो नहीं ही हो सकती ...[१८]

रवींद्रनाथ ने सार्वजनिक रूप से इस मुद्दे पर कभी सफाई नहीं दी :

> मैं ऐसे लोगों को जवाब देकर अपना ही अपमान करूँगा जो मुझे इस असीमित मूर्खता के योग्य मानते हैं कि मैं किसी जार्ज चतुर्थ या जार्ज पंचम की प्रशंसा एक ऐसे चिर सारथी के रूप में करूँगा जो कालातीत मानवीय इतिहास के अनगिनत युगों से चल रही यात्रा के यात्रियों की अगुआई कर रहा है।[११]

लेकिन, रवींद्रनाथ के मन में इस विवाद के बारे तल्खी जरूर थी, क्योंकि वे समझते थे कि इस आरोप से बेदाग बचना मुश्किल है। वे अपने आलोचकों को कभी संतुष्ट नहीं कर सकते थे, क्योंकि उनके आरोपों के पीछे **जनगणमन** के मूल के बारे में किसी वास्तविक संदेह की भूमिका नहीं थी। वे तो उस गीत के 'अपर्याप्त राष्ट्रवाद' के प्रति मध्यवर्गीय असंतोष के साथ-साथ उस खास तरह के राष्ट्रवाद से भी असंतुष्ट थे जिसकी पैरोकारी रवींद्रनाथ द्वारा की जा रही थी। रवींद्रनाथ के आलोचकों को इस बात पर आपत्ति थी कि उनकी देशभक्ति आतंकवादियों और क्रांतिकारियों द्वारा प्रचारित हिंसा को खारिज करती थी। वे इस बात से भी नाराज थे कि रवींद्रनाथ की देशभक्ति एकल जातीय हिंदू राष्ट्र को भारत विरोधी और हिंदू विरोधी तक मानती थी। उनकी देशभक्ति राष्ट्र-राज्य के विचार को भारतीय राजनीतिक जीवन के मुख्य अभिनेता का दर्जा देने से इनकार करती थी। रवींद्रनाथ के आलोचकों का यह अंदाज सही था कि **जनगणमन** ब्रिटिश भारतीय साम्राज्य का उत्तराधिकारी बनने की इच्छा रखने वाले भारतीय राष्ट्र-राज्य का नहीं, बल्कि केवल ऐसे राज्य का ही गान हो सकता था जिसकी जड़ें भारतीय सभ्यता में हों। शायद उन्होंने यह अंदाजा भी लगा लिया था कि कवि ने यह गीत लिख कर **वंदे मातरम** के प्रति अपनी पूर्व-निष्ठा को भी नरम करने का प्रयास किया था। आखिरकार **वंदे मातरम** स्वदेशी आंदोलन के बाद विकसित हुए आतंकवाद का मुख्य गीत बन चुका था।

संभवत: रवींद्रनाथ के भीतर भी एक तरह का अपराध बोध था जिसकी उन्हें अनुभूति हो गयी थी। लंबे अरसे से जारी अपनी साम्राज्यवाद विरोधी गतिविधियों और साम्राज्यवाद के खिलाफ भारतीय सांस्कृतिक प्रतिरोध को रूपाकार देने की कोशिशों के बावजूद रवींद्रनाथ आधुनिक पश्चिम की सांस्कृतिक आलोचना विकसित करने की जिम्मेदारी से बचते रहे थे। सांस्कृतिक सामासिकता के नाम पर उन्होंने इस आस्था के साथ रहना मंजूर किया था कि ज्ञान और रचनाशीलता के क्षेत्र राजनीतिक भावनाओं और हितों से अछूते रखे जा सकते हैं। वे इस तर्क पर जोर देते रहे थे कि ज्ञान और कला सार्वभौम हैं, और राजनीति संकीर्ण है। अपने इन्हीं यकीनों के धुँधलके में

उन्होंने साहित्य का नोबेल पुरस्कार जीतने के कुछ ही दिन बाद ब्रिटिश सरकार द्वारा दी गयी सर की उपाधि यह मान स्वीकार कर ली थी कि इसके जरिये उनकी कलात्मक उपलब्धियों का सम्मान किया जा रहा है न कि यह उनकी राजनीतिक वफादारियों का इनाम है। (रवींद्रनाथ द्वारा नाइटहुड स्वीकार कर लेने से कई स्वाधीनता सेनानियों को क्षोभ हुआ था। शरतचंद्र चट्टोपाध्याय ने लिखा है कि किस प्रकार आजादी के संघर्ष के एक माननीय नेता चितरंजन दास (१८७०-१९२५) यह खबर सुनकर रो पड़े थे। १९१९ में जब रवींद्रनाथ ने अपना नाइटहुड वापस किया तो दास जैसे नेताओं को काफी संतोष हुआ था।) मैं बता चुका हूँ कि बीस और तीस के दशक की उथल-पुथल का साक्षात्कार करने के बाद रवींद्रनाथ किस तरह रचनाशीलता, बौद्धिक उत्तरदायित्व और सार्वभौमिकता की अलग तरह की समझ की तरफ बढ़े। यह समझ भारत की सभ्यतामूलक श्रेणियों के सरलीकृत संश्लेषण और यूरोपीय ज्ञानोदय के मूल्यों पर आधारित न होकर संस्कृतियों की भूमंडलीय राजनीति के प्रति सचेत नजरिये की उपज थी। अमल होम को जलियाँवाला बाग हत्याकांड के फ़ौरन बाद लिखे अपने एक पत्र में उन्होंने कहा भी था कि 'अपनी गलतफहमियों से निकलने के लिए हमें इस (हत्याकांड) की जरूरत भी थी।'[२०]

जाहिर है कि हालात के मुताबिक रवींद्रनाथ **जनगणमन** पर छिट-पुट आक्षेपों को बर्दाश्त करने के अलावा कुछ नहीं कर सकते थे। सेन को लिखे अपने पत्र के अंत में उन्होंने इस मजबूरी का एहसास जताते हुए लिखा है, 'इस संबंध में मुझे भगवान मनु की सलाह याद आ रही है जो इस प्रकार थी : सम्मान को विष, और आक्षेपों को अमृत समझो।'[२१]

बहरहाल, यह रवींद्रनाथ की खुशकिस्मती थी कि मध्यवर्ग और आधुनिक भारत न तब पूरे भारत का पर्याय था, और न ही अब।[२२] रवींद्रनाथ ने और उनसे भी ज्यादा मोहनदास कर्मचंद गाँधी ने एक भारतीय किस्म के सार्वजनिक जीवन और राज्य के लिए जो गुंजाइशें बनायी थीं, उन पर नवोदित भारतीय राष्ट्र-राज्य कभी पूरी तरह कब्जा नहीं कर पाया। आधी सदी गुजर जाने के बावजूद इन दोनों के कुछ सरोकार समय-समय पर भारतीय राष्ट्रवादियों और राज्यवादियों को चुनौती देने के लिए वापसी करते रहते हैं।

यह परस्पर द्वंद्वरत और संवादरत में व्यस्त विभाजित इयत्ताओं की कहानी है।

इसका वर्णन तीन धरातलों यानी विचारधारात्मक, मिथकीय और जीवनीपरक धरातलों पर किया गया है। यह कहानी बताती है कि किस प्रकार ब्रिटिश उपनिवेशवाद के जरिये भारत में ऐसी सांस्कृतिक शक्तियों का प्रवेश हुआ जिसने अपने संपर्क में आने वाले प्रत्येक संवेदनशील भारतीय के व्यक्तित्व को खंडित कर दिया। उसी के कारण भारतीय इयत्ता के भीतर पश्चिम ने एक निर्णायक इयत्ता की हैसियत प्राप्त कर ली। भारतीय इयत्ता उस अनुमोदन से पूरी तरह वंचित हो गयी जो उसे सार्वजनिक जीवन की प्राक्-औपनिवेशिक संस्कृति द्वारा मिला करता था।

राष्ट्रवाद पश्चिम के अतीत की सीधी पैदाइश होने के कारण एक आयातित श्रेणी थी। उसमें आंतरिक तनाव पैदा हो गये। सांस्कृतिक धरातल पर उसने पश्चिमी उपस्थिति को मजबूत किया, पर राजनीतिक धरातल पर पश्चिम के खिलाफ विद्रोह को भी पालता रहा। इस विच्छेद ने टकराव को और बढ़ाया। कुछ थोड़े से लोगों के बीच राष्ट्रवाद ने खुद अपने खिलाफ विद्रोह की परिस्थितियाँ बनायीं। इन मुट्ठीभर असहमतों ने राष्ट्रवाद को साम्राज्यवाद विरोध और देशभक्ति से अलग करके देखा। उन्होंने राष्ट्रवाद को आरोपित माना। उनकी समझ यह थी कि राष्ट्रवाद के जरिये सार्वजनिक जीवन की भारतीय समझ को पश्चिमी श्रेणियों द्वारा प्रदत्त मानकों के हिसाब से बदला जा रहा है। इन लोगों को लग गया था कि भारतीय राष्ट्रवाद का मतलब केवल एक विजातीय इतिहास जज़्ब करना ही नहीं है, इसके तहत भारत के वे आंतरिक द्वंद्व भी निकलकर बाहर आ जाएँगे जो औपनिवेशिक राजनीतिक अर्थतंत्र की देन थे।

सवाल यह है कि क्या देशभक्ति और साम्राज्यवाद विरोध से राष्ट्रवाद को अलग करके देखे जाने का विचार भारत में चल सकता है? पश्चिम द्वारा उत्पीड़ित तीसरी दुनिया के किसी भी समाज के लिए क्या यह एक टिकाऊ विकल्प हो सकता है?

यह निबंध इस प्रश्न का उत्तर नहीं देता। लेकिन, इसका मतलब यह भी नहीं है कि रवींद्रनाथ और गाँधी ने राष्ट्रवाद के जिस विकल्प की तरफ इशारा किया है वह जन-राजनीति की उथल-पुथल के सामने क्षणभंगुर साबित हो जाएगा। दरअसल, इन दोनों हस्तियों ने उन समस्याओं को पहले ही देख लिया था जो राष्ट्र-राज्यों की राजनीतिक संस्कृति में से आज के जमाने में पैदा हो रही हैं। ये समस्याएँ पूर्व में भी हैं और पश्चिम में भी। शायद अब राष्ट्रवाद आधारित राष्ट्र-राज्यों के बंदोबस्त की कीमतों का हिसाब लगाने का

वक्त आ गया है। यह तखमीना जाहिर है कि हमारे अतीत पर कोई असर नहीं डालेगा, पर कम से कम दुनिया के इस हिस्से में राज्य की समझ और उसका कामकाज पुनर्परिभाषित करने में मदद जरूर करेगा।

कई साल पहले प्रथम विश्व युद्ध के समय सिगमंड फ्रायड जैसी अ-राजनीतिक हस्ती ने टिप्पणी की थी कि राज्य की संस्था ने इनसान पर 'दुराचार' करने की पाबंदी लगा दी है, लेकिन यह प्रतिबंध दुराचार खत्म करने के लिए नहीं बल्कि उसे करने की इजारेदारी खुद हासिल करने के लिए लगाया गया है। गाँधी और रवींद्रनाथ शायद ही फ्रायड की रचनाओं से वाकिफ रहे हों, पर भारत की राजनीतिक संस्कृति में इस समझ को प्रोत्साहित करने का श्रेय उन्हीं दोनों को जाता है। यह सही है कि अंतर्राष्ट्रीय राजनीति की कठोर हकीकतों और दक्षिणी दुनिया में चली राज्य और राष्ट्र-रचना की शुरुआती प्रक्रिया के दबाव के सामने यह समझ न टिक सकी, पर केवल इसीलिए गाँधी और रवींद्रनाथ की असहमति खारिज नहीं की जा सकती। हो सकता है कि आने वाले वक्त में हम यह कहने की स्थिति में हों कि अट्ठारहवीं सदी और उन्नीसवीं सदी के प्रारंभिक वर्षों के यूरोप ने इस बारे में जो कहा था वही अंतिम सत्य नहीं है। हो सकता है कि समय असहमति के इन दो महान पैरोकारों की दृष्टि सही साबित कर दे।

संदर्भ और टिप्पणियाँ

१. योगेंद्रनाथ गुप्त, 'रवींद्रनाथे ओ स्वदेशी आंदोलन', संकलित : *रवींद्र शतवार्षिकी स्मारक ग्रंथ,* कलकत्ता म्युनिसिपल गजट, १९६१, पृष्ठ ३५-४१

२. अरविंद पोद्दार, 'रवींद्रनाथेर भारतचिंता', *कलकत्ता म्युनिसिपल गजट,* रवींद्रनाथ बर्थ सेनेटरी नंबर, १९६१, पृष्ठ ८६-८९

३. रवींद्रनाथ ठाकुर, 'सभ्यता का संकट', संकलित : शंभुनाथ (सं.), *सामाजिक क्रांति के दस्तावेज,* भाग-१, वाणी, दिल्ली, २००४

४. उपरोक्त, पृष्ठ १७९

५. उपरोक्त, पृष्ठ १७९

६. उपरोक्त, पृष्ठ १८०

७. उपरोक्त, पृष्ठ १८१

८. उपरोक्त, पृष्ठ १८१

९. उपरोक्त, पृष्ठ १८३

१०. उपरोक्त, पृष्ठ १८४

११. अर्नेल्ट गेलनर, *नेशंस एंड नेशनलिज्म,* कार्नेल यूनिवर्सिटी प्रेस, इथाका, पृष्ठ १२४

१२. एरिक एरिकसन, *चाइल्डहुड एंड सोसाइटी,* सुजाने रुडोल्फ और लॉयड रुडोल्फ, *दि*

मॉडर्निटी ऑव ट्रेडीशन : पॉलिटिकल डिवेलपमेंट इन इंडिया, शिकागो यूनिवर्सिटी प्रेस, १९६७; सुधीर कक्कड़, *दि इनर वर्ल्ड,* पृष्ठ १६०–८१; ई. विक्टर वोल्फेंस्टीन, *दि रिवोल्यूशनरी पर्सनेल्टी,* प्रिंसटन यूनिवर्सिटी प्रेस, १९६७

१३. रिचर्ड ए. कोइनिग्सबर्ग, *दि साइकोएनालैसिस ऑव रेसिज्म, रिवोल्यूशन एंड नेशनलिज्म,* दि लाइब्रेरी ऑव सोशल साइंस, न्यूयार्क, १९७७, पृष्ठ २

१४. उपरोक्त, पृष्ठ ६

१५. उपरोक्त, पृष्ठ ८–९

१६. फिलिप स्प्रैट, *हिंदू कल्चर एंड पर्सनैलिटी,* मानकतालास, बंबई, १९६६; अरविंद के बारे में चर्चा के लिए देखें, नंदी, *दि इंटीमेट इनेमी,* पृष्ठ ८५–१००

१७. कैथरीन मेयो, *मदर इंडिया,* ब्लू रिबन बुक्स, न्यूयार्क, १९२७

१८. रवींद्रनाथ ठाकुर का पुलिनबिहारी सेन को १० नवंबर १९३७ को लिखा पत्र, चिनमोहन सेहनबीस द्वारा उद्धृत, 'जनमनगण अधिनायक संगीत प्रसंगे रवींद्रनाथ', *परिचय,* मई–जून १९८६, पृष्ठ २०–२२

१९. मित्र, *शरतसाहित्ये समाजचेतना,* पृष्ठ ११०

२०. उपरोक्त, पृष्ठ १०९

२१. रवींद्रनाथ, सेहनबीस में उद्धृत, पृष्ठ २२

२२. भारत के राष्ट्रगीत के संबंध में तीन विकल्पों के बारे में एक सर्वेक्षण बंबई में किया गया था। इसके परिणाम बताते हैं कि कुछ मानकों के आधार पर **वंदेमातरम** को बेहतर राष्ट्रगीत माना गया, पर जहाँ तक राष्ट्रीय खूबियों का सवाल था उत्तरदाताओं ने **जनगणमन** को सर्वश्रेष्ठ माना। देखें, सेन, इंडियाज़ नेशनल एंथम, पृष्ठ ५५–५७; यह सर्वेक्षण रवींद्रनाथ के निधन के बाद हुआ था। **जनगणमन** उनका अंतिम देशभक्तिपूर्ण गीत था, हालाँकि उसे रचने के तीस साल बाद तक जिंदा रहे।

अनुक्रमणिका

अर्जुन, ५४, ५९, ६१
अर्नेस्ट गेलनर, १३८, १३९, १४५
अमल होम, १४३
अमियकुमार मजूमदार, १३१
अरविंद पोद्दार, १३५, १४५
अवनीन्द्रनाथ ठाकुर, ११९
अर्नोल्ड टॉयनबी, १३४
अल्फ्रेड टेनीसन, ११५

आनंद मोहन बोस, ९९, १०१

इयत्ता, १०-११, ३५, ४१, ५२, ५५-६, ५७, ६७, ६८, ७५-६, ७८, ८०-६, १११, ११५, १२४, १२६, १३५, १४४
    विभाजित इयत्ता, ६८, १४४
    आत्म-परिभाषा ४०, ६०, ६२, ६८, ७०, ८२, ८३, ८५, ११४, १३५, १३७
    अति-पौरुष, ६३, ७३, ७७, ७८

ई. विक्टर वोल्फेंस्टीन, १३९, १४६

उमा मुखोपाध्याय, ११३

एनी बेसेंट, १०७-८
एरिक एरिकसन, ९३, १२८, १४५

ए. हावेल, ११९-२०
एडमंड विल्सन, ९३
एग्नुस विल्सन, ९३
एंड्रू रदरफोर्ड, ९३
एडोल्फ हिटलर, १३८
एस.एन. ठाकुर,
एमे सिज़ैर, ९०

ओट्टो रैंक, ९०

कल्याण के. चटर्जी, ७८, ८९, ९२, ९३
कबीर, ३०
कालीचरण बनर्जी, ९९-१००, १०६
काली, १७
कादम्बरी देवी, १२३
कृष्ण, देखें महाभारत, ५४-५, ६१, १०१
केशवचंद्र सेन, १०४-६, ११७
के. भास्कर राव, ९२,
कैथरीन मेयो, १४०, १४६

गीता, देखें महाभारत, ५५, ५७, ५८, ६०, ६६, १०२
गोपालचंद्र राय, ९१
गुलाबदास ब्रोकर, १३०

चरखा, ११९, १२०

चतुर्वेदी बद्रीनाथ, १२९
चितरंजन दास, १४३
चिनमोहन सेहनबीस, ११६
चैतन्य, ३०

जवाहरलाल नेहरू, २५, २८
जार्ज गिसपर्ट-सांचेज, १२९
जोसेफ फाडी ब्रूनो, १०५, १०६
ज्योतिरिंद्रनाथ ठाकुर, ११०-२०, १२२-४
जोआन रोबिंसन, २६
ज्योति शाही, १२९
जगदानंद राय, ३२
जगदीश चंद्र बोस, १३०
जान ब्राइट, १३६
जार्ज लुकास. १०, ४२-५०, ४७, ४८, ८९-९०, ११४
जूलियस लिपनर, १७, १८, १२७-९

टेकी लेबरा, १३०-३१

डी.एल. शेठ, १२९

तारकनाथ दास, ६१

देवेन्द्रनाथ ठाकुर, ११६-७, १२२
द्वारकानाथ ठाकुर, ११६

नर्मदाशंकर लालशंकर दवे, ११३
नवलराम लक्ष्मीराम पांडेय, १३०
नानक, ३०

परिवार
- में नौकरों की भूमिका, १२०-२३
- ठाकुर परिवार, उसकी बंगाल में भूमिका, ११६-२३

पश्चिम, १२, १७-९, २३-३२, ४९, ७०, के प्रति रवैया
पार्थ चटर्जी, ३२
पंडित पंचानन तारकरत्न, १११
पैट काप्लान, १२९
पुलिनबिहारी सेन, १४१, १४६
प्रताप चंद्र मजूमदार, १०४
प्रबोधचंद्र सेन,
प्रेमेंद्र मित्र, १३१
प्रतिरूप, ६१-२, ६३-४, ६७-८, ७४-५, ८८
प्राधिकार और असहमति, ८३-८, ११४-१५, ११७-१९, ११२-२३

फ्रांज फेनन, ५७
फिलिप स्प्रैट, १४६

बचाव (अहंकार का बचाव), ३८-४०, ५०-२, ६५-७, ८७-८, १२५-२६, १३८-४०, १४०-१
- संन्यासीवाद, ११०-२
- तादात्म्य, ३८-४०, ५०-२, ६५-७, ८७-८, १२५-२६, १४०-१
- भारतीयता एक बचाव के रूप में, ८७-८
- आत्मसातीकरण (या जज़्ब करना), ६९-७०, ८६-८, ११३-४, ११८-९
- बहिर्वेशन, १२३-५, १३९-४०

बंकिमचंद्र चट्टोपाध्याय, ४०, ७०, ९०, ९८, १०२,
- आनंदमठ, ९०. १०२
- और भारत में उपन्यास विधा का उदय, ४५-७
- वंदे मातरम (राष्ट्रगान), १४२

ब्रह्म समाज, ६९-७२, १०४-६, १११, ११७
ब्रह्मबांधव उपाध्याय (भवानीचरण

बंद्योपाध्याय), १०, ५१-२, ५५, ९५-११४, ११६, १२४-५
और प्राधिकार, ९६-८, १०४-५
और ईसाइयत, ९८, ९९-१०१, १०४-६, १०८-१२, १२७, १२९
और रवीन्द्रनाथ ठाकुर, देखें रवीन्द्रनाथ ठाकुर और पश्चिम, ११०-१, १२६-७
परंपरा के प्रति रवैया, ९८-९, १०८-९, ११-२, ११४-५
स्त्रियों के प्रति रवैया, ११०-११
और परिवार, ९६-८
का बचपन, ९८-९
के दादा-दादी, ९६-१००
के माता-पिता, ९६-१०६
ग्वालियर में, १०३-४
कराची में, १०४-७
इंग्लैंड में, ११०-१
की मृत्यु और अंत्येष्टि, ११२
और हिंदू राष्ट्रवाद, ९५-११४
हिंसा के बारे में, ५१, ५५-६, ९५-११, ११०-१
का मुकद्दमा, ११२
और *संध्या,* ९६, ९७, १११
और *सोफिया,* १०७, १०९
ब्रह्मचारी अणिमानंद (रेवाचंद), ९७, १०५, १११, ११३, १२८
बेंजामिन फ्रेंकलिन, ११७

भगिनी निवेदिता, ६९, ९२
भारत में उपन्यास, ४५-४८, ७५
भूपेंद्रनाथ दत्त, ६१, १००, १११, १२८, १२९
भूदेव मुखोपाध्याय, ९७-८

महाभारत, १००
अर्जुन, ५४, ५९, ६१
गीता, ५५, ५७, ५८, ६०, ६६, १०२
कृष्ण, ५४-५, ६१, १०१
मानवेंद्र नाथ राय, ६१
मोहनदास कर्मचंद गाँधी, १०, १२, १३, १५, २३-३१, ३३, ४५, ४७-५२, ६१, ६७, ८७, ८९, १०३, १११, ११८, १२४, १२८-९, १३४, १३७, १४०, १४४, १४५
और राष्ट्रवाद की आलोचना, २४-६, ३२, ४९-५०, १३७-८
आधुनिकता और, २३-८, १३७-८
रवीन्द्रनाथ ठाकुर और, २३-८, ४८-५०, ५०-१, १३३-५, १३७-८
मनु, १३६,१४७
मार्क किनकीड-वीक्स, ९३
मोहनभाई शंकरभाई पटेल, १३०

यदुगोपाल मुखर्जी, ६१
यतींद्रनाथ मुखर्जी, ६१
योगेशचंद्र बागाल, १२९
योगेंद्रनाथ गुप्त, १३३, १४५

रवीन्द्रनाथ ठाकुर
और पश्चिम, १२४-५, १२६-७, १३५-७, १४२-३
और अन्य संस्कृतियाँ, १२४-७
और परंपरा, २३-३२, ३५-६, ४८-५१, ६८-९, ७०-१, ७३-७, ८३-८, ११३-४, १२५-६
स्त्री संबंधी विचार, १२३-४, १३९-४४
प्राधिकार संबंधी विचार, ८३-४, ८७-८, ११४-५, ११७-८, १२२-३
और ब्रह्मबांधव उपाध्याय, ९५-६, ११५-७, १२५-७
का बचपन, ११४-५, ११९-२७

का हिंदू राष्ट्रवादी चरण, १२६-७
की अवज्ञाकारिता, ११४-५, ११७-१८
इंग्लैंड में, १२४-५
और कादम्बरी देवी, १२३-४
गाँधी, देखें मोहनदास कर्मचंद गाँधी
का नैतिक संसार, ७३-८, १२६-७, १३४-५
का राष्ट्रवाद, २३-३२, ४०-८, ४८-९, ५३-५, ६७-८, ६९-७०, ७३-८, ८३-४, ८६-८, ११३-४, ११८-२०, १२४-४२
हिंसा की बदलती प्रकृति के बारे में, ३२, ४१-३, ४९-५९, ६१, ६६-७, ७४-५, ८३-५, ११३-४, १२४-६, १३७, १४१-३
आधुनिकता के बारे में, २१-३२, ४८-५१, ५८-९, ६९-७०, ७३-४, ७६-७, ८४-५, १३७-८, १४०-१
मुसलमानों के बारे में, ४१-३
और शांतिनकेतन, ३०, १०९, ११०
घर और बाहर (घरे-बायरे), १०, ३५-४९, ६७-८, ७३, ७६-८, ११३, ११९, १२३
गोरा, १०, १२, १५. ३५-६, ४७, ६७-८९, ९२-१०७, ११३-४
चार अध्याय, १०, १५, ३६, ४७, ४९-६८, ७३-८, ८५-९१, ११३, १२७
परास्ये, ४९, ९०
क्षुदित पाषाण, १२५
जीवनस्मृति (आत्मकथा), ११५, ११८, १२०, १२४, १२४-५, १३०-१
छेलेबेलाय, ११५
जनगणमन (राष्ट्रगान), १४१, १४३, १४६
राष्ट्रवाद
सभ्यता के विरोध में, २८-३२
उधार लिये गए इतिहास के रूप में, २९-३०, ६९-७०
'भौगोलिक दैत्य' के रूप में, ३०
पीड़ारहित लक्ष्य के रूप में, ११८-९
मूर्तन के रूप में, ७३-५
सर्वशक्तिमान माँ की पुनः स्थापना के रूप में, १३९-४१
केंद्रीय स्वैर-कल्पनाएँ, १३९-४०
इतिहास और, २९-३०
बनाम साम्राज्यवाद, १८-९, २५-७, ३१, ३२, ४४, ४६, ४८,-७०, ८५, ८८, १००, १०६, ११४, १२४, १३३, १४२, १४४
देशभक्ति, ९-१०, २३-६, ३९-४१, ६५, ७०, ७४, ९५, ११९, १३३, १३५, १४१, १४४
खुदगर्जी के रूप में, ४०
राष्ट्र-राज्य, १३, १७-२०, २६, २८-२९, ५०, ८५, ८८, १३४, १४०, १४२, १४४
राज्य का विचार, १०-४, १५, २८, ८२, १४२-५
परंपरा और, १५, ८१, ९०
राबर्ट थ्वाइट्स, ९९
रामकृष्ण परमहंस, ९७, १०४
राममोहन राय, १०१, ११६, १३५
राधारानी देवी, ९१
रानी चंदा, १३०
रासबिहारी बोस, ६१
रुडयार्ड किपलिंग, १०, ७८-८३, ९२-३
किम , १०, १२, ७८-८३, ९२-३
जंगल बुक, ७९, ८३
और इयत्ता, ७९-८३
रिचर्ड ए. कोइनिग्सबर्ग, १३९-४०, १४६

लॉर्ड मैकॉले, १३६
लॉयड रुडोल्फ, १३९, १४६
लॉर्ड बायरन, १३६
लॉर्ड बर्केनहेड, ९३

वाल्मीकि, ११५
वाल्टर स्कॉट, ४६
वेदांत, ५१, १०९-१०, १२५
विवेकानंद, ६९-७०, ९९, १०३, ११०,११३
विमानबिहारी मजूमदार ९२
विलियम शेक्सपियर, १३६
वी.एस. नायपॉल, ८२
विपिन चंद्र पाल, १३३
वीणा दास, २१, ९०, ९१

सतीश चंद्र चक्रवर्ती, ६१
सत्यजित राय, ४२, ४३, १३१
संस्कृत, २४, ९९, १०४-५, १११
साधू हीरानंद, १०४-६
सिंधिया, १०३-४
सुकुमार सेन
सुज़ेन रुडोल्फ, १३९, १४६
सिगमंड फ्रायड, १४५
सुदीप्त कविराज, १७, ९०
सुधीर कक्कड़, १२९, १३८,१४६
स्त्री, ३६-४३, ५२-७, ५८-९, ६३-४, ६५-७, ७०-८, ८३-८, ९७-८, ११०-११, १२२-२३, १३९-४०
    मातृभूमि के प्रतीक के रूप में, ३७-९, ७२-४, ७६-७, ८७-८, ९७-८, १३९-४०
    और राष्ट्रवाद, ३७-९, ५३-६, ७६-७, ८७-८
    और सत्ता, ३७-९ ७६-७, ८७-८
    और प्राधिकार की अवज्ञा, ३७-९, ६३-४, ८७-८
सुरजीत दासगुप्ता, १३१
सीमा बंद्योपाध्याय, ३२
सुरेंद्रनाथ बनर्जी, ९९, १०१-२

शरतचंद्र चट्टोपाध्याय, १०, १५, ५८-९, ६४-७, ८९-९१, १४३
    पाथेर दाबी, १०, ५८, ५९-६०, ६३-६७, ८९-९१
    का राष्ट्रवाद, ६१, ६२-७
    हिंसा के बारे में, ६१-२, ६३-७, ९०
    ईसाइयत, ९२, ९९-१०१, १०४-६ १०८-१२, १२७, १२९
शाह लतीफ, १०६
शुद्धसत्व बोस, ९०, ९२, १२७
श्री अरविंद, ३१, ६१, १३९

हरिदास मुखोपाध्याय, ११३
हिंसा
    जलियाँवाला बाग, १३४, १४३
    और राष्ट्रवाद, ४२, ४५-४६, ४९-६७, १००, १२८, १४२
    और उपनिवेशवाद, ४९-५३, ११०-१
    विज्ञानीकृत हिंसा, ५३, ६१, ६७, ८६, ९०, १२६
हुमायूँ कबीर, २७, २८, ३२

आशीष नंदी

अंतर्राष्ट्रीय ख्याति के समाज-मनोविद; आधुनिकतावाद, सेकुलरवाद और राष्ट्रवाद के प्रखर आलोचक; सांस्कृतिक-राजनीतिक संदर्भ में यूरोकेंद्रीयता के खिलाफ एशियायी सांस्कृतिक दावेदारी के प्रमुख पैरोकार; समरूप सांस्कृतिक महाआख्यानों के मुकाबले लघु संस्कृतियों को प्रमुखता देने के पक्षधर; आधुनिकतावादी सेकुलरवाद से लेकर हिंदुत्ववादी सांप्रदायिकता का प्रबल विरोध।

विकासशील समाज अध्ययन पीठ के साथ आजीवन जुड़े रहे प्रोफेसर नंदी की रचनाओं की लोकप्रियता का अंदाजा केवल इस तथ्य से लगाया जा सकता है कि उनकी मशहूर कृति द *इंटीमेट इनेमी : लास एंड रिकवरी ऑव सेल्फ अंडर कॉलोनियलिज्म* के पंद्रह पुनर्मुद्रण हो चुके हैं। समाज-मनोविज्ञान के दायरे में प्रोफेसर नंदी ने राजनीति, कला, साहित्य, संस्कृति, सिनेमा और खेल पर विशद वांङ्मय की रचना की है।

कमेटी फॉर द कल्चरल च्वाइसेज़ के अध्यक्ष आशीष नंदी की प्रमुख कृतियों में 'द इंटीमेट इनेमी' के अलावा द *न्यू वैश्यास* (रेमंड एल. आवेंस के साथ); *आल्टरनेटिव साइंसेज : क्रियेटिविटी एंड अथांटिसिटी इन टू इंडियन साइंटिस्ट; एट द एज ऑव साइकोलॉजी : एसेज ऑन पॉलिटिक्स एंड कल्चर; ट्रेडीशंस, टायरनी एंड यूटोपियाज : एसेज इन द पॉलिटिक्स ऑव अवेयरनेस; साइंस, हेजेमनी एंड वायलेंस : ए रेक्विम फॉर माडर्निटी; द ताओ ऑव क्रिकेट : ऑन गेम्स ऑव डेस्टिनी एंड डेस्टिनी ऑव गेम्स; द ब्लाइंडिड आई : ५०० इयर्स ऑव क्रिस्टोफर कोलंबस* (जियाउद्दीन सरदार, क्लॉड अलवारिस और मेरिल विन डेवीस के साथ); *इल्लेजिटिमेसी ऑव नेशनलिज्म : रवींद्रनाथ टैगोर एंड इंडियन पॉलिटिक्स ऑव सेल्फ; प्रतिशब्द* (गुजराती में); *द सेवेज फ्रायड एंड अदर एसेज इन पासिबिल एंड रिट्रीवेबिल सेल्व्ज; आशीष नंदी : ए रीडर* (संपादक : डी.आर. नागराज); *क्रियेटिंग ए नेशनलिटी : द राम जन्म-भूमि मूवमेंट एंड फियर ऑव सेल्फ* (शिखा त्रिवेदी, अच्युत याग्निक और शैल मायाराम के साथ); *मल्टीवर्स ऑव डेमोक्रेसी* (धीरूभाई शेठ के साथ); द *न्यूक्लियर डिबेट : आयरनीज एंड इम्मोरलिटीज* (जिया मियाँ के साथ); *कंटेम्परेरी इंडिया* (वी.ए. पाईपनांडी कर के साथ संपादित), द *सीक्रेट पॉलिटिक्स ऑव अवर डिज़ायर्स :*

इन्नोसेंस, कल्पेबिलिटी एंड पॉपुलर सिनेमा (संपादित), *टाइम वार्प्स* और *दि रोमांस ऑव दि स्टेट एंड दि फेट ऑव दि डिसेंट इन दि ट्रॉपिक्स* भी शामिल हैं।

अभय कुमार दुबे

लेखक, संपादक, अनुवादक और अनुसंधानकर्ता। नक्सलवादी आंदोलन से लंबा जुड़ाव। करीब आठ साल तक भाकपा (माले) (लिबरेशन) के कार्यकर्ता। लंबे अरसे तक एक्सप्रेस समूह के **दैनिक जनसत्ता** में काम करने के बाद **विकासशील समाज अध्ययन पीठ** में **भारतीय भाषा कार्यक्रम** के संपादक। नक्सलवादी आंदोलन, दलित आंदोलन, सांप्रदायिकता, सेकुलरवाद, भूमंडलीकरण, नारी मुक्ति आंदोलन, यौनिकता और संस्कृति संबंधी विषयों पर अध्ययन। सिनेमा और खेल पर भी लेखन।

प्रमुख कृतियाँ : *क्रांति का आत्म संघर्ष : नक्सलवादी आंदोलन के बदलते चेहरे का अध्ययन*; *सांप्रदायिकता के स्रोत* (संपादित); *आज के नेता : राजनीति के नये उद्यमी* (बाल ठाकरे, कांशी राम, मुलायम सिंह यादव, लालू प्रसाद यादव, ज्योति बसु, कल्याण सिंह और मेधा पाटकर के राजनीतिक जीवन के आलोचनात्मक अध्ययन पर आधारित पुस्तक माला का संपादन और अरुण त्रिपाठी, अरुण पांडेय और अंबरीश कुमार के साथ लेखन)।

भारतीय भाषा कार्यक्रम के तहत प्रकाशित **लोक-चिंतक ग्रंथमाला** और **लोक-चिंतन ग्रंथमाला** की सभी कड़ियों (*आधुनिकता के आईने में दलित, लोकतंत्र के सात अध्याय, भारत का भूमंडलीकरण, राजनीतिक की किताब / रजनी कोठारी का कृतित्व और बीच बहस में सेकुलरवाद*) का संपादन। घोटाले में घोटाला (शेयर घोटाले पर एक प्रचार पुस्तिका); 'हंस' के महिला विशेषांक 'स्त्री-भूमंडलीकरण : पितृसत्ता के नये रूप' का प्रभा खेतान के साथ संपादन; *भारत के मध्यवर्ग की अजीब दास्तान* (पवन वर्मा की कृति द *ग्रेट इंडियन मिडिल क्लास* का अनुवाद); *भारतनामा* (सुनील खिलनानी की कृति द *आइडिया ऑव इंडिया* का अनुवाद) और *पूँजी के भूमंडलीकरण से कैसे लड़ें?* (कंवलजीत सिंह की कृति *ग्लोबलाइज़ेशन ऑव फाइनेंस* का अनुवाद) के अलावा आठ किशोरोपयोगी पुस्तकों की रचना और दो का अनुवाद। १९९५-९६ में गंभीर मासिक पत्रिका *समय चेतना* के चौदह अंकों का संपादन।